Von Joanne Fedler sind bereits folgende Titel erschienen:
Weiberabend
Heißhunger
Endlich wieder Weiberabend
Wie die Liebe bleibt
Wovon wir nicht sprechen

Über die Autorin:
Joanne Fedler studierte Jura und engagierte sich in ihrer Heimat Südafrika für Frauenrechte. Sie emigrierte mit ihrer Familie nach Australien, wo sie heute noch lebt. Neben Sachbüchern schrieb Joanne Fedler mehrere erfolgreiche Romane. Weiberabend, ihr erstes auf Deutsch veröffentlichtes Buch, stand weit über ein Jahr auf der SPIEGEL-Bestsellerliste.

Joanne Fedler

Ich bin nicht kompliziert, Mama, ich bin eine Herausforderung!

Wie ich die Pubertät meiner Kinder überlebte

Aus dem Englischen von
Katharina Volk

KNAUR

Die australische Originalausgabe erschien 2015 unter dem Titel
Love in the Time of Contempt. Consolations for Parents of Teenagers
bei Hardie Grant Australia.

Besuchen Sie uns im Internet:
www.knaur.de

FSC
www.fsc.org
MIX
Papier aus verantwortungsvollen Quellen
FSC® C083411

Deutsche Erstausgabe September 2017
Knaur Taschenbuch

Ein Imprint der Verlagsgruppe Droemer Knaur GmbH & Co. KG, München

Redaktion: Daniela Röll
Covergestaltung: semper smile, München
Coverabbildung: semper smile unter Verwendung von Motiven
von Shutterstock.com: Shtonado (Schrift) und braingraph (Zitrone)
Abbildung im Innenteil: braingraph / Shutterstock.com
Satz: Adobe InDesign im Verlag
Druck und Bindung: CPI books GmbH, Leck
ISBN 978-3-426-51863-2

4 5

Vorwort

Ich habe da ein Problem ...

Ich habe da ein Problem: Was Material fürs Schreiben angeht, sind Teenager die reinsten Goldgruben. Ihre Welt ist eine narzisstische, anarchische, paranoide Hölle aus Unsicherheit und Sorge um ihr Aussehen, ihre Beliebtheit (oder den Mangel daran) und die Frage, wie schnell oder langsam, groß oder klein sich ihre Geschlechtsteile entwickeln. Für eine Beobachterin ist das fantastisch. Manchmal todkomisch. Ergreifend, herzzerreißend. Großartiges menschliches Drama, denn vor unseren eigenen Augen spielt sich eine Verwandlung ab. Ein Junge wird zum Mann. Ein Mädchen wird zur Frau. Schriftsteller müssen sich gewaltig anstrengen, um sich solche Stoffe auszudenken.

Aber – Achtung, jetzt kommt der Haken – wir dürfen nichts von alledem preisgeben, wenn unsere Kinder uns je wieder vertrauen oder auch nur mit uns reden sollen. Denn abgesehen von Fahrdiensten und Taschengeld wollen sie vor allem eines: ihre Privatsphäre. Dieses Bedürfnis entwickelt sich schnell und heimtückisch lautlos, während wir die Wäsche sortieren. Es ist, als fänden sie von einem Tag auf den anderen plötzlich den Gedanken ekelhaft, dass wir ihnen so viele Jahre lang den Hintern abgewischt und die Unterhose wieder hochgezogen haben – und sie bunkern sich ein. Sie räuchern uns aus, errichten Mauern um sich, schließen ihre Zimmertür ab, erzählen uns überhaupt nichts mehr und treiben mit Stöpseln in den Ohren durchs Haus, gehüllt in einen Nebel aus Hormonen und Appetit. Ihr Leben, an dem wir bis vor kurzem noch teilhatten – manchmal detaillierter, als uns lieb war –, geht uns auf einmal »nichts an«.

Du kannst dir also sicher vorstellen, wie steil der Anlauf für mich war, über Dinge zu schreiben, über die ich nicht einmal *reden* darf. Außerdem habe ich nicht die geringste Lust, noch ein Buch zum übersättigten Markt der überanalysierenden Eltern-Ratgeber beizutragen, die uns darüber aufklären wollen, ob unsere Kinder hochbegabt, deprimiert, indigo, suizidgefährdet, hochsensibel, anders oder katatonisch sind oder an Legasthenie, ADHS, ADS, dem Asperger-Syndrom oder einer Angststörung leiden. (Wenn du genug solcher Bücher liest, bist du irgendwann selbst deprimiert, gestört, suizidgefährdet und katatonisch.) Ich bin zwiegespalten, was die theoretische Beschäftigung mit dem Thema Kindererziehung angeht. Während meiner ersten Schwangerschaft habe ich diese Bücher studiert, als müsste ich im Kreißsaal eine Prüfung darüber ablegen. Vor der Geburt hielt ich mich für eine Expertin in Sachen meines zukünftigen Babys. Inzwischen kann ich bestätigen, dass kein Text der Welt einen auf sechsunddreißig Stunden Wehen und anschließenden Kaiserschnitt vorbereiten könnte. Oder Mastitis. Koliken. Diese Bücher können einem im Wartezimmer der Gynäkologin die Zeit vertreiben, aber um drei Uhr früh mit einem brüllenden Baby und ausgetrockneten Brüsten nützen sie einem rein gar nichts.

Dasselbe gilt für die Erziehung von Teenagern – wie könnte uns irgendjemand darauf vorbereiten? Die Psychologie-Bücher deuten mehr oder weniger unverhohlen an, dass wir in den beiden ersten Lebensjahren unserer Kinder alles richtig gemacht haben müssen, denn sonst haben wir schon den Quellcode versaut. In dem Stadium, in dem unsere Kinder uns fragen, ob wir denn kein eigenes Leben hätten, ist es womöglich schon zu spät.

Sich bis in diese Teenager-Jahre hinein selbst zu geißeln, weil man doch eine bessere Mutter, ein besserer Vater sein müsste, führt wohl eher in die Selbstperfektionierungsneurose, als irgendwelchen Nutzen für den Nachwuchs zu bringen.

Also bist du wahrscheinlich erleichtert zu lesen, dass dieses Buch kein weiterer Ratgeber ist. Ich fühle mich moralisch verpflichtet, dich schon hier im Vorwort darüber zu informieren, dass ich in keinster Weise dafür qualifiziert bin, ein Buch über die Erziehung von Teenagern zu schreiben. Abgesehen von ein paar juristischen Akademikertiteln habe ich kein Universitätsstudium vorzuweisen, mit dem ich dir eine gewisse Zuversicht einflößen könnte, dass du dein Geld nicht zum Fenster hinausgeworfen hast. Ich bin sogar ziemlich zuversichtlich, dass du am Ende dieses Buchs immer noch nicht wissen wirst, ob dein Teenager heimlich raucht, Drogen nimmt oder in der Pause hinter dem Speisesaal irgendwelchen Jungs einen bläst.

Vor einer Weile habe ich mich entschieden, keine Bücher über Kinder und Erziehung mehr zu lesen, sondern stattdessen Gitarre spielen zu lernen. Derzeit besteht mein Ziel als Mutter schlicht darin, meine Kinder durch die Schule und raus in ihr eigenes Leben zu bringen, damit ich meines wieder aufnehmen kann. Es wäre mir lieb, wenn sie sich als einigermaßen seelisch stabil erweisen, verantwortungsbewusst und nicht völlig bescheuert, was Geld angeht. Falls meine Wünsche irgendeinen Einfluss darauf haben sollten, zu was für Menschen sie werden, dann hoffe ich, dass sie an etwas glauben – irgendeine Art Gott, Geist oder sonst was –, dass sie acht auf ihren Körper geben und sich schützen, wenn sie mit dem Sex anfangen (irgendwann in ferner Zukunft).

Aber ich bin überzeugt davon, dass meine Wünsche nicht viel damit zu tun haben, zu was für Menschen meine Kinder werden. Es ist ebenso wahrscheinlich, dass sie zu atheistischen Großkapitalisten heranwachsen wie zu veganen Tierrechtsaktivisten. Das wichtigste Manöver eines Teenagers besteht ja gerade darin, sich am Gegenpol von allem zu positionieren, was nach Autorität, Rationalität oder Vernunft riecht. Die umgekehrte Psychologie würde uns wohl nahelegen, dass wir wünschenswertere Nachkommen hinterlassen würden, wenn wir unser Leben in gewissenloser, untreuer Ausschweifung zubrächten und nicht als prinzipientreue, achtbare Samariter.

Was uns zu der gefährlichen Frage führt, ob jeglicher Versuch, einem Teenager ein guter, solider Elternteil zu sein, von vornherein Zeit- und Energieverschwendung ist. Noch haben wir keine schlüssige mathematische Formel dafür gefunden, wie viel Schuld an den Schwächen und Fehlern unserer Kinder angeborene beziehungsweise anerzogene Faktoren genau tragen. Ich würde sicherheitshalber davon ausgehen, dass die beiden Einflüsse gleich stark sind, und daher versuchen, irgendwelche seltsamen Macken in den biologischen Anlagen auszugleichen – indem wir unseren Kindern eine möglichst zivilisierende Umwelt schaffen.

Ich bin nicht kompliziert, Mama, ich bin eine Herausforderung! spricht einige dieser empfindlichen Fragen an, die sich mir gestellt haben, während ich zwei Heranwachsende in eine Richtung geführt und getrieben habe, die sich hoffentlich als sicherer Hort des Erwachsenseins entpuppen wird. (Ja, Erwachsensein fühlt sich oft eher nach Schützengraben als nach grüner Oase an, aber es ist unsere Aufgabe, unseren Kindern dieses Wissen vorzuenthalten. Denn sonst wären sie so entmutigt, dass sie gar nicht erst damit anfangen würden, wie Cormac McCarthy in *All die schönen Pferde* schreibt.)

In diesem Buch geht es um das unerforschte Neuland, in

dem wir uns zurechtfinden, Wege finden müssen, einen Fuß in ihrer Welt zu behalten, während sie ständig versuchen, uns hinauszudrängen.

Als ich ins Teenager-Alter kam, gab meine Mutter mir das Buch *Was ist mit mir los?* von Peter Mayle zu lesen. Es war voller Karikaturen von Erektionen, feuchten Träumen, Monatsblutungen, Brüsten, Pickeln und all den anderen Beschwerden des pubertierenden Körpers. Die humorige Darstellung sollte einen wohl beruhigen und das Gefühl vermitteln: »Das ist doch zu schaffen.« Offen gestanden, lösten einige dieser Cartoons in mir eher den dringenden Wunsch aus, ich könnte diese entstellende Umwandlung zur Erwachsenen irgendwie überspringen. Was ich damit sagen will: Veränderungen sind beängstigend, vor allem, wenn man keinerlei Kontrolle darüber hat. Und erst recht dann, wenn diese Veränderungen eigene Körperteile betreffen, mit denen man noch nichts Richtiges anzufangen weiß. Ich will das Leid der Opfer nicht schmälern, aber es gibt noch zu wenige Bücher darüber, wie es sich anfühlt, Mutter oder Vater einer Person zu sein, der auf einmal Haare, Titten und Allüren sprießen. Es ist schon eine konfliktträchtige, ermüdende und komplexe Aufgabe, reif und vernünftig zu bleiben, während man jemanden darin unterstützt, erwachsen zu werden. Allermindestens konfrontiert es uns mit der Frage, ob wir selbst erwachsen genug geworden sind.

Gewisse Themen sind in einem Buch über Teenager schlicht nicht zu vermeiden. An Perioden, Pickeln und pubertären Stimmungsschwankungen führt nun einmal kein Weg vorbei. Ich muss da immer an den tapferen Mr. Davenport denken, den bedauernswerten Sportlehrer, dem die Aufgabe zufiel, uns in der fünften Klasse in Sexualkunde zu unterrichten – wahrscheinlich hat er bei einer Party im Lehrerzimmer den Kürzeren gezogen. Dieser große, stämmige Mann betrat das Klassenzimmer und sagte: »Okay, bringen wir das ganze Gekicher gleich zu Anfang hinter uns: Penis, Penis, Penis, Vagina, Vagina, Vagina, Hoden, Hoden, Hoden, Klitoris, Klitoris, Klitoris«, und wir alle brachen in pubertäres Gegacker aus wie ein Haufen Brausebonbons. In dieser Geisteshaltung ermuntere ich meine Teenager, die Erwähnung unaussprechlicher Körperteile nicht persönlich zu nehmen.

Dieses Buch hat nicht den Anspruch, das gesamte Spektrum der Erfahrungen von Teenager-Eltern abzudecken. Es gibt schon genug Bücher, die das versuchen. Ich kann nur aus meiner persönlichen, begrenzten Erfahrung sprechen. Betrachte dieses Buch also eher als Fotoalbum mit Schnappschüssen – und die Motive sind jene Themen, die für mich in den vergangenen Jahren eine besonders große Rolle gespielt haben. Ich habe mich bemüht, zu verstehen, was mit mir passiert, während meine Kinder zu begreifen versuchen, was mit ihnen passiert. Um die Vertraulichkeit zu wahren, habe ich einige Szenen »fiktionalisiert« und Stoff aus Gesprächen mit den Eltern anderer Teenager eingearbeitet. Aber ich versichere dir, dass ich mir nichts davon ausgedacht habe. Wenn es um Teenager geht, kann Fiktion niemals so beängstigend sein wie die Wirklichkeit.

Joanne Fedler

Wenn wir an einem Kind etwas ändern wollen, sollten wir zuerst prüfen, ob es sich nicht um etwas handelt, das wir an uns selbst ändern müssen.

C. G. Jung

1 Kein eigenes Leben

Der Tag wird kommen, an dem ein Mensch, den du durch deine Vagina hinausgepresst und an deinen Brustwarzen gestillt hast, dem du deinen Schlaf geopfert, dessen Hintern du abgewischt und dessen Rotze und Kotze du jahrelang weggeputzt hast, dich mit einer Mischung aus Langeweile und Gereiztheit ansieht und sagt: »Hast du kein eigenes Leben, Mum?«

Das ist dann ein guter Zeitpunkt, um sich vor Augen zu halten, dass

1. Gewalt keine Lösung ist,
2. Teenager noch kein voll ausgebildetes Gehirn haben (der präfrontale Kortex und mit ihm die Fähigkeit, zu differenzieren – wie etwa in der Frage, wer die Hoheit über das Taschengeld hat –, funktionieren erst mit etwa vierundzwanzig Jahren richtig) und
3. immer noch du hier die Erwachsene bist.

Außerdem wäre es ein Fehler, das persönlich zu nehmen. Unsere Kinder kannten uns ja gar nicht, als wir noch ein eigenes Leben hatten. Weißt du noch? Kiffen, per Anhalter fahren, Sex auf Motorhauben, durchgemachte Nächte, nackt baden gehen und auf Tischen tanzen … Diese Geschichten behalten wir besser für uns, glaub mir. Erstens wollen wir ja kein schlechtes Vorbild geben, und zweitens fänden sie es bloß eklig.

Ich persönlich habe es als harten Schlag für mein Ego empfunden, akzeptieren zu müssen, dass bestimmte Aspekte meiner tapfer erkämpften Identität – meine kreative, extrovertierte Persönlichkeit beispielsweise – für meine beiden Teenager Shannon (sechzehn) und Jordan (vierzehn) nur peinlich sind. Ich versuche nicht einmal mehr, im Vorfeld zu erahnen, *was* sie alles peinlich finden werden. Ich meine, es ist ja nicht so, als hätte ich Tabledance für mich entdeckt oder wäre das Gesicht der Werbekampagne für extra saugfähige Slipeinlagen. Wir reden hier von einem winzig kleinen Nasenstecker. Von einem beiläufigen Schwätzchen, während ich meine Kinder und ihre Freunde von einer Party zur nächsten chauffiere, bis Jordan gereizt fragt: »Mum, *musst* du unbedingt mit meinen Freunden reden?«

Ich überlege mir inzwischen zweimal, ob ich dem Impuls nachgeben sollte, Popsongs im Radio mitzusingen oder Klamotten anzuziehen, die ich gekauft habe, als sie noch gar keine Meinung in Sachen Mode hatten – ja, ehe sie überhaupt auf der Welt waren. Gewisse Verhaltensweisen, die früher einmal *meine* waren, sind durch irgendeine Art fortpflanzungstechnischer Osmose zu *ihren* geworden (genau so, wie mein Make-up und mein Schmuck auf einmal Shannon zu gehören scheinen). Wenn ich mir die roten Segeltuchschuhe anziehe, sind die »spießig«. Wenn ich ein Buch oder einen Film empfehle, ist das »nicht mein Ding, lass mal«. Was ich gut finde, ist für sie praktisch gestorben. Meine Begeisterung hat es verseucht, wie ein Schadstoff. Da weiß man erst einmal nicht, was man mit all den Meinungen und Weisheiten anfangen soll, die man im Lauf seines Lebens gesammelt hat. Ich hätte die Erfahrung von siebenundvierzig Jahren zu bieten, die ich gern jemandem weitergeben wollte. Offenbar ist sie kaum gut genug für die Altkleidersammlung oder irgendein geneigtes Waisenkind.

Für Shannon und Jordan wäre es weniger traumatisch, von mir vollgekotzt zu werden, als sich vorzustellen, dass ich irgendwann einmal Sex hatte. Dass jemand mich mal sexy fand oder (Gott bewahre) irgendjemand mich jetzt sexy finden könnte. Ich selbst darf andere Leute nicht mehr sexy finden, weil das offenbar nur grotesk ist. Shannon ist in *Snow White and the Huntsman* allen Ernstes drei Kinositze weit von mir abgerückt, weil ich erwähnt habe, dass Chris Hemsworth »mich antörnt«. »Mum, das ist echt eklig«, sagte sie mit verzerrtem Gesicht. Dabei war das schon die für sie abgemilderte Version meiner Gedanken.

»Sieh's doch endlich ein, Mum«, hat Jordan neulich gesagt. »Kein Mann schaut dich mehr an. Na und?« Was übrigens gar nicht wahr ist. Erst vor ein paar Wochen im Fitnessstudio hat mich während meiner Oberschenkel-Übungen ein Typ angesprochen, ob ich nicht mal »auf einen Drink« mit ihm ausgehen würde. Schön, George trägt einen Herzschrittmacher und hat mit »Darmgeschichten« zu kämpfen (was er launig bei seinem kleinen Flirt erwähnte), aber hey ... er geht ins Fitnessstudio, oder?

Es gibt zwei Versionen von mir selbst. Zu meiner Version gehört auch meine Vergangenheit vor den Kindern – Zeiten, in denen ich als sexy bezeichnet wurde. Lustig. Intelligent. Lauter so coole Sachen. Und dann gibt es da ihre Version, die meiner Kinder. Diese beiden Versionen miteinander in Einklang zu bringen ist so, als versuche man, den Blick auf zwei verschiedene Bilder scharf zu stellen, während sich das Hirn abmüht, ein 3-D-Bild daraus zu machen. Schwindlig kann einem davon werden. Es ist einfacher, das eine Auge zu schließen und sich mit ihrer Version abzufinden.

Manchmal ist die Dissonanz zwischen ihrem Bild von mir und meiner Erinnerung an mich selbst unerträglich anstrengend. Also vergesse ich einfach, wer ich war, und lasse mich in die Rolle ihrer Mum fallen – einer Frau im mittleren Alter, die kein eigenes Leben hat. Die spiele ich schon, seit sie sich brüllend und zappelnd durch meine intimste Körperöffnung auf diese Welt gequetscht haben. Der Arzt hat mir nach der Geburt – ein Spaziergang, diese Wehen – nicht nur ein Neugeborenes in die Arme gelegt, sondern auch eine neue Identität.

Ich weiß noch, wie ich dieses winzige Köpfchen an meine Brust drückte und festzustellen versuchte, wie die Brustwarze in den Mund gehört. Ich erinnere mich an das vage Gefühl, dass mein Leben vor den Kindern (das Zeitalter v. K.) vorbei war – ein Leben, zu dem französische Spitzen-BHs *nur für den Fall* gehörten, eine aussichtsreiche Karriere, rasende Libido und ein hektisches Privatleben. Wenn man erst mal in Hausschuhen in den Supermarkt geht und das eine Woche alte Bäuerchen auf seinem T-Shirt nicht mal mehr bemerkt, denkt man sich: »Auch schon egal, ich könnte doch genauso gut noch eines bekommen.« Was ich auch tat. Manche bekommen sogar ein drittes. Und ... ernsthaft jetzt? (Bei vier Kindern komme ich nicht mehr mit.) Also lehnt man Angebote ab, als Hauptreferentin auf irgendwelchen Kongressen aufzutreten, um stattdessen in der Spielgruppe herumzusitzen und »Old Macdonald Had a Farm« zu singen. Man lässt das Leonard-Cohen-Konzert sausen, weil ein kleiner Jemand plötzlich Fieber hat. Sagt einen geplanten Wochenendurlaub ab, weil da das Basketball-Endspiel der regionalen Jugendliga stattfindet. Aber was für Eltern wären wir denn, wenn wir darüber Buch führen würden, was wir alles geopfert haben? Stattdessen trösten wir uns damit, dass »es ja nicht für immer ist«, und finden uns damit ab.

Die Jahre vergehen, und wir werden immer besser darin, ihre Mutter zu sein. Wir brauchen nicht bewusst über diese Rolle nachzudenken – unsere Kinder sind ein selbstverständlicher Bestandteil unserer Einkaufslisten, Sorgen, Hoffnungen und Träume. Wir nennen das nicht einmal mehr »opfern«. Eltern machen das so, Punkt.

Dann, eines Tages, urplötzlich, fällt uns auf, dass sie sich selbst die Schuhe zubinden, einen Toast machen, uns etwas über den natürlichen Lebensraum der Beutelmaus erzählen oder das menschliche Verdauungssystem erklären können. Wir treten einen Schritt zurück und atmen langsam aus. Dieser Augenblick des Durchatmens, wenn sich das Verhältnis zwischen ihrer Niedlichkeit und ihrem sich entwickelnden Selbst gerade umkehrt, ist eine Offenbarung. Obwohl wir schon seit ihrem ersten Lächeln diese keimende kleine Persönlichkeit bestaunen, wird uns jetzt erst richtig bewusst: Ganz egal, wie intelligent, witzig, einfallsreich oder begabt sie zweifellos sein mögen – Niedlichkeit ist *nicht* der vorrangige Wesenszug eines bestimmten Kindes. Stattdessen ist es aggressiv, introvertiert, launenhaft, schrill, melancholisch, ängstlich, feige … Eigenschaften, die wir womöglich gar nicht wahrnehmen oder nicht sonderlich anziehend finden. Daraus kann so etwas wie eine elterliche Dysphorie entstehen, wenn sie sich aus unseren Erwartungen herausschälen wie eine Banane. Es ist immer ein Schock, wenn wir wahrhaftig »kapieren«, dass sie ein bestimmter Jemand sind, jemand anders. Und unsere Beziehung zu ihnen wird wieder vollkommen rätselhaft.

Je nachdem, wie narzisstisch man ist, wird man das als riesige Erleichterung oder riesige Enttäuschung empfinden. Ob wir uns selbstzufrieden auf die Schulter klopfen oder von Ernüchterung niedergeschmettert werden, wenn ihre Individualität zutage tritt – vor dieser Herausforderung stehen wir alle. Dem Kilimandscharo, ein Kleinkind großzuziehen, folgt unweigerlich der Mount Everest der Pubertät, auf den einen niemand vorbereiten kann. Aber ich warne dich: Fang ja rechtzeitig an, dich dafür fit zu machen, vor allem, wenn du (so wie ich) etwas sentimental bist, was deine vermeintliche Rolle im Leben deiner Kinder betrifft.

Du wirst Ruhe bewahren müssen, während du erlebst, wie die Zuckerwatte im Lächeln deiner Tochter zu bissiger Gehässigkeit erhärtet. Du wirst eine ganz neue Standfestigkeit brauchen, wenn sich die Leidenschaft deines Sohnes von Pokémon auf Pornos verschiebt. Du wirst deinen mütterlichen Instinkt neu kalibrieren müssen, um die Tatsache einzurechnen, dass deine Kinder nicht nur scheißen und rülpsen, sondern auch masturbieren, trinken und rauchen. Während sich ihre Körper, ihr Hirn und ihre Welt neu ordnen, wirst auch du dich umstrukturieren müssen. Du wirst erkennen, dass du ihnen zwar das Leben geschenkt hast, sie aber diejenigen sind, die ein Leben haben. Sie haben 1700 Freunde bei Facebook. Sie haben einen Youtube-Kanal (mit Hunderten Abonnenten) und ständig irgendetwas vor. Sie haben Verabredungen zu Konzerten, Valentinstag- und Halloween-Partys. Für uns bleibt ein »Danke fürs Herbringen, Mum. Ruf mich nicht an, ich melde mich«, ehe sie die Autotür zuknallen und uns mit einer scheuchenden Handbewegung verabschieden.

Lass dich nicht so leicht abwimmeln.

Du wirst gebraucht. Jetzt mehr denn je. Nur auf andere Art, als du es gewöhnt bist.

2 Ganz neue Spielregeln

Neulich Abend wollte ich etwas für unsere »Beziehung« tun und rief Shannon und Jordan zu mir ins Arbeitszimmer. Sie sollten sich mit mir ein Youtube-Video von einem amerikanischen Vater ansehen, der seine Zornesrede über den »Ich hasse meine Eltern!«-Facebook-Post seiner pubertären Tochter damit krönte, dass er eine Schrotflinte auf ihren Laptop abfeuerte.

Ich hatte wohl gehofft, das würde ihnen klarmachen, dass ich gar keine so schreckliche Mutter bin, nur weil ich darauf bestehe, dass sämtliche Unterhaltungselektronik um neun Uhr abends ausgeschaltet wird und sie einmal pro Woche genau eine Aufgabe im Haushalt übernehmen. Stattdessen wechselten sie einen Blick und verdrehten die Augen. »Tja, das beweist ja wohl, was für ein Vollidiot von Vater er ist«, brummte Jordan angewidert. »Traurig«, seufzte Shannon und widmete sich wieder dem kunstvollen Muster aus Strichen, Herzen und Rauten auf ihrem Unterarm, an dem sie seit einer Woche arbeitete – in Edding. (Es ist nur eine Frage der Zeit, bis daraus ein echtes Tattoo wird.)

Nachdem ich jahrelang klaustrophobisch eng an sie gekettet war, ist die Erschöpfung dieser Jahre einem neuen Gefühl gewichen: Ich komme mir ein bisschen albern vor. Ich erwarte ja nicht, dass sie mich anbeten oder so. Nur respektieren. Ich wäre sogar damit zufrieden, nicht lächerlich gemacht zu werden. Das Problem ist, dass ich einfach nicht mehr beeindruckend bin. Früher haben sie mich nach allem Möglichen gefragt und mir aufs Wort geglaubt. Heute wissen sie über zu viele Dinge mehr als ich. Ich brauche ihre Hilfe im Umgang mit meinem iPhone und dem Pay-TV-Abo. Sie quittieren das mit einem höhnischen Schnauben, als wäre ich irgendeine alte Langweilerin, die bisher hinter dem Mond gelebt hat und gerade die ersten Schritte ins moderne Leben tut. Es ist nicht einfach, mit angemessener Autorität bestimmte Schlafenszeiten durchzusetzen, wenn man nicht in der Lage ist, Songs in iTunes herunterzuladen.

Als ich mir vor ein paar Jahren eine Gitarre gekauft habe, war mir bewusst, dass das Shannon peinlich sein könnte – sie ist eine hervorragende Gitarristin und Sängerin. Ich habe mich zu ihr gesetzt und ihr gesagt, dass ich mit dem Gitarrespielen anfangen würde. Sie zog die Augenbrauen hoch, und ihr Teenager-Gesicht spiegelte eine Mischung aus aufrichtiger Skepsis und Mitleid wider.

»Ich will dir keine Konkurrenz machen, keine Sorge«, versicherte ich ihr. »Es wird sehr lange dauern, bis ich so gut bin wie du.«

»Schon okay, Mum, du wirst nie so gut sein wie ich.« Sie zuckte mit den Schultern.

Das stimmt wahrscheinlich, aber … musste das sein?

Mit sechzehn war Shannon so groß wie ich. Wir konnten unsere Klamotten tauschen. Seither weigert sich Zed (mein Ehemann und ihr Vater), die Wäsche zusammenzulegen – auf einmal stand er mit einem Unterhöschen in der Hand da und fragte: »Ist das deines oder ihres?« Dann erklärte er: »Ich kann das nicht.«

Die Erwiderungen meiner Kinder können witzig und so vernichtend sein. Neulich mussten wir ein Fernsehverbot verhängen und dann wegen frechen Widerspruchs das Strafmaß noch erhöhen. Shannon sagte nur eiskalt: »Ist das hier jetzt ein totalitäres Regime?« und ließ uns stehen.

»Komm nicht rein, ich drehe«, ruft Jordan gelegentlich durch die geschlossene Tür, als sei er Spielberg persönlich. Ich habe keine Ahnung, was genau in seinem Zimmer vor sich geht, aber eine Weile später wird es wieder Youtube-Videos von seinen Computerspielen geben, die ich mir dann ansehen muss – das bringt ihm »Aufrufe«, an denen er derzeit seinen Selbstwert bemisst. Wir hatten eine fürchterliche Auseinandersetzung wegen *Call of Duty*, das ich in unserem Haus nicht erlauben wollte, obwohl ich ihn damit angeblich zur sozialen Isolation verurteilte. Ich blieb tapfer und beugte mich keinem noch so vernichtenden Druck. Jetzt gräbt er sich durch zombieverseuchte Minen. Ich kann nicht beurteilen, ob *Minecraft* ihm das Hirn zersetzt, statt die Bildung neuer Nervenbahnen anzuregen. Außerdem hat er seine Freunde rund um die Uhr bei sich in seinem Zimmer, per Skype. Ich vermisse die guten alten Spielkameraden, die irgendwann auch mal nach Hause gingen.

Zur Mutter von Teenagern wurde ich ganz plötzlich. Am einen Tag saß ich noch mit Eis am Stiel im Park oder schubste Schaukeln an, und am nächsten schnaubte Shannon: »Lass mich in Ruhe, ich hab PMS«, und Jordan erklärte mir: »Deoroller funktionieren besser, aber Deospray ist männlicher.«

Über Nacht sind Auszeiten und die »stille Treppe« nutzlos und lächerlich geworden. »Iss deinen Grünkohl« wird mit »Iss ihn doch selber« beantwortet – oder mit »Ich habe beschlossen, auf grünes Gemüse zu verzichten«. Ich versuche, darauf zu bestehen, und ein Teenager zitiert die UN-Kinderrechtskonvention und behauptet, das zu essen, was er will, sei sein völkerrechtlich geschütztes Grundrecht. Meistens bin ich zu müde, um weiter zu streiten, und da sich niemand mehr vor mir fürchtet, brauche ich gar nicht erst die Stimme zu erheben, denn dann stehe ich nur da, als hätte *ich* den kindischen Wutanfall.

Ständig muss ich meine Erziehungsmethoden updaten wie eine Facebook-Seite. Unsere Kinder verändern sich Abend für Abend im Schein ihrer Computerbildschirme, mit jedem Mausklick und jedem nächtlichen Tweet, und wir müssen Schritt halten, wenn wir im Spiel bleiben wollen. Irgendwo dadrin steckt sicher eine buddhistische Lektion über die Vergänglichkeit aller Dinge.

Manchmal sehe ich eine Mutter im Park ihr Kleinkind knuddeln und bekomme dieses Gefühl, als würde sich etwas in meiner Brust verdrehen wie eine Brezel. Ich kann mich gar nicht erinnern, wie lange das letzte Mal bei mir her ist. Als Jordan noch klein war, hüpfte er mit Begeisterung zu mir in die Badewanne, und wir schwatzten über Dinosaurier oder Yu-Gi-Oh!, bis das Wasser kalt wurde. Manchmal veranstalteten wir richtige Schaumschlachten. Aber irgendwann in seinem neunten Lebensjahr war es damit abrupt vorbei. Etwa ein Jahr später, nach einem scheußlichen Tag in der Schule, versuchte ich ihn aufzumuntern: »Schaumschlacht?« Er zögerte, runzelte die Stirn, und ich konnte förmlich sehen, wie er innerlich abwog. »Ja …«, sagte er schließlich. »Genieß es noch mal richtig, Mum.«

Das war unser letztes Mal.

Seitdem musste ich mich gegen winzige Zurückweisungen wappnen, die sich zu einer wahren Lawine anhäufen. Neulich habe ich ihm vorgeschlagen, zum Strand zu fahren und schwimmen zu gehen.

»Nein danke.«

»Es ist so heiß. Komm schon, eine kleine Abkühlung.«

»Ich hasse meine Badehose. Sie ist viel zu eng.«

»Aber es ist so ein herrlicher Tag. Na los, gehen wir schwimmen.«

Er zögerte – ehrlich, ich schwöre es, er hat kurz gezögert – und rückte dann damit heraus: »Ich will aber nicht an den Strand … mit dir.«

Ich sah ihm an, wie mies er sich dabei fühlte, etwas so Verletzendes zu sagen – auch wenn es die Ehrlichkeit verlangte. Ich zwang mich zu einem Lächeln – »Verstehe schon, kein Problem« – und schlich davon, um bei der Katze Trost zu suchen. Lach nicht – ein bisschen Schmusen und Schnurren kann einem helfen, den Tag zu überstehen, wenn mehr Liebe eben nicht zu haben ist.

Zu solchen Zeiten stürzt man ab. Wir sinken auf der Zuneigungsskala unserer Kinder wie das Quecksilber im Thermometer bei einem Kälteeinbruch. Anscheinend tue ich nichts anderes mehr, als ihrem großen Vorhaben im Weg zu stehen: so anders als ich und so angepasst an ihre Altersgenossen zu sein wie nur irgend möglich. In seinem großartigen Buch *Weit vom Stamm* bezeichnet Andrew Solomon das als »horizontale Identität«. Sie haben bisher eine gemütliche alte Identität von Zed und mir aufgetragen (Religion, Gesellschaftsschicht, Gene und so weiter), aber die passt ihnen jetzt nicht mehr. Sie bürsten unseren Einfluss aus wie Knötchen im Haar.

Shannon fand es früher toll, wenn jemand sagte, sie sehe mir ähnlich. Jetzt verzieht sie das Gesicht, als hätte man sie mit Barney dem Dinosaurier verglichen. Wenn Jordan einen Dreipunktewurf schafft, sind ihm meine Jubelschreie nur noch peinlich. »Bleib cool, Mum«, sagt er genervt und schüttelt den Kopf.

Meine Würde, die vermisse ich.

Neulich habe ich mich auf einer Bar-Mizwa mit einer Bekannten unterhalten. Wir absolvierten das »Wie geht's Noah? Was macht Lucy? Und Camilla?«-Ritual. Du weißt schon – »Ist Lucy wirklich schon bald mit der Schule *fertig*?« und »Nicht zu fassen, wie groß Jordan geworden ist. Und sprießen da etwa schon erste Barthaare?«

»Eine grässliche Phase«, bemerkte sie dann.

»Wie ist es denn bei euch zu Hause?«

»Na ja, ich komme mir vor wie im Boxring. Sie sind so ... gemein. Vor allem mein Jüngster. Er kann wirklich ein unflätiger kleiner Mistkerl sein.« In meiner Erinnerung war es noch nicht lange her, dass sie ihren Jüngsten im Alter von drei Jahren immer noch gestillt hatte, weil sie das so schön fand und es einfach nicht aufgeben wollte.

»Neulich habe ich ihm gesagt, man könnte meinen, er leide am Tourette-Syndrom, so wirft er mit Schimpfwörtern um sich«, fuhr sie fort. »Und er fragt: Was für ein scheiß Syndrom?«

Da muss man doch schon wieder lachen. Ein robuster Sinn für Humor ist das Einzige, was einem hilft, das ständige Gemotze und die Beschimpfungen zu überstehen, die man übrigens nie persönlich nehmen sollte. Als meine Kinder noch klein waren, habe ich ihnen immer versichert, dass sie keineswegs Streber oder dick seien, bloß weil irgendein Schulhof-Tyrann sie als »Streber« oder »Fettsack« bezeichnet hat. Nun ist es an der Zeit, dass ich mir meinen eigenen Rat zu Herzen nehme und pubertäre Äußerungen darüber, wie »blöd« oder »spießig« ich doch sei, nicht an mich heranlasse. Das sind die Blitzschläge und Hagelkörner, denen wir während dieser adoleszenten Stürme ausgesetzt sind. Aber wir wissen ja, dass unsere Kinder kaum Kontrolle über ihr seelisches Wetter haben. Und dass auch diese Verachtung irgendwann abziehen wird.

Ich versuche meine Rolle als ihre Mutter mit neuer Bedeutung zu erfüllen. Ihr Bedürfnis nach Unabhängigkeit macht es erforderlich, dass ich mich bis zum Zerreißen dehne. Ich muss ihnen in der Welt da draußen vertrauen und sie dieser Welt anvertrauen, wenn ich nicht riskieren will, sie mit meiner mütterlichen Neurose zu lähmen. Ich muss tapfer sein und lernen, mich nicht dafür zu schämen, dass ich jemanden, der ein Viertel so alt ist wie ich, nach der Bedeutung von »LMFAO« oder einem »Mem« fragen muss. Wenn sie dann sagen »Du weißt schon, das, was Kanye West mit Taylor Swift gemacht hat«, nicke ich nur. Manchmal muss man so tun, als ob. Ihre spitzen, coolen Widerworte treiben mich zu kindischen Reaktionen wie »Ich habe dich neun Monate lang in mir getragen, ist es da zu viel verlangt, dass du zwei Einkaufstüten in die Küche trägst?«.

Wappne dich dafür, dass Grenzen verschwimmen und du im Nebel tappen wirst. Manchmal könnte man schwer sagen, wer hier erwachsen und wer kindisch ist. Erst neulich bin ich ausgerastet, weil Jordan nicht wie versprochen den Müll rausgebracht hatte. Da tadelt er mich doch voll gemessener Autorität: »Würdest du dich bitte beruhigen?« Und weißt du, was? Das habe ich auch getan.

Sie bereiten mich auf eine Umwälzung meines Ego vor, die einem Schiffbruch gleichkommt. Wahrscheinlich ist es die Midlife-Crisis. Geschlossene Zimmertüren, höchst private Gespräche und Geheimnisse mit ihren Freunden sind ihre Art, mich loszulassen. Oder abzustreifen wie eine zu eng gewordene Haut. *Hast du kein eigenes Leben, Mum?* Ein Leben ohne Pausenbrote, Fahrdienste, Hockeyspiele und Basketball-Training. Ich weiß nicht, ob ich darauf vorbereitet bin, dass sich alles wieder nur um mich dreht ... und Zed natürlich (sofern wir dann noch irgendetwas gemeinsam haben). Ihr Leben erscheint mir so viel interessanter. Im Moment bin ich schon froh, wenn ich eine kleine Rolle in ihrem Support-Team spielen darf und sie mich bei Facebook nicht entfreunden.

Ich bereue es nicht, dass ich sie sechzehn Jahre lang an die erste Stelle gesetzt und meine eigenen Vorlieben, Entscheidungen, Wünsche und beruflichen Möglichkeiten zurückgestellt habe. Nein, das ist es nicht – ich wollte Kinder und würde es wieder genauso machen. Ich jammere nur, weil meine Kinder diese Opfer nicht wahrnehmen und kein bisschen schätzen. Aber ich warne dich: Versuch gar nicht erst, das deinem Teenager klarzumachen. Da kommt nur nörgelndes Rauschen an.

Für mich ist der größte Schock, was man alles verliert. Das geht schleichend – diese unvergleichliche Nähe und Vertrautheit, dieses Gefühl, wenn man ein kleines Gesichtchen mit Küssen bedeckt, all das bröckelt langsam weg. Die Gutenachtgeschichten und das Zudecken. Die »Beste Mama der Welt«-Karte zum Muttertag, die nicht ironisch gemeint ist. Niemand hat mir gesagt, dass ich mich auf diese spezielle Art der Trauer gefasst machen muss, während meine Kinder aus Klamotten und Knete, Stofftieren und Comics und eigentümlichen Obsessionen wie Dinosaurier und Barbiepuppen herauswachsen.

Und diese seelische Qual ist erst der Anfang. Da kommt noch mehr. Zum Beispiel dieser verzehrende Neid, weil das, wonach sie greifen – das Leben vor ihnen, die vielen Möglichkeiten, die tiefe Konzentration auf das sich entfaltende Selbst –, genau das ist, was uns zu entgleiten droht.

Besonders hart wird es für uns Mütter, wenn die Teenagerzeit unserer Kinder mit den eigenen Wechseljahren zusammenfällt. Während wir vertrocknen und verdorren, schlaff und faltig werden und uns fragen »War das alles?« und »Bin ich eigentlich je meinem Traum gefolgt?«, strotzen unsere Teenager nur so vor Kollagen und Adrenalin, sprudeln über vor jugendlicher Schönheit, Elan und Träumen. Das wird einem gnadenlos unter die Nase gerieben – was sie schwungvoll ansteuern, davon müssen wir uns verabschieden. Kein Wunder, dass viele Väter müde der

Midlife-Crisis entgegenwelken, wenn ihre jugendlichen Söhne vor Testosteron und prallen Muskeln nur so sprühen, während sie selbst sich morgens beim Rasieren fragen, ob sie ihre besten Jahre vergeudet haben und warum junge Frauen sich nichts dabei denken, vor ihren Augen im Fahrstuhl ihr Make-up aufzufrischen. Seit wann sind sie eigentlich unsichtbar?

Also wenden wir uns ab und verspüren einen Stich in der Magengrube. Wir mustern das Gesicht im Spiegel und wissen auf einmal nicht mehr so recht, wie wir das tun sollen, was wir doch schon so lange getan haben – ihre Eltern sein. Das Spiel hat sich gewendet, die alten Regeln gelten nicht mehr. Und in einem niederschmetternden Augenblick der Klarheit müssen wir erkennen, dass wir uns zwar oft darüber beklagt haben, wie sehr uns diese Elternrolle einengt, auslaugt, und dass es einem ja niemand dankt ... aber eigentlich wollten wir nicht, dass diese Zeit je zu Ende geht.

Nicht so.

Nicht zu ihren Bedingungen.

Doch erst dann, wenn *wir* so weit sind, Herrgott noch mal.

3 Unaussprechliches

Also, ich behaupte ja nicht, dass ich ein besserer Elternteil bin als Zed. Er ist zum Beispiel in den meisten Situationen viel ruhiger als ich (außer, es geht um Unordnung). Er gerät nicht in Panik. Er ist entsetzlich ordentlich. Er zieht keine vorschnellen Schlüsse oder geht bei einem Husten gleich von Lungenkrebs aus oder bei Kopfschmerzen von einem Hirntumor. Er hat kein Problem damit, um Mitternacht durch die Gegend zu fahren, um ein Kind von einem Konzert abzuholen, während ich ja versuchen würde, ihm den Konzertbesuch ganz auszureden.

Aber als Shannon neun Monate alt war, musste ich beruflich ein paar Tage verreisen. Ich hinterließ Zed ein ganzes Lexikon von Anweisungen. Mehrmals täglich rief ich an, um mich zu erkundigen, was sie zu Mittag gegessen, wie lange sie geschlafen und wie oft er ihr die Windeln gewechselt hatte. »Alles bestens, mach dich nicht verrückt«, schalt Zed.

Für den Tag meiner Heimreise verabredeten wir uns zum Frühstück in einem Café. Ich sah Zed kommen, als er noch etwa zweihundert Meter weit weg war. Er schob Shannon im Kinderwagen vor sich her, und selbst aus dieser Entfernung erkannte ich sofort, dass etwas nicht stimmte. Mein Baby war krebsrot. Sie war schlaff. Ich eilte ihnen entgegen, und als ich Shannon endlich aus der Nähe sah, war sie fiebrig und verschwitzt.

»Sie ist krank!«, schrie ich.

»Es geht ihr gut.« Er zuckte mit den Schultern.

»Sieh sie dir an! Sie glüht ja, und sie kann den Kopf nicht gerade halten.«

»Sie ist ein bisschen schläfrig, aber sonst war sie sehr brav.«

Das war natürlich keine Quizshow, in der es darum ging, wer richtig lag und wer nicht, aber es stellte sich heraus, dass sie Dreitagefieber hatte.

Ein weiteres Beispiel für Zeds nicht immer optimales Urteilsvermögen: Letztes Jahr war ich fünf Tage in Bali, und als ich zurückkam, maunzte die Katze ganz schief. Zed war nichts aufgefallen, obwohl Tanaka in unserem Bett schläft. Der Tierarzt diagnostizierte Bellsche Parese, eine Gesichtslähmung – auf der betroffenen Seite konnte sie weder blinzeln noch mit dem Ohr zucken. Ich musste ihr sechs Wochen lang zweimal täglich Augentropfen geben, damit das Auge nicht austrocknete. Also, gut dass ich da bin.

Ich merke *alles*.

Es fällt mir auf, wenn meine Kinder einen blöden Tag haben, wenn sie ihr Frühstück nicht aufessen, zu viel fernsehen oder nicht schwimmen gehen wollen. Ich weiß, wann sie zuletzt auf Facebook gepostet haben und wer ihre Beiträge kommentiert.

Das ist nur die Fortsetzung einer langen Geschichte des überwältigenden Drangs, alles über meine Kinder wissen zu wollen. Sie begann schon mit den Neugeborenen, die ich gründlichst und detailgenau studierte: den Wirbel in Jordans Haar, wo es gegen den Uhrzeigersinn liegt, Shannons spitzen Haaransatz an der Stirn, der winzige Leberfleck an ihrer rechten Ferse und den ulkigen Winkel von Jordans kleinem Zeh, genau wie bei seinem Vater. Wie eine Wissenschaftlerin das Verhalten, die Entwicklung und den Lebensraum von Feldmäusen oder einer besonderen Schildkrötenart protokolliert, so habe ich meine Babys beobachtet. Jahrelang habe ich auf die Farbe und Häufigkeit ihres

Stuhlgangs sowie die Flüssigkeitsaufnahme und -ausscheidung geachtet. Ich bin zur Expertin darin geworden, Textur und Zusammensetzung ihres Kummers und ihrer Faszination zu ermessen. Ich bin stolz darauf, dass ich zu wissen glaube, wer sie in ihren Alpträumen und auf dem Schulhof schikaniert. Die Form ihrer Zehennägel, der Schwung ihrer Wimpern und wie sie jeden einzelnen Milchzahn verloren haben, all das betrifft mich instinktiv und persönlich.

Und ich beobachte nicht nur, ich feuere sie auch an. Jeder Fingerbreit ihres Wachstums ist am Türrahmen ihrer Zimmer markiert, sämtliche verlorenen Zähne in genau beschrifteten Umschlägen verwahrt, jede Schramme, die sie vom Spielplatz mit heimgebracht haben, bekam ihr heilendes Pusten und ein Pflaster. Diese Liebe bezeugt, dokumentiert und dient damit als schützender Damm gegen die Unsichtbarkeit – meine Kinder sollen nie auf die Idee kommen, dass sie in dieser riesigen, gleichgültigen Welt unbemerkt untergehen könnten.

Doch vor einigen Jahren begann sich vieles zu verändern. Sie rannten nicht mehr nackt im Haus herum und hüpften einfach zu mir in die Badewanne. Immer seltener wickelte ich bibbernde kleine Schwimmer in Badelaken und half ihnen, Badeanzug oder -hose auszuziehen. Meine Vertrautheit mit ihren Körpern franste aus wie ein alter Faden. Ich hörte mich auf einmal Dinge sagen wie: »Was hast du da am Bein?«, »Woher hast du diesen blauen Fleck?« oder »Seit wann passen dir eigentlich diese Schuhe nicht mehr?«. Die einschlägige Literatur erklärte, meine Kinder »differenzierten« sich von mir und Zed. Tja, das ist dann wohl nur eine hochtrabende psychologische Bezeichnung dafür, dass sie uns zum Teufel schicken.

Und das geschah folgendermaßen: Sie hörten auf, mir alles zu erzählen. Sie zeigten mir nicht mehr alles. Ich durfte sie nicht mehr unbekleidet sehen. Natürlich war es eine Erleichterung, nur noch einen Hintern abwischen zu müssen und morgens Zeit für so etwas wie Make-up zu haben, statt jemandem die Socken anzuziehen. Doch dieser Luxus hatte seinen Preis. Ich war als Zeugin ausgeladen. Als Protokollantin entlassen. Jahrelang bekam ich nur noch das zu sehen, was ich ihrer Meinung nach sehen durfte.

Du kannst dir also den Schock ausmalen, wenn du beispielsweise, nur mal angenommen, ins Badezimmer platzt im Glauben, der eigene Ehemann stünde unter der Dusche, nur um anhand entsetzten »Raus!«-Geschreis festzustellen, dass es dein jugendlicher Sohn ist.

Ich gebe zu, darauf war ich dann doch nicht vorbereitet.

Die Haare *da unten* werden ein Schock für dich sein. Die können unmöglich an dein Kind gehören, davon wirst du fest überzeugt sein, obwohl dir gewisse Grundzüge der menschlichen Biologie und der fortschreitenden Reifung, die keinem von uns erspart bleibt, durchaus bekannt sind. Keine große Überraschung, dass das Wort »Pubertät« vom lateinischen *pubescens* abstammt, was wörtlich »haarig werden, sich mit Haaren überziehen« bedeutet. Kein Scherz.

Natürlich freut man sich riesig, dass in puncto »Einsetzen der Pubertät« alles normal verläuft. Vielleicht sind wir sogar irgendwie stolz darauf, dass dieser Organismus, den wir im eigenen Körper angezüchtet haben, so gut funktioniert. Wir sind froh, dass wir all die Folsäure-Tabletten geschluckt und all die Gläser Weißwein abgelehnt haben, während wir schwanger waren. Das ist der reife, erwachsene Teil von uns. Dem Rest ist nur schwindelig vor »Wie zum Teufel ist das so schnell gegangen?« und »Das da ist mein Baby«.

Ich bin nicht zimperlich, was meine Kinder angeht. In diversen Krankheitsfällen bin ich mit allen nur denkbaren Körperfunktionen klargekommen, und an meinen Kindern ist mir nichts zu eklig. Für ein gepflegtes Gespräch über Verstopfung, Blähungen, Missempfindungen beim Wasserlassen, eigenartige Ausschläge und Jucken am Hintern bin ich jederzeit zu haben. Ich war davon ausgegangen, dass sich das ganz natürlich bis in die Pubertät fortsetzen und die Konversation dann eben sprießende Körperteile, das Einführen von Tampons, Menstruationskrämpfe und Pickelmanagement beinhalten würde. Meine Kinder sollten nie glauben, es gäbe Unaussprechliches oder Themen, bei denen mir übel wird.

Doch mit dem Haarwachstum da unten kam die Zensur – auf einmal war es streng verboten, jüngste Entwicklungen in der Körperbehaarung, der Beförderung von Körbchengröße 75 B zu 80 DD oder plötzliche Veränderungen der Stimme a) zur Kenntnis zu nehmen oder gar b) anderen zur Kenntnis zu bringen.

Zu den Tabuthemen gehörten nun auch Gewicht, Körpergröße, Rocklänge, Frisur und Zustand derselben sowie das Wetter mit Bezug auf ihre Bekleidung *(Nimm einen Pulli mit. Du wirst frieren in diesen Shorts. Musst du die Kapuze wirklich aufsetzen?)*, und zwar aus folgenden Gründen:

1. Wenn sie unsere Meinung wissen wollten, hätten sie uns gefragt.
2. Unsere Meinung interessiert sowieso keinen.
3. Was gucken wir sie überhaupt so an? Haben sie vielleicht darum gebeten, sie anzusehen?

Jeglicher Kommentar wird als Nörgelei, Schikane und Kontrolle empfunden. Diese körperlichen Verwandlungen mögen für uns als Eltern ein Schock sein. Aber eigentlich sind sie die Privatsache des Menschen, der sie durchmacht. Wie bei der Wandgestaltung in billigen Motelzimmern gilt: Wir müssen so tun, als hätten wir nichts gesehen.

Ich spreche da aus Erfahrung. Als mir Brüste wuchsen, zeichnete mein Vater zu meinem zwölften Geburtstag eine Karte, die zwei kleine Hubbel auf der Brust eines Mädchens zeigten, mit der Bildunterschrift: »Warum versteckst du Äpfel unter deiner Bluse?« Ich fand diese Geburtstagskarte grässlich.

Am sichersten ist es wohl, all das diskret dem Ehemann oder der Katze anzuvertrauen. Die werden sehr wahrscheinlich so tun, als hättest du gar nichts gesagt, denn weder Mann noch Katze verfügen über einen Mechanismus zur Bewältigung derartiger Informationen. (Zed kam neulich heftig blinzelnd in unser Schlafzimmer und japste »Du lieber Himmel«, begleitet von dieser Geste, mit der Männer üppige Frauenbrüste andeuten. Er wollte nicht darüber reden.)

Wenn es doch zu einer solchen Konfrontation gekommen sein sollte, schenk dir einen doppelten Whisky ein und versuche zu vergessen, was du gesehen hast. Wie die ersten Frühlingsboten sind auch die Haare da unten nur die ersten Anzeichen dessen, was noch bevorsteht – und dass das unausweichlich ist, wissen wir doch alle. Eine neue Zeit ist angebrochen.

Kuckuck, da bin ich.

4 Der Intimsphäre verwiesen

Der häusliche Frieden in Mehrpersonenhaushalten hängt zweifellos eng mit der Anzahl verfügbarer Badezimmer zusammen. Wo anfangs zwei Erwachsene und zwei Kinder sich ein Bad teilten, teilen sich irgendwann vier Erwachsene dieses eine Bad. Die hygienischen Verrichtungen von Erwachsenen sind wesentlich ernsthafter und zeitaufwendiger als das Pipi, Kaka und *Händewaschen nicht vergessen* von früher.

Neulich stand ich morgens vor der verschlossenen Badezimmertür, weil ich vergessen hatte, Deo aufzutragen. Aber Shannon stand unter der Dusche. »Darf ich nur kurz reinkommen und mir mein Deo holen? Ich schaue auch nicht hin!«, rief ich durch die Tür.

»Nein!«, kreischte sie.

»Ach, komm, ich schaue dir doch nichts weg. Ich habe dieselben Sachen wie du, wir sind beide Frauen.«

»Bleib ja draußen!«, brüllte sie.

Ich dachte daran, einfach hineinzustürmen, mir mit zugehaltenen Augen mein Rexona zu schnappen und abzuhauen. Stattdessen blieb ich genervt draußen stehen und wartete. Und Shannon ließ sich wahrlich Zeit. Ich lehnte den Kopf an die Tür und spürte diesen krampfartigen Schmerz in der Brust, der offenbar zu den Symptomen dieser Phase gehört. Meine Tochter will nicht, dass ich sie nackt sehe. Ich meine, jetzt mal im Ernst ... ich habe diesen Körper *gemacht*, den ich nicht sehen soll.

Aber, Augenblick mal – sie kann sich ja nicht bewusst an meine Schwangerschaft oder ihre Geburt oder dieses erste praktisch miteinander verwachsene Lebensjahr erinnern. Das sind *meine* Erinnerungen. Ihre Erinnerungen reichen etwa bis zu ihrem vierten Lebensjahr zurück. Wenn ich einfach hereinkäme, während sie duscht, wäre sie ebenso empört, wie wenn der griesgrämige alte Tom von nebenan hereinplatzen würde. Ich betrachte es als Beweis meiner beträchtlichen Reife, dass ich mit diesem Rausschmiss aus der intimen Zone so gut klarkomme und ihn nicht persönlich nehme.

Zed fühlt sich schon ewig ausgeschlossen. Als Shannon noch klein war, hat er sie oft zum Fischen mitgenommen. Stundenlang warfen sie schweigend nebeneinander ihre Angeln aus. Zwei Jahre lang legte er sich jeden Abend neben ihrem Bett auf den Boden und las ihr sämtliche Harry-Potter-Bücher vor, von vorne bis hinten. Sie spielten zusammen mit ihren Lego-Bausteinen.

»Und dann durfte ich sie auf einmal nicht mehr kitzeln«, vertraute er mir einmal an. »Da habe ich mein gutes Verhältnis zu ihr irgendwie verloren.«

Kitzeln – eines dieser magischen Manöver, mit denen Eltern ihr Kind ganz nah an sich heranholen, Spannung zerstreuen und einen Streit auflösen können. Bei uns zu Hause hieß der Spruch dazu »Bis du dir ins Höschen machst, bis du dir ins Höschen machst«, und das Kitzeln endete tatsächlich meist damit, dass jemand die Unterwäsche wechseln musste. Aber als Shannon zwölf war, wollte Zed sie eines Abends kitzeln, und es ging plötzlich schief. »Weg von mir!«, schrie sie, »Lass mich los!«, und schubste ihn wütend von sich.

Zed war am Boden zerstört. Die Vater-Tochter-Kitzelei gehörte wahrlich und wahrhaftig der Vergangenheit an. Dieser Entzug von Nähe, Ausdruck der Zuneigung, ist so brutal und schmerzhaft wie eine Trennung.

Jetzt tut Zed etwas für die Vater-Tochter-Bindung, indem er sich Fernsehsendungen anschaut, die er normalerweise nicht ertragen würde: *Glee* und *Supernatural*. Die beiden sitzen zusammen vor dem Fernseher und unterhalten sich über Kurt und Rachel und die Winchester-Brüder. Und er bittet sie um Hilfe, wenn er an seiner Ukulele Schwierigkeiten mit den Akkorden hat.

Für Zed ist so ungefähr das Schwerste daran, Vater einer Tochter zu sein, dass er sie und ihre Freundinnen in der Gegend herumfahren muss. »Ich bin immer so unbeholfen und habe keine Ahnung, worüber ich mit ihnen reden soll. Also sucht sie die Musik aus, ich fahre und sage einfach nichts.« Und dann zuckt er so kläglich mit den Schultern, wie ich es bei einem zupackenden Marathonläufer noch nie gesehen habe.

Zed bevorzugte das Kitzeln, ich die Umarmung. Aber Shannon möchte auch nicht mehr in den Arm genommen werden. Manchmal darf ich ihr gerade noch über den Kopf streicheln oder kurz ihre Schulter drücken, wenn sie morgens an der Schule aus dem Auto steigt. Zu behaupten, dass ich diese Umarmungen nicht vermisse, wäre gelogen. Ich bin auf Entzug wie ein unfreiwillig nüchterner Alkoholiker.

Wenn Kitzeln und Drücken wegfallen, müssen wir uns mit geselligem Schweigen und dem einen oder anderen Scherz zufriedengeben. Das ist im Grunde eine Nähe-Nulldiät. Um zu überleben, müssen wir Wege finden, mit diesem Hunger zu leben.

Im Moment gehört Shannons Körper ganz ihr allein. Sie entscheidet, wie viel sie davon enthüllt. Sie hat das Recht zu entscheiden, wer ihn sieht und berührt. Aber ich möchte doch klarstellen, dass ihre Unsicherheit und Verlegenheit, was ihren Körper angeht, nicht auf meinem Mist gewachsen sind. Bei mir ist die Badezimmertür immer noch offen, genau wie früher, als meine Kinder noch klein waren und jederzeit kommen und gehen konnten – oft sind auch beide zu mir in die Badewanne gestiegen. Ich laufe zu Hause so bekleidet oder unbekleidet herum, wie es mir passt, vor allem im Sommer, wenn die Hitze hier in Sydney an der Haut klebt wie Haferbrei und gewisse Körperteile einfach der Luft ausgesetzt sein müssen, weil sie sonst ersticken.

Aber Shannon empfindet Nacktheit als unanständig. Sie steckt zwischen zwei Formen der Intimität – der Nähe zu uns, ihren Eltern, und der einer romantischen Beziehung. Die Freuden der schwesterlichen Nacktheit muss sie erst noch entdecken – mit Freundinnen nackt baden gehen, sich unbeschwert diesen Blicken aussetzen, die nicht werten. Das habe ich selbst erst mit Mitte zwanzig gelernt, als ich die Schamhaftigkeit der Jugend hinter mir ließ, mich immer mehr akzeptierte, meinen Körper forderte und mit Aerobic, Tanzen, Trecking und dem Kamasutra experimentierte.

Erwachsen zu werden bedeutet, dass wir lernen, uns selbst zu verstecken und unsere Gefühle und Ängste zu verbergen. Kleinkinder sind entsetzlich anstrengend, weil sie nichts vorspielen. Wenn sie müde, hungrig, wütend oder verängstigt sind, dann teilen sie uns das unmissverständlich mit. Doch wie uns schon die Schöpfungsgeschichte von Adam und Eva lehrt: Sobald Kinder sich ihres Körpers bewusst und damit verlegen oder schamhaft werden (weil andere zuschauen und sie beurteilen), suchen sie sich ein Feigenblatt für ihre Bedürfnisse und Gefühle. Sie verstecken die empfindlichsten Teile ihres Selbst unter einem schützenden Panzer. Sie ziehen sich von uns zurück, verkleiden oder begraben ihr wahres Selbst. Das fängt mit ihrem Körper an und breitet sich schleichend auf alles andere aus. Ein Teenager sammelt allmählich seine Persönlichkeit an wie ein Vermögen (samt der Lasten) – Meinungen, Rollen, Vorlieben, Hoffnungen und Ängste – und macht uns damit überflüssig. »*Tut mir leid, aber wir müssen Ihre Stelle streichen.*« Wir werden gebeten, uns abzuwenden, und sollen nicht sehen, was direkt vor unseren Augen ist.

Wie ich da so vor der verschlossenen Badezimmertür stand, kam mir der Gedanke, dass es doch eine goldene Mitte geben müsse zwischen kompletter Verhüllung unter einer Burka und Annie Sprinkles Treiben (sie lädt Zuschauer ein, auf die Bühne zu kommen und ihren Muttermund durch ein Spekulum zu betrachten) und dass jede von uns diese Stelle für sich selbst finden muss. Shannon hat kein Problem damit, ihr üppiges Dekolleté und ihre fantastischen langen Beine zu zeigen. Wir streiten uns regelmäßig über die Länge ihrer Röcke für die Schule, die meiner Meinung nach kaum ein Tampon-Bändchen verbergen. Es schafft mich, dass sie die Blicke von gleichaltrigen Mädchen und Jungs – die so grausam und gnadenlos sein können – viel erträglicher findet als den zutiefst liebevollen Blick ihrer eigenen Mutter. Nicht, dass ich irgendjemanden absichtlich mit tiefen Gefühlen überfordern wollte. Liebe ist eben so. Ich will, dass sie ihre Schönheit stolz zur Schau stellt und sich in wilder Nacktheit wohl und sinnlich fühlt. Ich muss mich nur damit abfinden, dass das niemals vor meinen Augen geschehen wird.

Ich nahm mir vor, ein extra Deo in meiner Handtasche zu deponieren (so viele häusliche Ärgernisse sind ganz einfach zu lösen), seufzte laut und erinnerte Shannon daran, dass ich immer noch wartete.

»Hetz mich nicht!«, bellte sie zurück.

Das konnte noch dauern.

Natürlich verstehe ich das Bedürfnis nach ausgedehnten Aufenthalten im Badezimmer. Ich habe selbst so viele Stunden dadrin verbracht, oft in Gesellschaft von Heißwachs oder ekelhaft stinkenden Haarentfernungscremes, weil ich nun mal die Vorstellung übernommen habe, dass zu Schönheit weniger Körperbehaarung gehört, als der liebe Gott uns mitgegeben hat.

Ich habe immer darauf geachtet, dass Shannon mich nicht bei diesen schamhaften Verrichtungen erwischt, weil … na ja, weil ich diese neurotische Eitelkeit nicht an sie weitergeben will. Sie hat sie trotzdem abbekommen. Ob das meine Schuld war oder das Werk von Medien und »Leitkultur«, lässt sich nicht feststellen. Unsere Kinder lernen, dass das »normal« ist, was innerhalb ihrer Familie als ganz normal behandelt wird.

Das stellt mich vor ein gewisses Dilemma, was meine Bikinizone angeht. Während ich mich im Stillen darüber gefreut habe, dass meinen Kindern Schamhaar sprießt, war ich insgeheim dabei, meins loszuwerden.

Zuerst war das nur so eine Schnapsidee aus einem der Selbsthilfebücher, die ich phasenweise verschlinge – an jedem Geburtstag etwas tun, das ich noch nie getan habe. In einem bestimmten Jahr kam ich auf die Idee, dass ich noch nie ein Brazilian Waxing gemacht hatte. Das klang so … exotisch südamerikanisch, entpuppte sich jedoch eher als freiwillige Wurzelkanalbehandlung denn als romantische Begegnung mit der lateinamerikanischen Kultur.

Während eine unentwegt schwatzende Frau Mitte sechzig mit leuchtend pinkfarbenem Haar an meiner empfindlichsten Stelle herumrupfte, enthüllte sie mir obendrein, dass die Wirkung nur vier Wochen anhalten würde und man dann diese Intimsphären-Folter wiederholen müsse.

Trotz meiner grundsätzlichen Abneigung gegen präpubertär-haarlose Schamlippen bei Erwachsenen, die dank der Mainstream-Porno-Kultur so beliebt geworden sind, muss ich zugeben, dass mir diese ordentliche, glatte, weiche Scham gefiel. Weiß der Himmel, woher die meine E-Mail-Adresse haben, aber ich bekam auf einmal den monatlichen Newsletter eines Laser-Haarentfernungs-Studios, das mit Sonderangeboten für Bikinizone und Achseln lockte. Ich begann davon zu träumen, wie es wäre, nie wieder zu einem rostfleckigen Rasierer greifen zu müssen oder spontan an den Strand zu fahren und schwimmen zu gehen, ohne schon eine Woche vorher die entsprechenden Vorkehrungen einzuplanen. Sie hatten mich.

Natürlich widerspricht das alles meinen feministischen Überzeugungen, ganz zu schweigen von meiner panischen Angst vor den grausigen Schmerzen. Auf die war ich nicht vorbereitet, als ich zu meiner ersten Laserbehandlung erschien. (Was hatte ich denn erwartet? Reiki?)

Es ist viel einfacher für mich, meine Kinder nicht sehen zu lassen, dass ich kaum Schamhaar habe, während ihres in voller Blüte steht. So muss ich nicht für meine Heuchelei geradestehen (und Teenager ertappen einen nur zu gern bei einem solchen Akt der Doppelmoral). Zwar halte ich es für meine mütterliche Pflicht, meinen Kindern die meisten Phänomene des Lebens rational zu erklären – die Tatsache, dass ich da unten aussehe, als hätte ich die Pubertät noch vor mir, gehört nicht dazu. Aber nur für den Fall, dass meine Kinder mich je danach fragen sollten, habe ich mir ein paar Antworten zurechtgelegt:

- »Das habe ich für euch getan, damit ich euch nicht in Verlegenheit bringe, wenn ich bei einem Basketballspiel jubelnd die Arme hochreiße oder am Strand das Schamhaar unter dem Badeanzug hervorwuchert.« (Die selbstlose Mutter)

- »Ich habe viele Jahre mit Schamhaaren hinter mich gebracht. Wenn du das geschafft hast, kannst du auch entscheiden, ob du es lieber loswerden möchtest.« (Die lebenserfahrene Mutter)
- »In meinem Alter wirkt Schamhaar nun mal äußerst unattraktiv.« (Die eitle Mutter)

Natürlich gibt es da noch eine vierte Möglichkeit, die ich von meinen Kindern gelernt habe: »Das geht dich nichts an.« (Die zickige Mutter).

Wir sind ins Zeitalter der Geheimnisse und der Abgrenzung eingetreten, und nun bin ich nicht mehr der Mensch, dem sie sich automatisch anvertrauen. Shannon würde mir nie verraten, in wen sie verknallt ist, und Jordan wird mir nie, niemals erzählen, welche seiner Freunde Pornos schauen oder auf Partys Mädchen abschleppen. Wenn ich zu viele Fragen stelle, sagen sie nur irgendwann, ich solle endlich damit aufhören. Natürlich ist es mir wichtig zu erfahren, was sie erleben, aber ab einem gewissen Punkt werden Interesse und Wissbegierde unheimlich. Meine Neugier oder mein Bedürfnis, Bescheid zu wissen, zählen nicht für sie. Ich muss mich damit zufriedengeben, gerade genug zu wissen. Genug, um ihnen zu helfen. Genug, um sie zu verstehen. Genug, um Beistand zu leisten. Aber meistens werden ihre Angelegenheiten nicht mehr die meinen sein.

Es tut zwar weh, so ins Abseits gestellt zu werden, aber ich muss damit umgehen wie eine vernünftige Erwachsene. Es darf mich nicht mehr unmittelbar betreffen, was mit ihnen geschieht – es geht dabei schließlich nicht um mich. Außerdem hat die neu abgegrenzte Intimsphäre meiner Kinder auch ihr Gutes. Sie räumt meiner eigenen wieder mehr Platz ein. Und ich werde ihnen ganz sicher nicht den wahren Grund dafür verraten, dass ich da unten keine Haare habe.

Das ist Zeds und mein kleines Geheimnis.

5 Alles schon erlebt

Außerdem erinnere ich mich daran, dass ich als Teenager mein ganzes Leben vor meinen Eltern geheim halten wollte.

Natürlich können meine Kinder sich nicht vorstellen, dass ich auch mal ein Teenager war.

Angeblich verstehe ich nämlich gar nichts und kann unmöglich nachvollziehen, wie sie sich fühlen. Sie begreifen offenbar nicht, dass ich das »alles schon erlebt« habe, das Heranwachsen, wenn auch mit etwas weniger Technologie. Für sie bin ich schon immer eine Mittvierzigerin mit leichtem Bauchansatz und Kaiserschnittnarbe gewesen. Aber ich erinnere mich ganz deutlich an die Ängste und Dramen um das Wachstum von Brüsten und Schamhaar. Ich weiß noch, wie ich mit dem Zeigefinger an den blassen Dehnungsstreifen an meinen Oberschenkeln entlangstrich und darum betete, dass sie wieder verschwinden würden, während mein Körper zu schnell wuchs für meine Haut. Nie könnte ich die Stunden vergessen, die ich damit zugebracht habe, mit dem Abdeckstift vor dem Spiegel zu stehen und gegen die Pickel zu kämpfen oder schluchzend im Bett zu liegen, weil der Junge, den ich »von ganzem Herzen liebte«, mich überhaupt nicht bemerkte.

Als Teenager

- habe ich stundenlang auf dem Bett meiner Eltern herumgefläzt, um ungestört über das Festnetz zu telefonieren (kennst du das auch noch?).

- musste ich mir von meinem Vater ständig anhören: »Das Telefon ist ein Kommunikationsmittel. Sag, was du zu sagen hast, und mach die Leitung wieder frei.«
- konnte ich es kaum erwarten, Brüste zu haben, doch als sie dann wuchsen, fühlte ich mich betrogen – sie sahen überhaupt nicht so aus wie die Brüste in den *Hustler*-Heften meines Freundes Shawn. Eine war größer als die andere – also, ehrlich! Konnte ich nicht mal ein gleich großes Paar Brüste bekommen?
- glaubte ich an einen unmittelbaren Zusammenhang zwischen meiner Jeansgröße und meinem Glück.
- *wollte* ich jemandem einen blasen.
- war »alt« für mich jeder Mensch über vierzig.
- brachten Popsongs mich zum Weinen, vor allem »Living Next Door to Alice«.
- verfasste ich lange, wortreiche Liebesgedichte (in Reimen, bitte sehr), die jede Woche einem anderen Jungen galten, weil mein »Seelengefährte« dauernd wechselte.
- rannte ich einmal mitten im Sommer den Hügel vor dem Haus meines aktuellen Schwarms hinauf und hinunter in der Hoffnung, dass er mich bemerken würde und ... Na ja, weiter habe ich wohl nicht gedacht. Ich erlitt beinahe einen Hitzschlag.

Bloß gut, dass ich seit meinem vierzehnten Lebensjahr Tagebuch geführt habe. So bleiben diese unschätzbaren Weisheiten für die Nachwelt erhalten:

»16. Geburtstag. Das beste Geschenk war, dass Max heute auch mit dem Bus gefahren ist – alle Mädchen wollten ihn mitkriegen lassen, dass ich jetzt sexualmündig *bin. Dann hat Max sich auch noch ganz hinten in meine Nähe gesetzt, und er ist einfach echt anbetungswürdig.«*

»Dieses Jahr wird mein Jahr für ein neues Ich (Diät!!!) und einen neuen Freund ... Jungs, nehmt euch in Acht ...«

»Gestern Abend ist Ian vorbeigekommen. Er wollte mich ständig küssen und umarmen und meine Hand halten – manchmal frage ich mich echt, ob wir nur gute Freunde sind.«

»Hoffentlich werden die Ferien nicht zu schlimm langweilig, und wenn doch, wird es hoffentlich richtig heiß, damit ich wenigstens braun werde ...«

»Am Freitag war Jane zu Besuch, und wir haben den ganzen Tag geredet und geredet, wir brauchen beide UNBEDINGT einen festen Freund, und wir MÜSSEN da was unternehmen.«

»Dave und ich waren zusammen Kaffee trinken ... und dann hat er mich nach Hause gefahren. Zungenkuss vor der Haustür, gar nicht schlecht, besser als die vorher.«

»Cathy war heute da, damit ich ihr in Mathe helfe. Sie ist eine tolle Freundin, und ich mag sie sehr, aber, Mann, wie ich sie um ihre umwerfenden blauen Augen und ihre fantastische Figur beneide.«

Meine eigenen Teenager-Tagebücher zu lesen ist eine Art persönlicher Folter. Ich kann kaum in Worte fassen, wie froh ich bin, dass ich diese idiotische Phase als geistloses, unsicheres, mannstolles junges Mädchen mit einer übertriebenen Neigung zu Ausrufezeichen überlebt habe. Was ich damals offenbar dringend brauchte, war – ein eigenes Leben. Zum Glück war ich wenigstens kein einsamer Außenseiter. Als ich einen Haufen befreundeter Erwachsener nach ihren wichtigsten Erinnerungen an ihre Teenager-Jahre fragte, kam das hier heraus:

»In mehrere Jungen verknallt sein (nacheinander), die nicht mal wussten, dass es mich gibt. Traurig – die meisten davon sind heute echte Loser.« (Sharise)

»Wie deprimiert und einsam ich war, und dass ich sehr gern gelesen habe.« (Crystal)

»Meine Musik, meine Bücher und meine Gitarre haben es erträglich gemacht.« (Kevin)

»Freundinnen, Freundinnen und noch mal Freundinnen. Mit denen ich heute noch auf Facebook befreundet bin. Und natürlich eine unerwiderte Liebe nach der anderen.« (Jackie)

»Nicht zur angesagten Clique zu gehören, oder überhaupt irgendeiner Clique, und wie ich die Schule gehasst habe.« (Alex)

»Ich habe nirgends dazugehört, hatte immer die falschen Klamotten an, habe im falschen Viertel gewohnt, und niemand hat mich verstanden. Und ich wurde als Lesbe beschimpft, weil ich Motocross gefahren bin, und zwar besser als die Jungs.« (Suzette)

»Wie ich in der Umkleide im Squash Centre herumgelungert habe, um meine aufkeimende (schwule) Sexualität zu befriedigen – bis einer von den Männern mir seinen Polizei-Dienstausweis vor die Nase gehalten und mich beschuldigt hat, ein Dieb zu sein.« (Tim)

»Wie intensiv alle Gefühle waren: Liebe, Einsamkeit, Ungerechtigkeit. Die Suche nach meinem Platz. Ich erinnere mich an einen Abend nach einer Theateraufführung an der Schule – meine Freundin Kate und ich saßen lange allein da und weinten über die Ungerechtigkeit in dem Stück, und der Mond war so unerträglich schön, und wir fühlten uns so unerträglich machtlos, so unbedeutend – und ganz sicher, dass wir die Welt verändern würden, wenn wir erst die Schule geschafft hatten.« (Ingrid)

»Ich habe die Schule gehasst. Absolut alles daran. Jeden Tag, einfach alles. GEHASST.« (Gloria)

»Dass ich mich immer gefragt habe, von wem ich meinen ersten richtigen Kuss bekommen würde.« (Michelle)

»Mein Leben bestand aus JUNGS und DIÄTEN ... und Freundinnen. Meine Familie kam darin kaum vor. Ich hatte tolle, liebevolle Eltern, aber ich dachte, nur meine Freundinnen könnten mich verstehen und das, was ich durchmachte. Mein Bruder hat einmal gesagt: ›Stephanie ist mit dreizehn in ihr Zimmer gegangen und erst mit achtzehn wieder rausgekommen.‹« (Stephanie)

»Wie ich auf einer *Grease*-Party einen Jungen kennengelernt und ewig mit ihm getanzt habe – da hatte ich das erste Mal dieses Gefühl, vollkommen mit jemandem im Einklang zu sein.« (Helen)

»Knutschen. Partys, Schieber tanzen und knutschen. STÄNDIG verliebt sein.« (Stephanie)

»Ich weiß noch, dass ich mich oft betrunken und herumgeprügelt habe.« (Warren)

»Meine große Jugendliebe hat sich in eine andere verliebt (ein nettes Mädchen, das ich nicht mal hassen konnte). Als Teenager war ich eine einsame Außenseiterin und wollte nur irgendwo dazugehören.« (Lauren-Joy)

»Nie so richtig irgendwo reinpassen, endlich Brüste und Kurven haben wollen, ständig mit meinen Eltern streiten, blitzschnell zwischen drei verschiedenen Gefühlen hin und her schwanken.« (Ali)

»Mit vierzehn hatte ich winzige Brüste. Wie habe ich meine Freundinnen mit großen Brüsten beneidet. Ich war sicher, dass kein Junge ein Mädchen mit Größe 70 A wollen würde. Ich weiß noch, wie ich meinen BH immer mit Taschentüchern und Watte ausgestopft habe. Einmal hat ein Junge bei einem Date die Hand unter meinen BH geschoben und hatte plötzlich die ganze Watte in der Hand. So peinlich!« (Cyndi)

Diese Hirnlosigkeit ist offenbar eine Art Übergangsritus, den unsere Teenager durchmachen müssen. In ihrer Welt scheint all der Irrsinn irgendwie sinnvoll und logisch zu wirken – ständig auf Diät zu sein und besessen von sexuellen Beziehungen, Cliquen und Partys. Das kann man unmöglich Erwachsenen erklären, die mit großen Worten wie »Konsequenzen«, »Selbstachtung« und »Verantwortung« um sich werfen. Dabei ist es ganz einfach: Wenn der Mensch, den man mag, einen auch mag, hat man Selbstachtung. Wenn nicht, dann hat man keine. Da können die Eltern einem noch so oft sagen, wie klug, wunderbar und begabt man sei – davon findet man sich selbst kein bisschen besser. Teenager leben im Land der Gleichaltrigen, in der Provinz der Superlative. Jede Freundin, jedes Erlebnis, jeder Song oder Blick ist am »besten« oder am »schlimmsten«. Teenager zu sein ist eine Art Extremsport.

Und jeder Erwachsene hat diese katastrophalen Jahre, hin- und hergeschleudert zwischen Euphorie und tiefster Depression, selbst überlebt. Wir erinnern uns alle daran, wie das war, halb Kind und halb erwachsen zu sein – verzweifelt auf Sex aus, ohne welchen zu kriegen, besessen von unserem Aussehen und davon, was andere von uns denken, gierig nach Unabhängigkeit ohne jede Ahnung, wie die funktionieren könnte.

Aber ich erinnere mich auch daran, dass ich jedes Mal ausgeflippt bin, wenn Erwachsene erklärten: »Ich weiß, wie du dich jetzt fühlst.« Dieses Gequatsche von wegen »Ich war auch mal in jemanden verknallt, der mich nicht beachtet hat …« und »Wenn sie dich nicht eingeladen hat, ist sie keine echte Freundin …«. Das fand ich gruselig und abartig, und ich fühlte mich davon nur noch einsamer.

Damals wollte ich nicht, dass Erwachsene »es kapierten«. Denn dann hätten sie mich ja verstanden, und viele Erwachsene kapieren eines nicht: *Nicht* verstanden zu werden, ist der Kern jugendlicher Identität. Teenager müssen sich von ihren Eltern entfremden, um herauszufinden, wer sie sind. Sie wollen nicht hören, dass jemand anderes diese Erfahrungen schon gemacht hat. Als Teenager unterliegt man der narzisstischen Einbildung, absolut einmalig zu sein, so dass niemand einen je verstehen könnte. Dann wird man erwachsen und erkennt, dass es den meisten Leuten ganz genauso geht und dass man selbst und die eigenen Erfahrungen eigentlich nichts Besonderes sind.

Um Teenager wirklich zu verstehen, muss man ihnen diese Einbildung lassen.

Und wenn wir ehrlich sind, haben Jugendliche es heute viel schwerer als damals im finsteren Mittelalter. Erstens haben wir unsere größten Dummheiten vor dem Zeitalter der sozialen Netzwerke hinter uns gebracht. Wir mussten während dieser äußerst verletzlichen Phase nicht auch noch das Dauerfeuer von Facebook, Twitter, Tumblr und Instagram ertragen – ständig damit konfrontiert, wo alle anderen am Samstagabend waren, wer auf welcher Party mit wem zusammengekommen ist. Unsere Kinder werden permanent mit Updates aus dem Leben anderer Leute zugeschüttet, gerade in dieser Phase, in der man nur eines will: dazugehören. Sie leben ohne jeden sozialen Schutz, ohne virtuelles Kondom, das sie davor bewahren könnte, sich mit Selbstzweifeln und Zurückweisung zu infizieren. Ihre Welt ist grausamer, als unsere war, und sie brauchen ganz schön viel Kraft, um darin zu überleben.

Also sind wir in mancher Hinsicht tatsächlich dümmer als sie – ihre Gehirne sind praktisch schon mit dem Internet verdrahtet, ihre technologische Intelligenz intuitiv (ja, evolutionär), und sie sind auf eine Art und Weise mit dem Weltgeschehen verbunden, wie wir es in ihrem Alter nicht waren. Aber um ihnen selbstsichere, unverzagte Eltern zu sein, müssen wir uns daran erinnern, dass wir trotzdem klüger sind als sie – einfach, weil wir schon länger hier sind. Dieses größere Gesamtbild ist eine Art Weisheit, an die eine Google-Suche niemals herankommt.

Ich habe Shannon und Jordan noch mehr voraus. Etwa das Wissen, dass uns zwar vieles aus diesen Jugendjahren in Erinnerung bleibt, wir aber auch viel vergessen. Wir vergessen sogar fast alles außer einer Handvoll Einzelheiten – den Namen unserer Lieblingslehrerin, die Nacht, in der wir zum ersten Mal gekifft haben, oder die beste Freundin, die uns mit Hilfe einer Colaflasche beibrachte, wie man Jungs einen bläst. Erst neulich bekam ich bei Facebook eine Nachricht von einem Typen namens Wes: »Ich freue mich sehr, dass ich dich endlich gefunden habe! Ich habe so oft an dich gedacht und wollte nur mal Hallo sagen und erfahren, was das Leben so macht.« Der Name kam mir bekannt vor, aber war das der Freund einer Schulfreundin oder jemand, mit dem ich irgendwann mal kurz zusammen war? Ich musste mich durch seine sämtlichen Facebook-Fotos klicken, um dahinterzukommen. Diese Freundschaft war mir irgendwo im Lauf der Jahre glatt entfallen.

Das meiste wird mit der Zeit weggespült, das Gute mit dem Schlechten, das Scheußliche mit dem Schönen. Wenn ich meine alten Tagebucheinträge lese, kann ich mich meistens nicht mal erinnern, über wen ich da eigentlich lästere oder wen ich »lieben werde bis zu meinem letzten Atemzug«. Unsere Erinnerungen werden sowieso keine große Rolle spielen. Dafür sorgt das Leben. Damit will ich nicht sagen, dass die Geschehnisse damals nicht wichtig für uns waren. Aber letzten Endes wird uns nichts davon zerstören oder retten. Nichts von alledem. Das beliebteste Mädchen der Schule zu sein garantiert uns kein glückliches Leben, und der gemobbte Nerd ist nicht zu einem Leben als verhuschtes Opfer verdammt. Es gibt sogar einen seltsamen Umkehreffekt der Teenager-Normen: Was uns in der Schule so beliebt gemacht hat, wird im richtigen Leben nichts mehr zählen, und was uns zum Außenseiter gemacht hat, verleiht uns später eine charismatische Anziehungskraft.

Man kann versuchen, seine Teenager an all diesen Weisheiten teilhaben zu lassen, aber sie werden sie ignorieren. Das ist in Ordnung. Aus Mitgefühl für das, was sie gerade durchmachen, halten wir uns mit Anekdoten über unsere eigene Teenager-Vergangenheit vielleicht ein bisschen zurück und erzählen ihnen gerade genug, um sie daran zu erinnern, dass wir das überlebt haben und sie es vermutlich auch überleben werden. Manchmal versuche ich es mit: »Ich kann nicht genau wissen, wie du dich fühlst, also sag es mir doch. Damit ich dich verstehen kann.« Meistens ist die Reaktion darauf nur ein genervter Blick gen Himmel und ein »Wie kommst du darauf, dass ich mit *dir* darüber reden will?«.

Diese Zurückweisung tut weh und holt Jugenderinnerungen ans Ausgeschlossensein hoch wie ein Sodbrennen. Vielleicht ist das eine bedeutsame Dynamik: Unsere Teenager führen uns vor Augen, wie scheußlich es ist, vorübergehend völlig machtlos zu sein. Und ihren Kampf mit anzusehen bringt uns dazu, im Kontakt mit den einsamen, verirrten und unverstandenen Teilen unseres Selbst zu bleiben. Als wir Teenager waren, gab es vielleicht keine Selfies, Planking oder Youtube. Aber unsere jugendliche Tollheit und Dummheit gehören immer noch zu uns. Sie sind eine Quelle der persönlichen Erfahrung und Weisheit, aus der wir schöpfen können, um nicht allzu hart über unsere Teenager zu urteilen und kleine Verbindungen zwischen unserer Welt und ihrer zu schaffen.

Wir haben doch mehr mit ihnen gemeinsam, als wir glauben – schließlich fragen auch wir uns hinter verschlossenen Türen ein wenig panisch und verwirrt: »Wer zum Teufel bin ich?« (Sie haben allerdings ihre Jugend und die Zeit auf ihrer Seite.)

Wenn wir über das Elternsein hinaus kaum eine Identität haben, wird ihre Suche nach der eigenen Identität uns auch zu einer solchen Expedition anregen. Wir müssen es nur zulassen.

6 Das große »Warum?«

Meine verstorbene Großmutter Bee heiratete, als sie noch ein Teenager war, erst neunzehn Jahre alt. Allerdings war es zu jener Zeit beinahe unerhört, dass ein Mädchen die höhere Schule abschloss oder einen richtigen Beruf ergriff. Damals musste das Leben eben weitergehen, wenn die eigene Mutter mit sechsunddreißig Jahren plötzlich an Tuberkulose verstorben war und der Vater bald darauf deren Schwester geheiratet hatte. Es gab keine Psychotherapie, keine Trauerbegleitung (»Du meine Güte, nichts dergleichen«). Jahrelang versuchte sie, schwanger zu werden, und nach mehreren Fehlgeburten brachte sie meine Mutter zur Welt – 1939, als die Welt gerade in den Krieg zog.

Ich habe sie einmal gefragt, wie sie sich bei alledem gefühlt habe. »Gefühlt?«, fragte sie, als seien Gefühle auch so ein Hightech-Schnickschnack, den sie noch nie gesehen hatte. »Ach, Schätzchen, ich habe nur geweint und geweint. Ich habe mich ständig gefragt, in was für eine Welt ich mein Kind da hineinsetze. Ich dachte, ich hätte einen schrecklichen Fehler gemacht.«

Meine Großmutter war wahrlich keine Philosophin, aber ihr war klar, dass man ein Kind immer in einem bestimmten Kontext bekommt. Es ist eine historische Entscheidung, mindestens ein Bekenntnis (bewusst oder unbewusst) zur optimistischen Überzeugung, dass die Sonne morgen wahrscheinlich wieder aufgehen wird. (Damit will ich nicht andeuten, dass depressive Menschen sich nicht fortpflanzen sollten, obwohl ich mich in meinen finstersten Augenblicken schon gefragt habe, ob das Kinderkriegen eine seltsame Art Abspaltungsimpuls ist oder ein gedankenloses Experiment mit der Seele eines anderen Menschen.)

Ich bin geneigt zu behaupten, dass die Welt heute besser ist als 1939, aber irgendwie spielt das um drei Uhr nachts keine Rolle. Dann kann ich mich genauso in meine Sorgen reinsteigern, wie meine arme Großmutter es mitten in der Nacht getan haben muss. Nur dass ich mich wegen der Klimaerwärmung, Tsunamis und Buschbränden verrückt mache und an Amokläufer denke, die im Kino auf einmal um sich schießen und nichtsahnende Menschen mit Popcorneimern auf dem Schoß töten. Ich denke an diese arme Frau, die neulich auf dem Heimweg von einer Party in Melbourne vergewaltigt und ermordet wurde. Und an Jungs, die Mädchen was in den Drink mischen.

Zwischendrin tapse ich ins Bad, weil ich pinkeln muss, doch sobald ich wieder im Bett liege, quälen mich neue Nöte. Jordan verbringt so viel Zeit vor dem Computer – zerstört das womöglich irgendwelche Nervenbahnen? Hat Shannon womöglich schon einen Vitamin-D-Mangel? Ja, ich kann mich bis vier Uhr früh wach halten mit der Überlegung, wann Shannon zuletzt eine Freundin zu Besuch hatte oder Jordan irgendetwas gegessen hat, das Omega-3-Fettsäuren enthielt. Ich frage mich, was es bedeutet, dass Shannon lieber *Australia's Next Top Model* oder *Project Runway* schaut, als schwimmen zu gehen oder einen Ausflug mit dem Fahrrad zu machen. Bis halb fünf bin ich dann so weit, mich wegen der möglichen Auswirkungen von ask.fm auf Shannons Selbstwertgefühl verrückt zu machen – vor allem wegen dieser anonymen Fragen nach ihren »Titten« und ob sie »es anal mag«. (Ich weiß, ich weiß, ich hätte nicht spionieren dürfen.)

Wenn ich dann draußen die ersten Vögel singen höre, habe ich viele Stunden Schlaf an die Angst verloren, dass ich meine Kinder in eine Welt gesetzt habe, der ich nicht traue. Und was hat mir das gebracht? Ich werde den ganzen Tag lang übellaunig und unausstehlich sein. Und die Welt ist dank meiner schlaflosen Nacht kein bisschen sicherer geworden.

Wenigstens wird mein Schlafmangel von dem Gefühl kompensiert, eine fürsorgliche Mutter zu sein. Niemand kann von mir behaupten, dass ich nicht mit der großen Frage ringe, wie ich meine Kinder auf diese Welt vorbereiten kann. Ich gehe zum Beispiel nicht einfach davon aus, dass sie automatisch so etwas wie Mitgefühl für andere entwickeln. Ich gebe mir große Mühe, sie zu guten Menschen zu formen (was man etwa von den Eltern dieses kleinen Miststücks Ashleigh nicht sagen kann – verteilt die doch die Einladungen zu ihrer Geburtstagsparty vor Shannons Nase an alle außer Shannon).

Das soll keine romantische Verklärung irgendwelcher Neurosen sein. Ja, zu viele von uns denken zu viel über Erziehung und so weiter nach. Aber manche von uns machen sich eben nicht genug Gedanken darüber. Wenn unsere Kinder ins Teenager-Alter kommen, wird deutlich, dass ein ungeprüftes Leben einfach nicht gut genug ist.

Wenn man sich nie gefragt hat, warum man Kinder bekommen hat (mal abgesehen von gesellschaftlichen Erwartungen an Heterosexuelle, sich fortzupflanzen), dann wird es jetzt höchste Zeit. Wer seine Kinder wie auf Autopilot in die Welt gesetzt hat, weil das eben dazugehört, kann sich dieser Frage nicht mehr entziehen, wenn die Teenager-Turbulenzen hereinbrechen.

Wir haben vielleicht geschrien: »Warum? Oh, warum habe ich das getan?«, während ein Mensch im weißen Kittel mit Stirnlampe uns drängte, jetzt zu pressen. Aber das zählt natürlich nicht. Frischgebackene Eltern erleben ständig Momente, in denen sie sich fragen: »Was habe ich mir nur dabei gedacht?« Aber Schlafmangel kann selbst den stabilsten Geist ins Wanken bringen. Mit einem Kleinkind gibt es dann diese besonderen »Gott steh mir bei«-Augenblicke, wenn sich das Kind kreischend vor dem Süßigkeitenregal auf dem Boden wälzt, weil die Schokolade noch nicht im Einkaufswagen gelandet ist. Je größer unsere Kinder werden, desto länger halten die windstillen Phasen zwischen diesen »Was zum Teufel …?«-Augenblicken an. Schließlich erlebt man so etwas nur noch bei einem besonders grässlichen Gespräch mit der Klassenlehrerin oder wenn man den Papierkorb seines jugendlichen Sohnes ausleert (was man niemals tun sollte).

Wir stellen regelmäßig unsere Uhren nach oder machen ein Backup unserer Dateien. Genauso sinnvoll ist es für unseren seelischen Haushalt, hin und wieder darüber nachzudenken, warum wir Kinder bekommen haben. Selbstreflexion ist ein stark vernachlässigter Muskel, schlimmer als der Beckenboden. Kinder großzuziehen ist der Fortgeschrittenenkurs, der uns dazu zwingt, diese innere Arbeit zu leisten.

Abgesehen von Ländern der Dritten Welt, die in puncto Verhütung benachteiligt sind, und von ungewollten Schwangerschaften haben wir meist das Glück, uns freiwillig fortzupflanzen. Unsere Antwort auf die Frage nach dem Warum könnte uns helfen, uns im schwierigen Terrain der Teenager-Jahre unserer Kinder zurechtzufinden. Wenn man weiß, warum man etwas tut, verhilft das zur Klarheit über die eigenen Erwartungen und schafft Selbsterkenntnis. *Warum* ist eine Art Zielfindungsfrage. Sie führt uns zurück zum Startpunkt, zum Anfang. Und in stressigen Krisenzeiten bietet sie uns ein Plätzchen für eine Zwischenlandung.

Die *Warum?*-Frage ist nicht rein praktisch, sondern philosophisch. Sie gehört zum Kern unserer Identität, die wir unablässig erschaffen, seit wir selbst Teenager waren, ob uns das bewusst ist oder nicht. Irgendwann stellen wir uns alle die großen Fragen des Lebens, etwa: Gott, bist du da? Kippa oder Palituch? Jesus oder Buddha? Jungen oder Mädchen oder beides oder gar nichts? Geld machen oder Musik? Stadt oder Land? Wer gehört zu meinem Stamm? Was ist der Sinn des Lebens? Was verleiht meinem Leben Bedeutung?

Manche von uns beantworten diese Fragen damit, dass wir Kinder bekommen. Durch sie schaffen wir uns das Gefühl der Zugehörigkeit und Identität. Damit werden unsere Kinder manchmal nichtsahnend und ohne ihre Zustimmung zur Antwort auf unsere eigenen Fragen nach unserem Platz und Zweck auf dieser Welt.

Das ist eine ganz schöne Last für ein Kind.

Also, warum habe ich Kinder bekommen?

Während viele andere Mädchen sich Fantasievorstellungen von ihrem Traummann machen, habe ich mir immer meine Traumbabys ausgemalt. Seit ich fünf Jahre alt war, habe ich meine Nachkommenschaft geplant, inklusive Geschlecht und Namen der vier Kinder, die ich eines Tages haben würde. Bei meiner zweiten Verabredung mit Zed verkündete ich ihm, dass ich im nächsten Jahr ein Baby wollte. Mutter zu werden stand bei mir von Anfang an auf dem Plan, könnte man sagen. Lange habe ich geglaubt, ich sei eben einer dieser Menschen, die »Kinder lieben« (im Gegensatz zu den »Kann Kinder nicht ausstehen«-Menschen), aber es steckt doch mehr dahinter. Als ich klein war, wurden meine Eltern sehr von den Bedürfnissen eines behinderten Kindes in Anspruch genommen – meine große Schwester Carolyn kam hörbehindert zur Welt. Sosehr meine Eltern mich und meine beiden wunderbaren Schwestern liebten, fühlte ich mich immer ein bisschen allein auf der Welt. Wenn ich also gnadenlos ehrlich bin, wollte ich Kinder, um ihnen all die Liebe und Aufmerksamkeit zu schenken, von der ich als Kind vermeintlich zu wenig bekommen hatte. Merkst du, was ich damit sage? Ich habe sie für *mich* bekommen. Um meine Probleme zu kompensieren.

Vielleicht ist es an sich gar nicht krankhaft, Kinder zu bekommen, weil man damit irgendein persönliches Bedürfnis erfüllt, vor allem, wenn man sich seiner selbst und seiner Motive dabei bewusst ist. Immerhin habe ich keine Kinder bekommen, um mehr kleine Arbeitskräfte zur Verfügung zu haben oder Kindergeld vom Staat einzusacken.

Trotzdem wäre es mir lieber, wenn ich behaupten könnte, dass ich Mutter geworden bin, weil ich mich heldenhaft und selbstlos dem Willen irgendeines großen Geistes, des Schicksals oder sonst einer höheren Instanz unterworfen habe. Oder weil Shannons und Jordans Seelen mich ausgewählt haben und ich ihnen meinen Körper, mein Leben und meine Energie geopfert habe, als Gefäß für ihre nächste menschliche Inkarnation. Offen gestanden habe ich nicht groß darüber nachgedacht, wer meine Kinder wohl sein würden, wenn sie eines Tages erwachsen wurden und ich nicht mehr Mutter-und-Kind mit ihnen spielen konnte.

Als sie noch Babys waren, kleidete ich sie ein wie Puppen, um sie stolz anderen vorzuführen und sie bewundern zu lassen. Als Shannon mit sechs Wochen geimpft wurde und weinte, weinte ich mit. Als Jordan sich letztes Jahr ein Bein brach und sich vor Schmerzen wand, musste ich ein Schmerzmittel nehmen. Manchmal kann ich ihren Schmerz kaum von meinem unterscheiden. Ganz zu schweigen von diesem Druck in der Brust, wenn sie singen oder etwas wahrhaft Gütiges tun oder wenn mir jemand sagt, wie großartig, klug und besonders sie sind. So schwammig sind die Grenzen zwischen uns. Wenn ich von *meinen* Kindern spreche, könnte das besitzergreifender kaum klingen.

Und genau da muss ich aufpassen. Erstens sind sie nicht *mein* Besitz. Seit die Sklaverei abgeschafft wurde, gehören uns keine Menschen mehr (das wissen wir doch, oder?). Zweitens steht Stolz nicht umsonst auf der Liste der sieben Todsünden. Im Wörterbuch findet man es auch als Synonym für Hochmut. Normalerweise gilt man beinahe als ein wenig arrogant oder eingebildet, manchmal sogar hochmütig, wenn man Stolz zeigt, aber sobald dieser Stolz unseren Kindern gilt, ist er gesellschaftlich akzeptiert. Die jüdische Kultur hat Stolz sogar mit Mutterliebe fusioniert und uns das Wort *Naches* geschenkt, das so gut wie immer zutrifft, wenn es um die eigenen Nachkommen geht. Zum Beispiel: »Liebling, welche *Naches* hast du mir beschert mit deiner guten Note« oder »Das muss dir ja *Naches* gewesen sein, als Indiana letzten Monat im Orchester des Sydney Opera House das Flügelhorn spielen durfte« oder »Hach, Selwyn, wenn du den *Sommernachtstraum* auf Japanisch rezitierst – meine *Naches* …«. *Naches* ist für eine jüdische Mutter vergleichbar mit Sauerstoff. Das erklärt auch den Witz: »Was ist der Unterschied zwischen einem Rottweiler und einer jüdischen Mutter? Der Rottweiler lässt irgendwann los.« Das Stereotyp der jüdischen, italienischen, griechischen, libanesischen und sonstigen mediterranen Mutter ist die Frau, die »für ihre Kinder lebt« – als wäre das kein emotionaler Galgenstrick, der sich mit jeder solchen Äußerung enger zusammenzieht.

Khalil Gibran hatte wohl besonders diese Mütter im Sinn, als er schrieb:

Eure Kinder sind nicht eure Kinder.

Sie sind Söhne und Töchter der Sehnsucht des Lebens nach sich selbst.

Sie kommen durch euch, aber nicht von euch, und obwohl sie mit euch sind, gehören sie euch doch nicht.

Ihr könnt ihnen eure Liebe geben, aber nicht eure Gedanken,

Denn sie haben ihre eigenen Gedanken.

Ihr könnt ihrem Körper ein Heim geben, aber nicht ihrer Seele,

Denn ihre Seele wohnt im Haus von Morgen,

das ihr nicht besuchen könnt, nicht einmal in euren Träumen.

Ihr dürft euch bemühen, wie sie zu sein, doch nicht versuchen, sie wie euch zu formen.

Aus welchen Gründen wir unsere Kinder auch bekommen haben, es scheint doch ziemlich viel verlangt, dass sie ihr Leben damit zubringen, unseren Lebenslauf aufzuwerten, damit wir etwas haben, womit wir prahlen können. Dennoch betrachten wir ihre Leistungen als Beweis für unseren Erfolg als Eltern, und ihre Misserfolge und Unvollkommenheiten als persönliche Schmach. Wir tun so, als sollte die Elternschaft eine Wohlfühloase sein, genährt vom Schweiß der Selbstaufopferung.

Irgendwie müssen wir dieser seltsamen, verwirrenden Beziehung zu unseren Kindern einen Sinn abgewinnen, ohne dem Virus zu verfallen, durch unsere Kinder zu leben. C. G. Jung warnte einst: »Nichts wirkt seelisch stärker auf die Kinder als das ungelebte Leben der Eltern.«

Ob wir sie eher automatisch oder ganz bewusst bekommen haben, sie gehören uns nicht. Wenn wir das tief im Inneren noch nicht begriffen haben, werden sie es uns spätestens als Teenager beibringen. Ganz gleich, wie nah wir unseren Kindern standen, als sie noch klein waren, sie werden immer tiefer in den Schatten ihres jugendlichen Selbst zurückweichen, und jeglicher Einfluss, jeglicher Zauber, den wir einst auf sie ausüben konnten, wird sich auflösen.

Sie kommen durch uns und sie verlassen uns. Sie gehören uns nicht wie ein kostbares Erbstück. Wir können sie nicht mit einem Etikett versehen, ihren Wert schätzen lassen und erwarten, dass sie unseren Status erhöhen oder uns Zinsen einbringen. Sie gehören nur zu uns auf dieselbe flüchtige Art und Weise wie unsere persönliche Geschichte oder unsere Erinnerungen.

Unsere Aufgabe besteht darin, die Unvermeidlichkeit und Sinnhaftigkeit dieser Trennung zu akzeptieren. Das Kinderkriegen ist praktisch niemals abgeschlossen. Wir gebären sie immer wieder neu, lassen sie los, schenken sie der Welt.

Unsere Kinder werden es sich nicht gefallen lassen, wenn wir durch sie leben wollen, und das sollten sie auch nicht.

Das wissen sie.

Und deshalb fragen sie uns, ob wir *kein eigenes Leben* hätten. Wir müssen uns eines zulegen, damit in ihrem Leben Platz für sie selbst ist.

7 Klarheit ist Trumpf

Ich bin meinem Jurastudium für zwei Dinge sehr dankbar: Zed und die Fähigkeit, es ganz genau zu nehmen.

Zed und ich lernten uns als Dozenten kennen, und da unsere Büros direkt nebeneinanderlagen, dauerte es auch nur zwei Jahre, bis unsere Freundschaft eine »Harry und Sally«-Wendung nahm. Im Jurastudium lernte ich außerdem subtile Differenzierungen zu schätzen. So gibt es zum Beispiel einen großen Unterschied zwischen einer moralischen und einer rechtlichen Verpflichtung. Wenn man an einem Ertrinkenden vorbeikommt, darf man rein rechtlich gesehen ruhig weitergehen, sobald man den Notruf gewählt hat – außer, man hat ihm gegenüber Fürsorge- oder Aufsichtspflichten. Juristisch wird man nicht zur Verantwortung gezogen, wenn diese Person ertrinkt (aber wie jemand danach noch in den Spiegel schauen könnte, ist mir ein Rätsel). Und wenn jemand wegen eines Verbrechens angeklagt wird, ist er nicht schuldig, bis ein Gericht seine Schuld festgestellt hat. Deshalb spricht man, wenn es etwa um einen Bombenleger geht, korrekterweise von dem »mutmaßlichen Bombenleger«, solange es kein rechtsgültiges Geständnis gibt oder ein Gericht ihn schuldig gesprochen hat.

Mein Jurastudium war eine ausgezeichnete Vorbereitung darauf, Teenager zu haben, vor allem während des Verhörs. Alle paar Monate unternimmt Jordan einen neuen Versuch, mir Schuldgefühle zu machen, damit ich ihm irgend so ein brutales Videospiel erlaube, das erst ab 16 Jahren freigegeben ist. Er erzählt mir, er wüsste doch, dass das »nur ein Spiel ist«, und er habe nicht die Absicht, »im echten Leben« Leute umzubringen, Autos zu knacken, Prostituierte anzuheuern oder Banken auszurauben.

Als Mutter um Rationalität bemüht, schaue ich mir also Spielszenen auf Youtube an, damit ich auch genau weiß, was ich verbiete, falls ich es verbieten werde. Dann sage ich ihm: »Netter Versuch. Nein.« Und wappne mich für die Beschimpfungen.

Angeblich erlauben alle anderen Eltern ihren Kindern diese Spiele.

Offenbar hemme ich seine Entwicklung und treibe ihn in den gesellschaftlichen Ruin.

Und alle seine Freunde finden auch, ich sei gemein.

Er bezeichnet mich als Heuchlerin, weil ich ihm Filme erlaube, die erst ab 16 freigegeben sind, aber nicht diese Videospiele. »Wie willst du das rechtfertigen?«, fragt er. »Das ist doch total unlogisch.«

Gelassen erkläre ich ihm, dass Videospiele ein Suchtpotenzial haben, das es bei Filmen nicht gibt. Und dass er diese Filme meistens unter Aufsicht eines Erwachsenen schaut.

»Na und? Wo ist da der Unterschied, ob ein Erwachsener dabei ist oder nicht?«

Ich weiß, dass das eine gute Frage ist, und ich habe absolut keine Ahnung, was ich ihm antworten soll. Seht ihr, wie sie einen grillen können?

In diesem speziellen Fall schwafle ich Jordan vor, die »Anwesenheit eines Erwachsenen modifiziert den möglichen Rückkopplungseffekt«, und dann noch irgendetwas von Hirnchemie und Dopamin in der Hoffnung, dass er es gut sein lässt.

Schuldbewusst denke ich an den Autor Jonathan Safran

Foer, der während der ersten Schwangerschaft seiner Frau ein Jahr damit verbrachte, die Massentierhaltung zu untersuchen – weil er als Vegetarier diese Überzeugung nicht seinem Kind weitergeben wollte, ohne sie rational und wissenschaftlich rechtfertigen zu können. Sein Buch *Tiere essen* ist ein sehr fundiertes Werk über die menschliche Grausamkeit gegenüber unschuldigen Mitgeschöpfen.

Wir können nicht alle so akribisch oder kompromisslos sein, was die wichtigen Lebensentscheidungen angeht, oder uns so bewusst mit dem totalitären Regime auseinandersetzen, das die Eltern im Leben eines Kindes nun einmal darstellen. Und wer von uns hat schon das Glück, ein Jahr lang von einem Verlagsvorschuss leben und sich ganz der Forschung widmen zu können? Jedenfalls hat Foer die Messlatte ein ganzes Stück höher gelegt, was das gute alte »Weil ich es dir sage« betrifft.

Jordan verdreht die Augen gen Himmel und brummt leise ein paar unanständige Wörter. Dann erklärt er, vor einem Gericht würde mir niemand recht geben, weil meine Argumentation bescheuert sei und Riesenlöcher habe, und bei seinem Freund zu Hause werde er diese Spiele sowieso spielen, also sei es doch egal, und ich könne ihn nicht daran hindern.

Das stimmt. Ich muss mir eingestehen, dass meine Kontrolle über ihn neue Grenzen hat.

Aber damit ist das Gespräch noch nicht beendet, denn zwei Dinge *kann* ich kontrollieren: meine Werte und die häusliche Umgebung, in der meine Teenager aufwachsen.

Wenn Kinder zu Jugendlichen werden, zwingen sie uns, bewusster zu denken und zu handeln. Es ist meine Verantwortung, meinen Kindern klar zu zeigen, wer ich bin, wofür ich stehe und was ich von ihnen erwarte. Dass ich keine Kontrolle mehr darüber habe, was sie tun, bedeutet noch lange nicht, dass in meinem Haus jeder tun kann, was er will. Kinder lassen einem großzügigerweise etwa zehn bis zwölf Jahre Zeit, sich zu sortieren und diese Klarheit zu erlangen. Bis dahin kann man lügen, Dinge erfinden, antäuschen und ausweichen, ohne dass sie einem sofort auf die Schliche kommen. Kleine Kinder nehmen unsere Aussagen ganz blauäugig an, entweder aus Angst (wenn sie Angst vor ihren Eltern haben), oder weil wir es sagen und wir schließlich alles wissen. Diese zehn bis zwölf Jahre haben wir Zeit, uns darüber klarzuwerden, wer wir sind und wofür wir stehen. Wenn wir das nicht tun, werden unsere Teenager unsere sämtlichen emotionalen und psychischen Schwächen schonungslos aufdecken – sogar solche, von denen wir selbst gar nichts mehr wussten, weil wir sie so gut versteckt hatten. Sie werden uns beleidigen, uns zurückweisen und uns das Gefühl geben, klein und unbedeutend zu sein, während sie mit ihrer eigenen Identität experimentieren. Wer unsicher ist, ertappt sich jetzt womöglich dabei, dass er den Kochlöffel auf den Küchentisch haut oder hinter der Windschutzscheibe Gemeinheiten brüllt, weil er es eilig hat und irgendwer die Straße zu langsam überquert. Das ist nicht gerade würdevoll.

Ein hormonell gebeutelter Teenager wird auf wenige Dinge so heftig anspringen wie auf einen unreifen Erwachsenen, der sich selbst nicht auf die Reihe gekriegt hat. Sie nehmen einen ins Kreuzverhör, bis sie jede Schwachstelle aufgespürt haben, denn um herauszufinden, wer sie selbst sind, müssen sie uns auf die Probe stellen. Sie brauchen die Gewissheit, dass wir selbst wissen, wer wir sind. Wir brauchen so viel Selbstsicherheit wie Männer, die am Strand knappe Badeslips tragen – anders ausgedrückt, wir dürfen uns nicht allzu sehr darum sorgen, was andere von uns denken. Wichtig ist, was unsere Teenager von uns denken, denn wir dürfen ihre Achtung nicht verlieren. Das ist eine knifflige Angelegenheit, aber nicht unmöglich.

»Weil ich es sage« sollte gegenüber Teenagern nur noch die allerletzte Rettung sein, denn es fällt ihnen schwerer, eine Entscheidung zu akzeptieren, die nicht begründet wird. »Weil ich es nicht mit meinem Wertesystem vereinbaren kann« ist doch eine gute Alternative. Dann sollte man sich über diese Werte allerdings vollkommen klar sein.

Erziehung braucht ein Grundgerüst, eine Vision vom Leben, der sie sich verschrieben hat. Sonst ist sie nur eine Anhäufung impulsiver, reaktionärer Patzer, getrieben von Unsicherheit und dem eigenen Ego. Wir müssen uns also als Erstes über diese Vision klarwerden: Wer sind wir, was ist uns wirklich wichtig? Was macht in unseren Augen ein erfülltes und sinngebendes Leben aus? Hier ein Teil meiner Liste:

Güte
Dienst an anderen, an der Menschheit
Großzügigkeit und die Bereitschaft zu teilen
Kreativität
Reisen
Gespräche
Bücher und Filme
Sex und Zärtlichkeit (natürlich an angemessenen Orten zu angemessenen Zeiten)
Rituale, Spiritualität, Gebet
Bewegung, Sport
Gesunde Ernährung – möglichst viel Obst, Gemüse und frische Bio-Produkte, möglichst wenig industriell verarbeitete Lebensmittel
Berührungen
Freundschaft

Musik
Nächstenliebe, Spenden, Verschenken
Sich auf Risiken einlassen (kalkulierte, wohlgemerkt)
Verletzlich sein
Allein sein können, Entspannung

Diese Werte kann ich nur weitergeben, indem ich sie vorlebe, denn wenn wir mal ehrlich sind, mag sich kein Mensch Vorträge darüber anhören.

Teenager müssen unsere Entscheidungen um sie herum fühlen können wie Zeltheringe, die sie halten. Wenn sie spüren, dass man faul ist oder noch keine Entscheidung darüber steht, ob Pornographie, Rauchen, Trinken, Lügen oder Stehlen akzeptabel sind oder nicht, werden sie einem diese Laschheit in Form von gewaltigem Mist um die Ohren hauen. Unsere Werte sind der Maßstab dafür, was wir von ihnen erwarten, und die Zündung für den Prozess der inneren Suche nach den eigenen Werten.

Die Eltern meiner Freundin Mimi zogen sie ohne irgendwelche Erwartungen groß, und sie fühlte sich haltlos und unsicher. Ihre wunderschönen grünen Augen blitzten auf, als sie mir nachdrücklich sagte: »Unsere Kinder müssen wissen, wo wir stehen und dass wir bestimmte Dinge von ihnen erwarten. Die Einstellung ›passt schon, mach, wie du meinst‹ bringt es absolut nicht. Wir müssen Stellung beziehen, denn sie kämpfen darum, herauszufinden, wer sie sind, und dafür brauchen sie uns als festen Bezugspunkt.«

Dies sind Mimis Erwartungen an ihre Kinder:

Ich erwarte, dass du mich achtest und dich selbst.
Ich erwarte, dass du die Natur achtest.

Ich erwarte, dass du dich in der Schule anstrengst – und dein Bestes gibst, nicht in jedem Fach, aber in denen, die dir Spaß machen.

Ich erwarte, dass du deinem Herzen folgst.

Das ziehen wir erst dann wirklich durch – so, dass es auch tatsächlich ankommt –, wenn wir nicht nur reden, sondern danach handeln.

Mit Anfang zwanzig absolvierte ich einen Selbstverteidigungskurs, nachdem mehrere Frauen in meinem Bekanntenkreis überfallen worden waren. Dort lernte ich, »Nein!« zu sagen und voll dahinterzustehen, und wie man jemandem mit einem Stift oder dem Zeigefinger den Adamsapfel durchlöchert, falls eine so undiplomatische Geste einmal erforderlich sein sollte. Ehrlich, man musste mir erst *breibringen*, wie das geht. In meiner bisherigen Ausbildung zum menschlichen Wesen war so etwas nicht vorgekommen, und es fühlte sich anfangs unnatürlich an – die Zähne fletschen, zurückschubsen, jemanden treten, ihm den Ellbogen oder Finger irgendwohin rammen, um ihn mir vom Leib zu schaffen.

Als Eltern müssen wir auch mal die Zähne fletschen können – metaphorisch wie buchstäblich –, damit unsere Kinder mitbekommen, wenn sie eine Grenze überschritten haben. Es gibt da einen feinen Unterschied zwischen »Macht über sie ausüben« und »unerträglichem Benehmen Grenzen setzen«.

Vor einiger Zeit unterhielt ich mich mit einer Frau, die mir anvertraute, dass ihre jugendlichen Söhne ständig sexistische und frauenfeindliche Bemerkungen machten. Das verwirrte und verstörte sie zutiefst. »Sie haben einfach keinerlei Achtung vor mir«, schloss sie kläglich.

Ich machte Vorschläge in Richtung »Regeln aufstellen« und

»solches Verhalten muss Konsequenzen haben«, doch sie erwiderte achselzuckend: »Sie würden mich nur auslachen.«

»Was sagt dein Mann denn dazu? Warum schreitet er nicht ein und macht ihnen klar, dass es nicht in Ordnung ist, Frauen zu verachten?«, fragte ich.

»Was glaubst du, von wem sie das gelernt haben?«, entgegnete sie hilflos.

Aus der Unterhaltung mit dieser gequälten Mutter habe ich etwas Wichtiges gelernt: Wir dürfen uns als Eltern die Zügel nie aus den Händen gleiten lassen, denn sonst werden unsere Teenager, sobald sie Schwäche spüren, die Richtung bestimmen und anfangen, uns zu tyrannisieren. Ich habe schon zu viele Eltern gesehen, die Angst vor ihren eigenen Kindern haben.

Was uns zu der Frage führt: Wo lernen Teenager das?

Natürlich von uns.

Wenn wir mal ehrlich sind, wissen wir doch alle, dass die Erziehung kleiner Kinder eine gesellschaftlich sanktionierte Form des Tyrannisierens ist. Wir stellen die Regeln auf und setzen sie durch. Manchmal tun wir unseren Kindern sogar weh, damit sie uns gehorchen. Wir beschämen sie und machen ihnen ein schlechtes Gewissen, damit sie tun, was wir von ihnen wollen. Wir schreien sie an, zwingen sie, ihren Brokkoli zu essen, verweigern ihnen den Nachtisch und setzen sie auf die »stille Treppe«. Wir entziehen ihnen Privilegien und Belohnungen. Und für all diese Entscheidungen und Handlungen müssen wir uns nicht einmal rechtfertigen. Niemand überwacht, ob wir zu Recht und angemessen gehandelt haben. Wir haben die Lizenz zum Tyrannisieren.

Außerdem geben wir unseren Kindern ihr Leben praktisch vor. Wir bestimmen, wo sie zur Welt kommen, wo sie wohnen, in welchem Glauben sie erzogen werden (wenn überhaupt), auf welche Schule sie gehen und was sie essen. Wer dieses Buch liest, lebt wahrscheinlich nicht in einem Land, in dem Kinder als billige Arbeitskräfte oder persönliche Altersvorsorge der Eltern gelten. Aber dass Eltern entscheiden, ob und wie lange ihre Kinder zur Schule gehen (wobei Mädchen meistens zu kurz kommen) und wann und wen sie heiraten, ist heute immer noch viel zu weit verbreitet. Wenn solche Kinder es wagen, nicht zu gehorchen, werden sie dafür aus dem Haus geworfen, verstoßen, enterbt oder gar getötet, weil sie »Schande« über ihre Familie gebracht haben.

In unserer moderateren Version dieser Tyrannei legen selbst die liberalsten Eltern mehr oder weniger Regeln fest, was Rauchen, Trinken, Drogen oder den Freundeskreis unserer Kinder betrifft. Wir schließen Türen ab, verhängen Hausarrest und bestrafen Aufsässigkeit, manchmal sogar mit körperlicher Gewalt. Manche Eltern »verbieten« ihren Kindern, homosexuell oder transsexuell zu sein, und zwingen sie dazu, Jura, Betriebswirtschaft, Zahnmedizin oder Viehwirtschaft zu studieren, obwohl ein Kind vielleicht eine besondere Begabung dafür hat, Sandskulpturen zu erschaffen oder Schlagzeug zu spielen.

Wir Eltern gleiten allzu leicht in eine Art Größenwahn ab, was unsere Kinder betrifft, wenn wir fälschlicherweise glauben, dass sie uns gehörten. Jahrelang üben wir die totale Macht über sie aus – so lange, dass wir uns irgendwann einbilden, wir *hätten* Macht über sie.

Wenn sie dann als Teenager erkennen, dass wir nicht allmächtig sind, schubsen sie zurück. Sie kehren den Spieß um. Das ist eigentlich nur fair. Aber Achtung – wir sind die Erwachsenen, und wir wissen, wie man mit schikanösen Tyrannen umgeht. Man darf ihnen gegenüber nicht klein beigeben. Wir müssen standhaft bleiben und unsere eigenen Reaktionen im Griff behalten – weil wir unseren inneren Saustall aufgeräumt und uns Klarheit über die wichtigen Dinge verschafft haben und nie vergessen, dass wir ihre Eltern sind. Es ist unsere Aufgabe, sie zu *erziehen*.

Es gibt einen Unterschied zwischen normaler jugendlicher Rüpelhaftigkeit und richtig miesem, untragbarem Benehmen. Zu unserem Job als Eltern gehört es, eine unübersehbare chinesische Mauer zwischen diesen beiden Dingen hochzuziehen, so dass es keinerlei Zweifel daran gibt, wo die Grenze ist und wer hier immer noch das Sagen hat (nämlich wir, richtig?). Ohne diese Grenze wachsen sie einfach von gemeinen, tyrannischen Teenagern zu gemeinen, tyrannischen Erwachsenen heran.

Wenn mir also irgendwann die Argumente ausgehen und ich Jordan zufolge »unlogisch«, »albern«, »inkonsequent«, »bescheuert« und »irrational« bin, stimme ich ihm einfach zu. Ja, ich bin unlogisch. Aber ich bin die Erwachsene, und noch gelten in diesem Haus meine Regeln. Ich weiß, wer ich bin, und solche Videospiele werde ich in unserem Haus nicht dulden. Ihm steht es seinerseits frei, mich dafür zu verabscheuen.

Ich sehe meine Aufgabe nicht darin, eine »coole Mutter« oder die Freundin meiner Kinder zu sein. Ich werde nicht milde lächeln und die andere Wange hinhalten, wenn sie mit Schimpfwörtern um sich werfen und sich wie respektlose Arschlöcher aufführen. Ich bin keine Wattebausch-Mami, kein rückgratloser, schleimender Softie, der seine Kinder verweichlicht.

Niemals werde ich einknicken und mich von meinen Teenagern wie ein Fußabtreter behandeln lassen.

8 Das Gehirn hinter dem Mundwerk

Du hast doch nichts dagegen, wenn ich ein bisschen näher rücke?«, lallte ein Mann mit einer Bierflasche in der Hand mich an.

Ich war bei einem Grillabend bei Freunden, und er hatte mir offensichtlich schon ein paar Bierchen voraus. Wahrscheinlich bemerkte er deshalb meinen Ehering nicht. Höflich lachte ich über seine grässlichen Witze und tat geschmeichelt ob seiner ungeschickten Flirtversuche, obwohl er eine Bierfahne hatte und über seine Ex herzog. Aber als er sich eine Zigarette anzünden wollte, bat ich ihn sehr freundlich, ob er wohl so nett wäre, nicht direkt neben mir zu rauchen. Worauf er erwiderte: »Was glaubst du eigentlich, wer du bist, verdammt noch mal, dass du mir Vorschriften machen willst? Hältst dich wohl für was Besseres?«

Mit verblüffenden Reaktionen wie diesem plötzlichen Schwall von Beschimpfungen rechnet man irgendwann bei jedem noch so harmlosen Wortwechsel mit einem Teenager. Es ist so leicht, mit ihnen in Streit zu geraten – man sieht es oft gar nicht kommen und stolpert da hinein wie in ein Schlagloch. Zum Beispiel:

»Hast du schon zu Mittag gegessen, Jordan?«

»Warum schikanierst du mich ständig? Hör endlich auf, mich zu nerven.«

»Ich frage doch nur, ob du zu Mittag gegessen hast.«

»Lass mich in Ruhe! Ich hab die Schnauze voll davon, ständig ausgefragt zu werden.«

»Ich nehme an, das heißt ›nein‹.«

»Ich muss überhaupt keine Fragen beantworten! Lass mich doch endlich in Ruhe, verdammt noch mal!«

Oder:

»Bei wem ist diese Party, zu der du gehst?«

»Bei einem Freund.«

»Hat dieser Freund einen Namen?«

»Warum willst du das wissen? Bei einem Freund von mir, okay? Du kennst ihn sowieso nicht.«

»Ich will wissen, ob ein Erwachsener dabei ist und wer das ist.«

»Seine Eltern, okay? Sollen sie dir vielleicht Führerschein und Ausweis vorlegen? Vertraust du mir nur unter Aufsicht? Du bist dermaßen neurotisch.«

Aus diesen Auseinandersetzungen wieder herauszukommen, ohne lächerlich zu werden, ist eine Kunst für sich. Niemand schleppt sich gern aus einem Streit mit einem Teenager, die zerlumpten Fetzen Nerven und Würde mit zitternden Händen umklammernd. Ein gewisses Maß an erwachsener Contenance und rudimentäre Kenntnisse über das System, mit dem man es zu tun hat, sind überlebenswichtig. Es ist nur klug, einen Blick in die Bedienungsanleitung zu werfen, ehe man irgendein Gerät in Betrieb nimmt. Genauso hilfreich ist etwas Grundwissen über das Gehirn hinter dem Mundwerk – das macht es leichter, die eigenen Reaktionen zu steuern.

Zunächst einmal haben wir es mit zwei im Wandel befindlichen Systemen zu tun, die man grob folgendermaßen einteilen kann: Da sind das biologisch-neurologisch-emotionale System (als Adoleszenz oder Pubertät bezeichnet man körperliche und chemische Veränderungen – die Haare und Pickel, den Ausstoß von Hormonen und den Umbau im Gehirn) und das soziale System – Teenager sein ist eine Art Identität. Die beiden Systeme überlappen sich, sind aber keineswegs deckungsgleich. Gemeinsam können sie eine beängstigende Kraft entwickeln.

Wie Antibiotika, Radio und Fernsehen, so ist auch der »Teenager« eine Erfindung des zwanzigsten Jahrhunderts. Noch im frühen zwanzigsten Jahrhundert – das ist gar nicht so lange her – waren Menschen erst Kinder und wurden dann zu einem mehr oder weniger klaren Zeitpunkt zu Erwachsenen. Mit der Pubertät war keine bestimmte Identität verknüpft. Ein Mensch war ein Kind, bis er (oder sie) alt genug war, um zu arbeiten oder zu heiraten, was unter Umständen schon mit dreizehn Jahren der Fall sein konnte. Kinder galten hauptsächlich deshalb als Segen, weil man sie zur Arbeit einteilen, sie in enge Minenschächte und Schornsteine, auf Felder und in Fabriken schicken konnte. Erst nach dem Ersten Weltkrieg verbreitete sich eine modernere, einfühlsamere Einstellung, die Kinder als Menschen mit besonderen Bedürfnissen betrachtete – in erster Linie dem Bedürfnis nach einer Kindheit. In den aufgeklärten Gesellschaften der Welt erkannte man, dass Zwangsarbeit von Kindern nichts anderes ist als Ausbeutung (eine Art geduldete Sklaverei) und dass Kinder eine längere und umfassendere Schulbildung brauchten, um in einer Welt zu bestehen, die sich rasch veränderte. Heute gilt »Kinderarbeit« in der westlichen Gesellschaft als inakzeptabel, und niemand käme im Traum darauf, sie wieder einführen zu wollen – in der gesamten Dritten Welt jedoch ist sie noch immer weitverbreitet.

Den Begriff »Teenager« für die Phase zwischen Kindheit und Erwachsensein gebrauchten Soziologen und Psychologen zum ersten Mal um 1920 in den USA. Die Einführung dieses Begriffs fiel mit einigen bedeutsamen historischen und gesellschaftlichen Veränderungen zusammen: der massiven Verbreitung von Sekundarschulen und der Erfindung des Automobils. Vorher saßen Kinder einfach zu Hause fest, mussten mit dem bisschen Bildung auskommen, das die Eltern ihnen vermitteln konnten, und ansonsten auf der Farm oder im Geschäft der Familie mithelfen und ihre Sexualität mit Nachbarn oder Freunden heimlich hinter dem Schuppen entdecken.

Das Auto brachte Freiheit und Unabhängigkeit. Jugendliche konnten sich der Aufsicht ihrer Eltern besser entziehen, ausgehen, sich verabreden und mit verschiedenen Beziehungen experimentieren. Hatten zuvor die Eltern die »Brautwerbung« eingefädelt und kontrolliert, von der Vorstellung bis zur Hochzeit, so legten nun vier Räder und ein Motor jungen Menschen das Liebesleben in die eigenen Hände. Sie definierten es neu, als Partnersuche, als »Dating«, das sie nun selbst steuern konnten. Autos boten auch eine ganz neue Privatsphäre. Hastig gestohlene Küsse in Anwesenheit besorgter Eltern entwickelten sich weiter, denn knutschen und fummeln und »aufs Ganze gehen« konnte man nun auf dem Rücksitz.

Doch das ist noch nicht alles. Autos und Busse veränderten den Horizont: Jugendliche saßen nicht mehr zu Hause fest, sondern konnten auch anderswo und viel länger zur Schule gehen. Immer mehr junge Menschen zogen zu Hause aus, um die Highschool zu besuchen. Die permanente Beaufsichtigung durch Erwachsene fiel weg, es gab neue Möglichkeiten, mit großen Gruppen Gleichaltriger zusammenzukommen – perfekte Voraussetzungen für eine sich entwickelnde Teenager-Kultur. Und wie die Jugend eben so ist, schloss sie sich dieser Kultur in Scharen an wie einer neuen Religion.

Der Begriff »Teenager« ist also keine biologische Bezeichnung, sondern eine kulturelle oder soziale. Wie alle solchen

Identitäten nimmt sie beinahe politische Züge an in dem Sinne, dass sie größer ist als der Einzelne – eine kollektive Identität. Und weil »Teenager« eine horizontale Identität ist, um es mit Andrew Solomon zu sagen, teilen Teenager sie eben nicht mit ihren Eltern, was ihnen hilft, sich (von uns) zu differenzieren. Diese Identität liegt auch Dingen wie Gruppen- oder Konformitätszwang, Beliebtheit und anderen gruppendynamischen Mechanismen zugrunde. Wer einen Teenager davon abhalten will, der Masse zu folgen, könnte ebenso gut versuchen, Ebbe und Flut aufzuhalten. Außerdem tut sich natürlich auch biologisch ungeheuer viel – und damit meine ich nicht nur Brüste, Schamhaar und Hormone. Sondern das Gehirn.

Im Allgemeinen betrachte ich die Natur mit größter Bewunderung, auch die wundersame Funktionsweise des menschlichen Körpers, der in heiliger Vollkommenheit geschaffen scheint. Die große Ausnahme jedoch ist das jugendliche Gehirn, vor allem wegen des bescheuerten Timings.

Das menschliche Gehirn durchläuft zwei große Entwicklungssprünge – der erste findet noch im Mutterleib statt, der zweite in der Adoleszenz. Während der ersten zwölf Lebensjahre wächst das Hirn wie Unkraut in alle Richtungen, weshalb kleine Kinder neue Sprachen, musikalische Fähigkeiten, Schwimmen und andere Sportarten so leicht erlernen. Dieses Gestrüpp, hauptsächlich graue Substanz, ist bei Mädchen mit etwa elf Jahren am dichtesten und bei Jungen mit zwölfeinhalb. Dann setzt die Adoleszenz ein, und es wird gewaltig gejätet, ausgedünnt und zurückgeschnitten – die alten Strukturen des Gehirns werden aussortiert, verworfen und neue Verbindungen hergestellt, das Gehirn wird spezialisierter, feiner, ausgefeilter. Die weiße Substanz wird dichter, es sind also mehr Leitungsbahnen vorhanden, die schneller und effizienter funktionieren.

Das Ziel der Hirnentwicklung in der Adoleszenz ist Vernetzung, das Entstehen stärkerer und neuer Verbindungen zwischen verschiedenen Hirnarealen. Das kann man sich vorstellen wie eine Neuronen-Tagung – eine Synapsen-Konferenz, die komplexere Funktionen ermöglicht.

Woher weiß das Gehirn, welche Neuronen es zurückschneiden und ausdünnen soll?

Das ist der Teil, der Eltern Angst machen kann. Der Prozess richtet sich nach Aktivität – vielbeschäftigte Nervenzellen bleiben und werden gedüngt und gehegt, faule Nervenzellen, die nur herumhängen und nichts tun, werden entfernt. Die Dinge, mit denen unsere Teenager sich die meiste Zeit beschäftigen (Video- und Computerspiele, Pornos, Facebook, Chats, Fernsehen, Gitarre spielen, Fotografieren, Gedichte schreiben oder Sport treiben), bestimmen, welche Verbindungen im Gehirn gestärkt und ausgebaut werden. Das Gehirn unserer Kinder wird leistungsfähiger in allem, womit es sich befasst. Das ist ein verdammt guter Grund, sie nicht unbegrenzt Zeit mit gedankenlosen, passiven, potenziell Sucht erzeugenden Gehirnkillern verbringen zu lassen.

In der Partyzone des jugendlichen Gehirns geht die Post im limbischen Teil ab, der Emotionen, Motivation, Urteilsvermögen und Bindung reguliert. Teenager werden von Emotionen überflutet: Leidenschaft, Erregung und einer Hitzigkeit und Intensität, die geradezu beängstigend sein kann. Und vergessen wir die Hormone nicht – darunter die Sexualhormone aus der Nebenniere. Sie strömen ins limbische System und beeinflussen dort Serotonin und andere Neurotransmitter, die Stimmung und Erregbarkeit steuern. Teenager sind ein emotionales Pulverfass. Die Schaltkreise in ihrem Gehirn reichen ins Extreme. Sie unterliegen nicht nur explosiven Emotionen, sondern auch dem Drang nach Erlebnissen, die ihnen diese emotionalen Rauschzustände verschaffen können. Sie hungern nach Aufregung, intensiven Empfindungen und Erfahrungen und werden von riskanten Unternehmungen angezogen wie Ameisen von einem Picknick. Ihnen zu sagen, sie sollten »vorsichtig sein« oder »keine Dummheiten machen«, ist etwa so erfolgversprechend, wie einen Schäferhundrüden zur Vernunft zu mahnen, der eine läufige Pudeldame entdeckt hat.

Wenn sie uns mit ihrem ständigen Gejammer nerven, dass ihnen »langweilig« sei, könnte das am Dopamin liegen. Dopamin ist der Neurotransmitter, der das Belohnungssystem des Gehirns und die Entstehung von Glücksgefühlen reguliert. Bei Heranwachsenden ist der Dopamin-Spiegel im »Normalzustand« sehr niedrig – was bedeutet, dass Teenager die meisten Dinge langweilig finden. Es ist tatsächlich neurochemisch schwierig für sie, motiviert zu sein, wenn es nicht um etwas geht, das unmittelbar geschieht und sie direkt betrifft. Aber wenn etwa durch Computerspiele oder Aktivtäten, die das Belohnungssystem stimulieren, Dopamin ausgeschüttet wird, dann steigt der Spiegel sprunghaft an. Daher kommt dieser Drang, neue und gefährliche Dinge auszuprobieren, und deshalb sind sie so impulsiv und anfällig für Süchte aller Art. Was für uns wie die absurde, erlebnishungrige Tollheit von Teenagern aussieht, ist tatsächlich nur ein starker Cocktail von Neurotransmittern.

Ihre Zirbeldrüse produziert zwar Melatonin, doch bei Jugendlichen dauert es länger, bis der Melatoninspiegel ansteigt. Das Gehirn ist also biologisch darauf programmiert, später schlafen zu gehen – weshalb es so schwierig ist, einen schlafenden Teenager zu wecken.

Und jetzt kommt der Teil, der diese biologischen Veränderungen abartig fies erscheinen lässt: Der letzte Teil des Gehirns, der bei Teenagern ausgeformt und vervollkommnet wird, ist der präfrontale Kortex. Dieser Hirnlappen hilft uns, vorauszuplanen, Prioritäten zu setzen, die Konsequenzen unserer Handlungen einzuschätzen und Impulse zu unterdrücken. Er ist das Zentrum der Entscheidungsfindung, in dem antisoziales Verhalten gehemmt wird. Und er ist erst mit vierundzwanzig Jahren vollständig entwickelt. Wundert es einen da noch, dass Teenager eine miserable Impulskontrolle haben und entsetzlich unsicher sind? Wenn wir also darüber schimpfen, dass sie halsbrecherische Risiken eingehen, Regeln brechen, Gefühlsausbrüche haben und nichts so leidenschaftlich verfolgen wie Sex, Drugs & Rock 'n' Roll, beschweren wir uns tatsächlich über einen *biologischen* Vorgang. Noch mal zum Mitschreiben: Als Allerletztes wird im Gehirn der Teil erwachsen, der eine Entscheidung treffen kann wie »Ich lerne erst mal für die Matheprüfung, füttere den Hund, und dann schaue ich auf Facebook nach meinen Freunden oder spiele vier Stunden lang FIFA«. Jugendlichen fällt es sehr schwer, sich verantwortungsvoll zu verhalten, weil der Teil ihres Gehirns, der für Verantwortung zuständig ist, noch nicht fertig ist.

Diese Veränderungen bedeuten nichts anderes, als dass Jugendliche chemisch zu verrückten Risiken und emotional berauschenden Erlebnissen getrieben werden, und das zu einem Zeitpunkt, da ihre Fähigkeit zur Selbstbeherrschung am schwächsten ist. Das hat nicht unbedingt etwas mit mangelnder Willenskraft zu tun. Wenn du dir bis hierher noch nicht in die Hose gemacht hast, möchte ich wetten, dass es jetzt so weit ist.

All diese Umbauarbeiten im Gehirn können die Psyche destabilisieren. Erkrankungen wie Schizophrenie und bipolare Störung manifestieren sich typischerweise im Teenager-Alter und tragen zur hohen Selbstmordrate unter Jugendlichen bei. Als Eltern müssen wir wachsam sein und das Verhalten unserer Teenager beobachten, damit wir hier einschreiten können, falls es nötig erscheint.

Aber allein schon ihre Aufmerksamkeit zu bekommen ist eine Herausforderung. Die ersten zwölf Jahre lang entwickeln unsere Kinder eine Bindung zu uns, ihren wichtigsten Bezugspersonen, um sich geborgen und aufgehoben zu fühlen. In der Jugend streifen sie uns ab wie eine alte Haut und suchen sich diese Verbundenheit bei Freunden und Gleichaltrigen. Das, was wir ihnen bieten, wollen sie nicht mehr, weil sie es anderswo bekommen. Diese Zurückweisung fällt jedoch mit einer Phase zusammen, in der sie unbedingt darauf bestehen, dass wir ihnen die »richtigen« Sachen kaufen (die farbigen Nikes, das neueste iPhone – das kann einen zur Weißglut treiben, oder?). Uns erscheint das verwöhnt und egoistisch, weil sie diese Dinge meistens so selbstverständlich einfordern, als stünden sie ihnen zu. Doch all das kommt nur von dem überwältigenden Bedürfnis nach Akzeptanz und Zugehörigkeit. Sie müssen die Hose so tief heruntergezogen tragen, dass die Shorts von Hugo Boss oder Bonds herausgucken, und auch ansonsten das nachmachen, was eben Trend ist. Diese Totems sind wie Ausweise, die ihnen Zugang zur Gruppe ermöglichen. Ohne diese »Sachen«, Symbole der Stammeszugehörigkeit, fühlen sie sich verloren und allein. (Das bedeutet natürlich nicht, dass wir jedes Mal nachgeben sollten, wenn sie irgendwas haben wollen, nur weil es gerade angesagt ist. Aber es hilft vielleicht, ihre Verzweiflung besser zu verstehen.)

Was sollen wir also tun? Hilflos mit ansehen, wie unsere Teenager sich nur noch im Rudel bewegen und von den anderen zu waghalsigem Blödsinn getrieben werden, etwa Planking an gefährlichen Stellen, betrunken Auto fahren oder ungeschütztem Sex auf Partys?

Zunächst einmal müssen wir uns vor Augen halten, dass das, was wir als »Verantwortungslosigkeit« bezeichnen, oft nur die Funktionsweise eines Hirns ohne präfrontalen Kortex ist. Sämtliche gesetzlichen Altersgrenzen, ab wann Teenager Auto fahren, Alkohol trinken und wählen dürfen, sind beliebig festgelegt, nicht anhand von wissenschaftlichen Erkenntnissen. (Die neuere Forschung wirft interessante Fragen auf, etwa inwieweit Jugendliche unter fünfundzwanzig für strafbare Handlungen verantwortlich, also haftbar sind.) Wenn sie widerspenstig sind und sich trotzig gegen unsere Autorität auflehnen, können wir gelassener reagieren, indem wir uns daran erinnern, dass ihr Hirn noch eine Baustelle ist und wir so weit als möglich die Rolle ihres präfrontalen Kortex übernehmen müssen.

Zweitens, ganz wichtig: Wir müssen dieses Wissen für uns behalten. Wenn unsere Kinder all das auch wüssten, könnten sie ihre Faulheit, Achtlosigkeit und Verantwortungslosigkeit auf ihr unfertiges Gehirn schieben, und was wäre damit gewonnen? Die Neurowissenschaft darf nicht zum Freibrief für ätzendes Benehmen werden. An den biologischen Vorgängen mag die Natur schuld sein, die sind angeboren. Aber da ist auch noch das Umfeld, und wir bestimmen darüber, was wir unseren Kindern anerziehen. Es ist nur fair von uns, die Erwartungen an unsere Teenager zurückzuschrauben, weil uns bewusst ist, dass sie auf unausgegorener Hardware laufen. Trotzdem können wir sie zu Verhalten ermuntern, auf das sie von allein nicht kommen, in der Hoffnung, dass dadurch neue Nervenbahnen angelegt werden.

Und drittens muss ich gestehen, dass unsere Katze eine großartige Vorbereitung auf den Umgang mit Teenager-Verhalten war. Also, Tanaka hat ein Problem: Sie übergibt sich ständig. Sie schlingt ihr Futter herunter, als wüsste sie nie, woher und wann ihre nächste Mahlzeit kommen wird, und dann kotzt sie alles wieder aus. Die Sauerei wische ich nachsichtig auf, wenn sie sich auf dem Fliesenboden in der Küche erbricht. Reizbar werde ich allerdings, wenn klebrige Bröckchen von anverdautem Whiskas auf meinem Schreibtisch, meinen unbezahlten Rechnungen oder der frisch gewaschenen Bettwäsche landen. Was bin ich schon sauer geworden – ich habe herumgebrüllt und sie zur Strafe rausgeworfen und die Katzenklappe für eine gute Stunde verriegelt, so dass sie nicht wieder hereinkommen konnte. Aber meine Wutausbrüche sind lächerlich. Sie hat den Zusammenhang nicht begriffen – Schlingen verursacht Erbrechen. Sie hat eben nur ein Katzenhirn.

Manchmal, wenn ich merke, dass ob des wahnsinnig dämlichen Verhaltens meiner Teenager die Wut in mir hochkocht, stelle ich mir einfach vor, sie seien zwei kotzende Katzen, die es nicht besser wissen.

9 Mit ansehen, wie sie zerbrechen

Als meine Kinder noch klein waren, wurde ich mit ihren Fragen spielend fertig. Selbst wenn sie unmöglich zu beantworten waren, wie etwa »Wie viele Pinguine gibt es in der Antarktis?« oder »Regnet es auf dem Mond?«, fiel mir immer etwas ein. Wenn ich die Fakten nicht so genau kannte, dachte ich mir eben etwas aus. Es ist sehr wichtig, dass unsere Kinder – zumindest eine Zeitlang – glauben, wir seien der Quell aller Weisheit und wüssten die Antwort auf alle Fragen des Lebens. Nur unverantwortliche Eltern lassen zu, dass kleine Kinder die Welt für chaotisch und voll unlösbarer Probleme halten.

Doch irgendwann zwischen neun und zwölf änderte sich das. Ihre emotionale und spirituelle Software wurde geladen, und ihre Hinterfragung des Lebens bezog ein neues Bewusstsein ihrer selbst ein. Auf einmal war es nicht mehr so einfach, ihren Fragen auszuweichen. Sie brauchten nicht mehr so sehr Informationen oder Lösungen, sondern suchten nach Bedeutung. Sie fragten sich nicht mehr, wo obdachlose Menschen schlafen, wenn es regnet – sie begannen sich zu fragen, warum Menschen obdachlos werden. Sie wollten nicht mehr wissen, wie weit welcher Planet von uns weg ist, sie fragten nach Leben auf anderen Planeten und was das bedeuten würde. Rudolf Steiner zufolge erwacht die Kognition zwischen dem zwölften und vierzehnten Lebensjahr, wenn sich das »wahre Denken« herausbildet. Denken ist »unbewusste Antipathie« – sprich, unsere Kinder fangen an, schwierig zu werden.

Als Shannon dreizehn war, erhielt ich einen Anruf von ihrer Erdkundelehrerin, die »besorgt« war, weil mein gewissenhafter, folgsamer Bücherwurm von einer Tochter ihre Geographie-Hausarbeit nicht abgegeben hatte. Ich war fassungslos. Shannon? War die Lehrerin wirklich sicher, dass wir von demselben Kind sprachen? Ja, war sie.

Ich fand Shannon auf ihrem Bett, umgeben von ihren 632 Kuscheltieren, und fragte sie, was mit der Erdkunde-Aufgabe passiert sei.

»Wozu die Mühe?«, seufzte sie.

»Die macht immerhin die Hälfte deiner Zeugnisnote aus«, erinnerte ich sie.

»Und?«

»Wenn du null Punkte für die Hausarbeit bekommst, drückt das deine Note in Erdkunde und damit deine Gesamtnote für das ganze Jahr.« Das brauchte ich ihr eigentlich nicht zu erklären.

»Na und?«, erwiderte sie. »Wozu soll ich überhaupt Erdkunde lernen? Ist doch egal, ob ich dieses Jahr durchfalle. Ich sehe nicht ein, was Hausarbeiten für einen Sinn haben sollen, oder die Schule, oder gute Noten ... Die Ozonschicht stirbt, es gibt Krieg und Armut, und Tiere sterben aus ... was spielt es da für eine Rolle, ob ich meine Erdkunde-Hausarbeit abgebe oder nicht?«

Ich blinzelte. Bis gerade eben noch hatten wir eine normale, wenn auch etwas strenge Unterhaltung über Schulnoten und Zeugnisse geführt. Wir waren bei persönlicher Verantwortung, Umgang mit Zeit und dem Einhalten von Abgabeterminen. Und wo waren wir jetzt? Philosophie? Theologie? Psychologie? Ich bemühte mich, nicht in Panik zu geraten, wozu ich leider neige, wenn ich das Gefühl habe, dass mit einem meiner Kinder etwas nicht stimmt. Ich war auf einmal fest davon überzeugt, dass sie an Depression litt. Dass sie eine Psychologin brauchte. Vielleicht sogar Pillen.

»Also, so gesehen ...«, begann ich lahm. »Ich meine, natürlich ist es kein Weltuntergang, wenn du die Arbeit nicht abgibst ...«

»Ja, weil die Welt so oder so untergehen wird.« Sie seufzte so traurig wie der Lorax, der soeben den letzten Truffula-Baum fallen sah.

Trübselig versanken ihre Schultern zwischen den Kissen, und sie drückte einen Plüschkiwi an ihre Brust. »Bitte mach die Tür zu, wenn du gehst«, sagte sie, drehte sich um und starrte die Wand an.

Ich sprach sofort mit Zed, der erklärte: »Das wird schon wieder. Nur eine Phase. Das ist doch ganz normal.« (Das ist Zeds übliche Antwort auf so ziemlich alles, was unsere Kinder betrifft.)

Ich fragte Shannon, ob sie mit mir über ihre Gefühle sprechen wolle.

»Nein danke.«

Ich fragte sie, ob sie mit jemand anderem darüber sprechen wolle.

»Mit jemand ganz Fremdem?« Sie starrte mich gekränkt an.

»Ja, ich meine ... jemandem, der qualifiziert –«

»Mit einem Psychologen?«, fauchte sie.

»Einer Beraterin«, versuchte ich es. »Jemand, der versteht, wie es dir geht.«

»Niemand versteht, wie es mir geht. Das kann niemand verstehen.«

»Vielleicht doch – jemand, der sehr viel Erfahrung mit Teenagern und ...«

»Ich gehe nicht zum Seelenklempner«, erklärte sie. »Was, wenn mich jemand im Wartezimmer erkennt?«

Ich musste zugeben, dass ich wohl nicht alle Faktoren bedacht hatte.

Also rief ich ein paar befreundete Psychologinnen an. Schließlich fand ich eine wunderbare Jugendpsychologin, die Hausbesuche macht. Offensichtlich versteht sie etwas von der Psyche von Teenagern.

Shannon war stinkwütend, als ich ihr sagte, dass ich einen Termin für einen Hausbesuch vereinbart hatte.

»Du musst nicht mit ihr reden«, sagte ich. »Hören wir uns einfach an, was sie zu sagen hat ... vielleicht ist ja etwas Nützliches dabei.«

Shannon schäumte noch tagelang. »Ich komme nicht aus meinem Zimmer«, drohte sie. »Das wird total peinlich für dich. Dann hast du sie umsonst hergeholt, und bezahlen musst du sie auch noch.«

Die Therapeutin kam. Sie setzte sich mit mir ins Wohnzimmer. Shannon kam doch zu uns herunter – vielleicht aus einer Art widerwilliger Höflichkeit. Und nach zehn Minuten fing sie tatsächlich an zu reden.

Über dieses Gespräch kann ich nur sagen, dass am Ende der Kindheit die Seele erbarmungslos aus der schützenden Folie dieser ersten, magischen Lebensjahre gerissen wird. Das holt all die anderen Verluste, die unsere Kinder schon still im Herzen tragen, für sie wieder hoch – kein Wunder, dass sie dann zutiefst niedergeschlagen sind und sich kaum für eine Erdkunde-Hausarbeit interessieren können, auch wenn diese die Hälfte der Zeugnisnote ausmacht. Und sosehr wir unsere Kinder lieben, manchmal brauchen sie eine unbeteiligte Person, mit der sie sprechen können. Wir wünschen uns nichts mehr, als ihnen durch schwierige Zeiten hindurchhelfen zu können, aber manchmal sind wir als Eltern einfach nicht die richtigen dafür.

Manchmal sind unsere eigenen Geschichten zu sehr mit ihren verwoben, als dass wir ihnen helfen könnten, die Fäden zu entwirren und ihren Teil davon zu verstehen.

An jenem Nachmittag wurde in unserem Wohnzimmer viel geredet und geweint. Danach gab es Umarmungen, und Tee.

Nachdem die Therapeutin gegangen war, fragte Shannon, ob ich mit ihr *Teen Wolf* schauen wolle.

Klar doch – wenn man zuschaut, wie andere Teenager sich in blutrünstige Werwölfe verwandeln und übereinander herfallen, fühlt man sich gleich viel besser, was die eigenen Kinder angeht.

Wir teilten uns ein Eimerchen Macadamia-Karamell-Eiscreme und debattierten darüber, ob Tyler Posey oder Taylor Lautner anbetungswürdiger sei, und ich hatte das Gefühl, dass wir glimpflich davongekommen waren. Besorgt fragte ich mich, ob Sorgen und Depressionen noch öfter eine Rolle in Sharons Leben spielen würden, und wenn ja, wie sie damit zurechtkommen würde. Sie leiden zu sehen ist für mich als Mutter das Allerschlimmste. Ich will nicht zuschauen, sondern ihre Probleme lösen. Leider gehört es zum Gesamtpaket dazu, dass wir manchmal nur zusehen können, wie sie leiden – wir müssen lernen, das besser auszuhalten.

Eines Tages bricht sich dein jugendlicher Sohn vielleicht ein Bein. Daran wirst du schuld sein. Auch wenn du nicht schuld daran bist, wird es sich so anfühlen. Warum warst du nicht da, als es passiert ist? Warum hat dein Mutterinstinkt nicht Alarm geschrien, als er »nur mal rüber zum Fußballplatz, ein bisschen kicken« gehen wollte?

Vielleicht passiert es an einem herrlichen Sonntagnachmittag, während du gerade nachsiehst, was im Fernsehen kommt, und überlegst, zum Abendessen was vom Inder zu holen. Das

Telefon klingelt, und du erkennst die angezeigte Nummer nicht. Du denkst vielleicht: »Es ist Sonntagnachmittag, ich nehme keine Anrufe von Leuten entgegen, die ich nicht kenne. Das kann bis Montag warten.« Dann klingelt das Handy deines Mannes – dieselbe Nummer. Jetzt denkst du dir: »Jemand versucht uns dringend zu erreichen«, und gehst dran. Du hörst die erstickte Stimme deines Sohnes, der auf dem Fußballplatz auf der anderen Straßenseite liegt und wimmert: »Bitte komm schnell.« Du gerätst in Panik. Noch nie hat seine Stimme so dringlich geklungen. Du kreischst nach deinem Mann, und ihr rennt über die Straße und seht euren Sohn zusammengekrümmt am Boden liegen. Neben ihm hockt ein fremder Mann – ein netter fremder Mann, der ihm sein Handy geliehen hat (die unbekannte Telefonnummer). Es ist drei Uhr nachmittags. Bis acht Uhr abends folgen ein Notruf, ein Krankenwagen, Sanitäter, alle möglichen starken Medikamente, Krankenschwestern, ein Gipsverband, und die ganze Zeit über droht das Geheul deines Sohnes jede einzelne deiner Zellen zu zerreißen, weil du weißt, dass er noch nie im Leben solche Schmerzen hatte.

Du musst dich hinsetzen. Du musst stark sein. Du brauchst Rescue-Tropfen (ach was, eine Valium und einen doppelten Whisky). Du darfst ihn nicht merken lassen, dass es für dich viel, viel schlimmer ist, ihn leiden zu sehen, als wenn du selbst leiden würdest. Du musst sehr tapfer sein. Er darf noch nicht darauf kommen, was dir längst klar ist: nämlich, dass Basketball, Fußball, Leichtathletik – also praktisch alles, wofür er lebt – für die nächsten drei oder vier Monate gestrichen sind. Du musst ihn durch Schweigen trösten, indem du ihm gewisse Dinge nicht sagst, sondern stattdessen die Phrasen von dir gibst, die in dieser Situation als passend gelten.

In den nächsten Wochen wird er Hilfe brauchen – beim Aufstehen, Duschen, Anziehen –, und spätestens da wirst du feststellen, wie viel sich seit früher verändert hat, als er noch nackt durchs Haus geflitzt und zu dir in die Badewanne gehüpft ist. Das wird dich mit Freude erfüllen und zugleich völlig verblüffen. Es ist wichtig, dass du all das für dich behältst und weitermachst, als wäre alles ganz normal, obwohl du dir vorkommst wie Rip Van Winkle, der seine Kinder in den Körpern von Erwachsenen vorfindet (weil er zwanzig Jahre in einen Zauberschlaf gefallen war). Es ist das oberste ungeschriebene Gesetz, dass wir unseren Teenagern unsere Reaktionen darauf, was mit ihnen geschieht, unbedingt ersparen sollten, während wir insgeheim nur noch »o mein Gott« denken.

Vorerst einmal wirst du jedenfalls seine Bettpfanne leeren, die Bettwäsche wechseln, ihm beim Waschen helfen, ihm seine Schmerztabletten geben und ihm sagen müssen, dass alles bald vorbei sei. Ihm erzählen, dass diese Herausforderung ihn zu einem besseren Menschen machen werde. Irgendwann. Du wirst ihm erklären, wie dankbar er sein könne, dass er sich nur etwas gebrochen hat. Du wirst ihm nahelegen, an andere Kinder zu denken, die schwer krank sind und nie wieder gesund werden können, oder an Kinder in der Dritten Welt, die keinen Zugang zu medizinischer Versorgung haben und deren Bein krumm und schief wieder zusammenwachsen würde – ohne Schmerzmittel. Und er wird erwidern, dass du eine schreckliche Mutter seist. So ziemlich die schlimmste Mutter aller Zeiten.

Dann willst du ihn vielleicht erwürgen, aber nur in jenen seltenen Augenblicken, da dein Herz nicht blutet vor mitempfundenem Leid. Im Stillen ist dir klar, dass diese Zeit ein Geschenk ist. Denn wenn er seinen Körper wieder für sich hat, wird er damit im Strudel der Adoleszenz verschwinden. Dann wirst du gar nichts mehr für ihn tun dürfen. Vielleicht darfst du ihm nie wieder ein Handtuch reichen, ihm etwas ans Bett bringen oder sein Bein mit Arnika einreiben. Doch während dieser kostbaren Wochen darfst du dich wieder um ihn kümmern, wie früher, als er noch klein war. Natürlich darf er nicht merken, dass du es insgeheim genießt, wieder so viel Zugang zu ihm zu haben. Wieder von ihm gebraucht zu werden. Wie ein Bettler, der seine Münzen zählt, ist dir bewusst, wie wenig dir noch bleibt, wie wenig Zeit mit ihm. Und dass du es nie bereuen wirst, dass du da warst, wann immer er rief »Mum, bitte hilf mir«.

Dieses Geschenk ist nur für dich, denn natürlich ist dir klar, dass nichts einen Dreizehnjährigen über vier Monate Sportverbot und zwei verpasste Basketball-Spielzeiten hinwegtrösten könnte. Für ihn gibt es nur die Angst, etwas zu verpassen, ausgeschlossen zu werden, und er ist so vereinsamt und elend, dass er jedes Recht hat, sich in Selbstmitleid zu ergehen. Dinge im größeren Rahmen sehen und sie so relativieren können – das gehört zu einem Hirnlappen, der in seinem testosterongetränkten Hirn noch nicht ausgebildet ist. Trotzdem solltest du ihn immer wieder mit Stückchen dieses Gesamtzusammenhangs bewerfen, während er zu Hause festsitzt, in der Hoffnung, dass irgendetwas davon hängenbleibt.

Wenn unsere Kinder leiden, besteht unsere Aufgabe genau darin – so lächerlich zuversichtlich und unverwüstlich zu sein wie ein Gebetsfähnchen im Wind.

Leid zu ertragen macht widerstandsfähiger. Das ist ihre Lektion.

Ihr Leid mit anzusehen macht uns widerstandsfähiger. Das ist unsere.

10 Gefährliche Eltern

Ich habe gerade eine halbe Stunde lang mit meiner Freundin Susan telefoniert. Sie hat fast ununterbrochen geweint – ihre Tochter Brianne hat ein schwieriges Jahr hinter sich.

Susan ist alleinerziehend und arbeitet in Vollzeit bei einem Immobilienmakler, um für sich und ihre Tochter zu sorgen. Brianne hatte schon immer ein Problem mit Autorität und oft Ärger in der Schule. Sie hat sich zu einem sehr nervösen Teenager mit starken Ängsten entwickelt und zupft an der Haut um ihre Fingernägel, bis sie blutet. Außerdem zeigt sie Anzeichen einer Zwangsstörung – sie besteht darauf, jeden Morgen und Abend ihr Zimmer zu saugen, und sorgt geradezu besessen dafür, dass keine Insekten hineingelangen.

Kurz nach ihrem vierzehnten Geburtstag bekam Brianne dann plötzlich Panikattacken »wie aus dem Nichts«, und sie litt unter Schlafstörungen. Susan versuchte mit ihr zu reden, doch Brianne schloss sie völlig aus. Erst nach einem besonders schrecklichen Schultag brach Brianne weinend zusammen und sagte: »Ich will nicht hier sein. Warum muss ich hier sein? Das Leben ist einfach zu schwer. Ich hasse die Schule und alles, warum wird für mich nie etwas gut?« Susan gestand mir, dass Brianne in der Vergangenheit schon von Selbstmord gesprochen habe, aber sie sicher gewesen sei, dass ihre Tochter »viel zu ängstlich ist und sich nie trauen würde, sich tatsächlich etwas anzutun«. Doch jetzt ist meine Freundin außer sich vor Sorge um ihre Tochter, vor allem, seit sie sich in das Thema Depression bei Jugendlichen eingelesen hat. Sie hat schreckliche Angst, dass Brianne an einer bipolaren Störung leiden könnte, die sich häufig in der Adoleszenz manifestiert, und hat sich deshalb an eine Jugendpsychologin gewandt.

Die Psychologin erklärte, solange Brianne gute und schlechte Tage habe, sei diese Art »bipolarer« Schwankungen bei einem Teenager ganz normal. »Sie darf ruhig ihre schwarzen Tage haben – solange sie auch gelbe, graue und rosige hat. Das gehört zum intensiven Gefühlsleben von Heranwachsenden.«

»Aber ich möchte gern verstehen, was in meiner Tochter vorgeht. Sie scheint so sehr zu leiden«, drängte Susan.

Die Psychologin riet ihr: »Versuchen Sie das gar nicht erst. Sie brauchen es auch nicht zu verstehen. Sie können sich nicht in diesen Wahnsinn der Jugend einfühlen.« Eltern, so fuhr sie fort, müssten sich »langweilig, klar und hoffnungsvoll« zeigen. »Hoffnungslos und trübsinnig dürfen unsere Kinder sein – das ist ihr gutes Recht während dieser Entwicklung. Aber es kann in der Familie nur eine Vierzehnjährige geben.«

Eines Abends schleppte Susan mich mit zu einem Vortrag über Depression bei Jugendlichen. Zugegeben, wir waren ein bisschen überfordert – der Saal war voller Psychologen. Wir waren die Einzigen ohne Psychologiestudium und Fachvokabular. Die Rednerin, eine Professorin, sprach über eine »entwicklungsbedingte Depression« bei Jugendlichen, die es nicht schaffen, ein »wahres Selbst« zu finden. Offenbar hat man das, wenn man »seine Gedanken und Gefühle kennt und die eigene Innenwelt reflektieren kann.« Sie sprach über Teenager, die sich nicht selbst regulieren und beruhigen, sich zu etwas aufraffen oder Dinge zu Ende bringen können (was nach so ziemlich jedem Teenager klingt, den ich kenne). Sie erklärte, dass viele Teenager heutzutage sich wertlos fühlen und sich deshalb nicht

»selbst aktivieren« können. Wenn sie sich nicht ausagieren können, werden sie depressiv. Dieser Professorin zufolge liegt die Ursache von Depressionen bei Jugendlichen in unerfüllten Bedürfnissen in der frühkindlichen Entwicklung. Den ganzen Abend lang flogen uns alle möglichen Fachbegriffe um die Ohren wie »Verfügbarkeit der Mutter« und »frühkindliche unbewusste Adaptation«. Die Erfahrung in der frühen Kindheit, dass die Mutter emotional verfügbar ist, löst wohl eine Kaskade von Neurochemie aus, die einen guten Einfluss auf unsere Synapsen hat. Mütterliche Wärme in den ersten Lebensjahren hilft dem Gehirn offenbar zu wachsen.

Im Auto auf dem Heimweg war Susan eine Weile ganz still. Dann wandte sie sich mir zu und sagte: »Das hat sich angehört, als mache sie die Mutter dafür verantwortlich, wenn ein Teenager Depressionen bekommt.«

Ich musste zugeben, dass sich das genau so angehört hatte.

»Aber wie zum Teufel soll ich denn die Uhr zurückdrehen und die Vergangenheit in Ordnung bringen?«

Aha – ich wusste, worauf Susan hinauswollte. Die Jugendjahre unserer Kinder konfrontieren uns mit unseren eigenen Entscheidungen in ihrer frühesten Erziehung. Wir können gar nicht anders, als darüber nachzugrübeln und uns zu fragen: »Habe ich es richtig gemacht?« Damals erschienen uns die eigenen Fehler nicht irreversibel: das Kind anbrüllen, weil man einen besonders schlechten Tag hatte, bei einer Lüge ertappt werden, darauf bestehen, dass sie ihr Gemüse essen, sonst gibt es keinen Nachtisch. Als sie noch klein waren, dachten wir doch immer, wir könnten den Kurs noch ändern. Jetzt ist es zu spät. Die Früchte unseres Versagens sind zur Gärung gekommen, in Flaschen abgefüllt und fertig verkorkt.

»Das kannst du nicht«, sagte ich und legte einen Arm um ihre

Schultern. »Du bist aber jetzt für sie da und tust alles, um ihr zu helfen.«

Dann wiederholte ich, was Zed immer zu mir sagt, wenn ich mich wegen meiner Fehler geißle und furchtbar schuldig fühle: »Mach dich nicht fertig, nur weil es deine Schuld ist.« Das ist natürlich ein Witz.

Zum Glück entlockte er auch Susan ein etwas hysterisches Lachen.

Wir können nicht wissen, wie viel Einfluss unser Verhalten, unsere Erbanlagen und Fehler auf unsere Kinder haben. All unsere guten und schlechten Seiten werden sich mit ihrer eigenen Entwicklung vermischen. So funktioniert das nun einmal. Wir können nur beeinflussen, was für ein Vorbild wir ihnen geben – und wir können uns dafür entscheiden, ihnen nicht Schuldgefühle und Selbstmitleid vorzuleben. Wir können zuhören, und dann zu ihrem Besten handeln.

Abgesehen davon können wir nur noch vertrauen.

Ich habe darüber nachgedacht, was es in mir auslöst, meine Kinder leiden zu sehen. Ehrlich gesagt, bin ich ein ziemliches Weichei. Fallschirmspringen oder Tauchen – verzichte dankend. Bei starker Beschleunigung muss ich mich übergeben, womit Achterbahnen und andere Fahrgeschäfte ebenfalls schon früh aus meinem Leben schieden. Schon bei dem Wort »Abenteuer« bekomme ich Herzklopfen, weil es darauf hindeutet, dass man am Ende eines langen Tages womöglich keine heiße Dusche und kein kuscheliges Bett erwarten kann. Urlaubsziele, die als »luxuriös« beschrieben werden und Assoziationen von weichen Kissen und flauschigen Bademänteln wecken, sind mir definitiv lieber. In ein Gewitter zu geraten oder in einen Brandungsrückstrom oder jeglicher Art wildem Getier zu begegnen ist nichts, woran ich »Spaß« hätte. Ich flirte nicht mit der Gefahr und brauche keine Adrenalinkicks. Dank meiner Abneigung gegen Risiken könnte man mich – ein wenig boshaft – auch als »langweilig« bezeichnen.

Und eines muss ich ganz klar sagen: Was meine Kinder angeht, so erhoffe ich mir für sie genau das – ein langweiliges, ereignisarmes Leben. Ich bete darum, dass sie niemals mitten in der Nacht werden fliehen müssen, nie ihr Haus niederbrennen sehen, um ihr Leben rennen und sich verstecken müssen. Ich wäre glücklich und zufrieden, wenn sie nie einer Schlange oder Giftspinne begegnen. Sie sollen so wenig wie möglich Gelegenheit haben, Schaden zu nehmen.

Natürlich ist das eine Illusion. Ich habe meinen Kindern sämtliche eindeutig gefährlichen Aktivitäten verboten. Als Jordan zehn war, wollte er Rugby spielen, und ich erklärte: »Keines meiner Kinder …« Nachdem er wochenlang herumgenörgelt hatte, gab ich nach, und eine Woche später brach er sich das Handgelenk, als er mit einem Freund Kricket spielte. Ein Jahr darauf brach er sich beim Herumalbern im Sportunterricht einen Zeh. Im nächsten Jahr brach er sich an einem herrlichen Sonntagnachmittag beim Kicken auf der anderen Straßenseite Schien- und Wadenbein. Offensichtlich sind all die eindeutig gefährlichen Aktivitäten, die ich ihm verbiete, sehr viel weniger gefährlich als das Leben selbst.

Ein Freund von mir hat seine Frau verloren, als ihr gemeinsamer Sohn drei Jahre alt war – Brustkrebs. Er hat seinem Sohn trotzdem erlaubt, an viel befahrenen Straßen entlang zur Schule zu radeln und später sogar Motorrad zu fahren. Die erlittene Tragödie hat ihn gelehrt, dass die Überzeugung, wir könnten geliebte Menschen schützen, ein Trugschluss ist.

Eltern wie ich rücken zentimeterweise vom Drang ab, unsere Kinder unmittelbar vor »all den Gefahren da draußen« zu schützen, bis wir eine Distanz erreicht haben, in der wir uns halbwegs unauffällig permanent herumdrücken können. Wir steuern sie so gut wie möglich weg von üblen Banden und Freunden mit gruseligen Tattoos und gepiercten Augenbrauen. Wir ermuntern sie, nur mit netten Jungen oder Mädchen auszugehen. Wir wünschen uns, dass niemand sie je versetzen, abweisen oder ihnen das Herz brechen wird – dass sie nie Verlust, Trauer und Kummer erleben müssen. Wir wollen, dass sie immer glücklich sind. Wir wünschen uns also, sie wären nicht menschlich.

Der Grund dafür ist, dass wir zusehen müssen. Wenn es etwas gibt, das schlimmer ist als eigenes Leid, dann dies – mit ansehen müssen, wie die eigenen Kinder leiden. Ich würde sofort mit einem Kind tauschen, das gemobbt wird, sich fürchtet, schüchtern ist, eine Operation vor sich hat oder Schmerzen ertragen muss. Ich würde das doppelte Leid auf mich nehmen, um ihnen das zu ersparen.

Aber so empfindlich mitzuleiden schadet unseren Kindern sehr. Der Buddha sagt: Leben ist Leiden. Was wollen wir also für unsere Kinder? Eine andere Sorte Leben? Die mit dem »Kein Krebs«-Gütesiegel? Mit der »Nie in den Schlaf weinen!«-Garantie? Das »Immer bekommen, was man will«-Markenprodukt?

Es ist doch *unser* Problem und nicht ihres, dass wir sie nicht leiden oder furchtbar falsche Entscheidungen treffen sehen wollen. Von ihrem Standpunkt aus gesehen, gieren sie einfach nur nach dem Leben, und wie Rilke schon sagte: »Lass dir alles geschehn, Schönheit und Schrecken.« Das Leben enthält beides, das Schöne und das Schreckliche. Wenn wir für unsere Kinder nur die Rosinen herauszupicken versuchen, hindern wir sie daran, ihre Menschlichkeit ganz zu erleben. Wir können nicht verhindern, dass sie leiden, aber wir können für sie da sein, wenn sie leiden. Das war's auch schon.

Wir verbringen so viel Zeit damit, den Schmerz aus dem Leben herauszupulen, ehe unsere Kinder es zu sehen bekommen, damit ihre Gefühle nicht verletzt werden. Wir schälen die bittere, harte Schale der Wahrheit ab und servieren ihnen nur das weiche Fruchtfleisch. Womöglich lügen wir sogar, um sie zu »schützen«. Das ist ein Fehler. Wir ziehen Kätzchen anstelle von Tigern heran, wenn wir sie so behandeln. Tigermütter glauben daran, dass ihre Kinder viel stärker und widerstandsfähiger seien, als wir es ihnen zutrauen – dass Kinder auch harte Zeiten verkraften und überwinden können. Sie kommen mit schwierigen Situationen und dem Wissen um hässliche Dinge zurecht. Sie lernen, dass das Leben manchmal problematisch sein kann, und wie wichtig es ist, selbst zum Problemlöser zu werden.

Ich erinnere mich noch daran, wie ich einmal meinen SUV mit Jordan auf dem Beifahrersitz parkte, um rasch etwas zu erledigen, und ganz in Gedanken vergaß, die Handbremse anzuziehen. Ich war schon ausgestiegen, als der Wagen rückwärts zu rollen begann. »Zieh die ...!« Vor lauter Panik fiel mir nicht einmal mehr das Wort »Handbremse« ein. Doch Jordan, damals zehn Jahre alt, streckte gelassen die Hand aus und zog den Bremshebel hoch. Gerade noch rechtzeitig, ehe der SUV gegen den hinter uns geparkten BMW prallen konnte. Ich hatte ihn in keinster Weise auf diesen Augenblick vorbereitet. Er hatte sich selbst vorbereitet. Er besaß die Fähigkeit, in einer Krisensituation ruhig und klug zu reagieren. Dieser Augenblick hat mir unglaublich viel Vertrauen gegeben.

Als er sich das Bein brach, war ich sicher, dass er eines Tages zurückblicken und erkennen würde, dass er einen vermeintlich unvorstellbaren Rückschlag überlebt hatte. Ja, er hat die körperlichen und seelischen Qualen überstanden. Es war mühsam für ihn, doch mit jedem Tag dieses Kampfes stärkte er einen kleinen Muskel in seinem Inneren, den er damals noch nicht sehen oder spüren konnte – doch eines Tages würde er stahlhart sein. Durch diese schlimme Erfahrung hat er eine geistige Stütze bekommen, ein charakterliches Gerüst, das ihn aufrecht halten wird, wenn es mal wirklich richtig übel kommt – womit man in jedem Leben rechnen muss – und er sich Dingen stellen muss wie einem verlorenen Job, einer gescheiterten Beziehung oder völlig über den Haufen geworfenen Plänen.

Was unsere Kinder auch durchmachen mögen, wir können ihnen helfen, von der Katastrophe vor ihnen aufzuschauen und die Möglichkeiten zu sehen, die dahinter liegen – so etwas wie »Bedeutung«. Bedeutung ist eine Frage der Weitsicht, des Überblicks. Mit all den Katastrophen des Lebens zu ringen ist menschlich. Unsere Kinder üben »Menschsein«, und wir sind dazu da, ihnen dabei zu helfen.

Wenn Babys weinen, müssen wir einen Mittelweg finden – wir können sie auf den Arm nehmen oder sie weinen lassen, damit sie lernen, sich selbst zu beruhigen. Als Eltern versucht man ständig einzuschätzen, was jetzt gerade richtig wäre, hochheben oder lernen lassen? Wenn unsere Kinder mit ihrem Kummer überfordert sind, müssen wir ihnen helfen. Aber oft können sie selbst damit fertigwerden, und wenn wir vorschnell eingreifen, nehmen wir ihnen die Gelegenheit, diese Fähigkeit zu entwickeln.

Der Psychologe Jerome Kagan bestärkt Eltern darin, nicht sämtlichen Wünschen und Bedürfnissen ihrer Kinder nachzugeben. Dadurch käme es zu einer Art Übererfüllung von Wünschen, einer Übersättigung, die dadurch entsteht, dass zu viele unserer Bedürfnisse erfüllt werden. Psychologisch betrachtet raubt diese überfürsorgliche Erziehung unseren Kindern das Gefühl, dass sie selbst für ihre Zufriedenheit sorgen können, und bringt ihnen bei, dass sie sich auf andere verlassen müssen, um zu bekommen, was sie brauchen.

Eine andere Jugendpsychologin, mit der ich gesprochen habe, sagte mir, dass Teenager zwei Arten von Halt brauchen: Selbstsicherheit (die innere Stütze, die man als Resilienz oder psychische Widerstandsfähigkeit bezeichnet) *und* Unterstützung von außen. Resilienz entwickeln sie, wenn sie Gelegenheit bekommen, Probleme allein zu lösen, ohne dass Mum oder Dad jedes Mal angeschossen kommen, um jedes auftauchende Problem zu lösen (manchmal sogar vorbeugend). Sie erlernen sie auch von Vorbildern (wenn sie von resilienten Erwachsenen umgeben sind) und indem sie Fehler machen. Aber natürlich brauchen sie Erwachsene, die erkennen, wann sie einspringen und einen Ausweg zeigen müssen, weil der Wald zu dunkel ist und der Teenager sich wahrhaftig verirrt hat. Ansonsten besteht unsere Aufgabe darin, unseren eigenen Kummer zu bewältigen, wenn sie kämpfen und sich schwertun, und immer besser zu erkennen, wann wir uns zurückhalten und sie das Problem allein lösen lassen und wann wir sie retten sollten.

Meine Kinder sollen die Überzeugung gewinnen, dass das Leben sie nicht zerbrechen wird. Also kann ich manchmal nichts Besseres für sie tun, als aus dem Weg zu gehen und sie dem auszusetzen, was da auf sie zudonnert – dann müssen sie sich damit auseinandersetzen und es aushalten, ohne dass ich sie vor der Wahrheit, dem Schmerz oder den gebrochenen Knochen beschütze.

Wie mein Freund Gary so schön sagt: »Ich bin da und fange sie auf, wenn sie herunterfallen. Aber ich halte sie nicht vom Klettern ab.«

11 Teil dir deine Kräfte ein

Die elterliche Hysterie in puncto Piercings kann ich nicht ganz nachvollziehen. Ein paar wohlplatzierte Stecker oder Ringe – an anderen wie an mir selbst – finde ich sogar schön, und ich habe kein Problem damit, wenn es irgendwo am menschlichen Körper ein bisschen glitzert.

Mit vierzig habe ich mir die Nase piercen lassen. Warum? Weil ich es mit achtzehn nicht durfte. Und mit achtzehn war ich geradezu selbstbewusst, was meine Nase anging – darauf bin ich heute stolz. Wenn ein Teenager einen Stecker in Augenbraue, Ohrläppchen, Lippe, Nase, Brustwarze oder Bauchnabel haben möchte, sage ich dazu: »Mach Löcher, so viele du willst – es ist dein Körper.« Abgesehen von meiner persönlichen Vorliebe für Piercings lautet die Frage für mich eher: Will ich wegen eines kleinen Steckers in den Krieg ziehen? Mir fehlt die Energie für solche Kämpfe. Außerdem ist das eine ganz einfache Gelegenheit, auf der Seite unserer Kinder zu stehen. Ab und zu muss man sie daran erinnern, dass wir sie unterstützen.

In Sachen Haare sehe ich es genauso. Färbe es, rasier es ab, mach damit, was du willst – aber verlang nicht von mir, Hunderte von Dollar dafür auf den Tisch zu legen. Mit Make-up vom Grabbeltisch bin ich großzügig, und auch durchaus bereit, mehr Geld für gute Haar- und Hautpflegeprodukte auszugeben. Aber Haarfarbe, Highlights, Strähnchen und andere modische Schnörkel in einem Frisiersalon sind bei unserem Budget einfach nicht drin (und das gilt auch für mich).

Aber wenn ein Teenager gejobbt und vierhundert Dollar gespart hat, die er oder sie dann beim Friseur buchstäblich auf den Kopf hauen will – bitte sehr. Hart verdiente Kohle in drei Stunden zu verprassen lehrt einen immerhin etwas über den Wert des Geldes.

Tattoos sehe ich allerdings etwas anders, denn was man mit achtzehn witzig oder hübsch findet, wird man mit vierzig ziemlich sicher anders sehen. In diesem Punkt müssen meine Kinder mir einfach glauben.

Ich rette sie davor, etwas zu bereuen, etwa jedes Mal eine Rose mit zwei Vögelchen und *Das Leben ist schön* auf ihrem Handgelenk zu sehen, wenn sie sich die Zähne putzen – vor allem an beschissenen Tagen, wenn das Allerletzte, was man brauchen kann, aufmunternde Botschaften vom eigenen Unterarm sind. Erst, wenn man mindestens zehn Jahre verheiratet war, ist einem wirklich klar, wie sehr es einem auf die Nerven gehen kann, etwas jeden Tag zu sehen. Nicht, dass es mich nerven würde, Zed zu sehen – ich sag's ja nur.

Manchmal bin ich aber auch nicht ganz im Klaren darüber, ob ich Einwände aus Prinzip oder dem Gedanken ans Budget erhebe. Wenn ich dagegen bin, dass eine Jugendliche sich den halben Kopf kahl scheren und die andere Hälfte grün färben lässt, liegt das dann daran, dass

- ich das nicht gerade schick finde?
- ich mir Gedanken darum mache, was andere dazu sagen und was sie über mich als Mutter denken werden?
- ich weiß, dass mein Teenager mich nur provozieren und so seltsam und abstoßend wie nur möglich aussehen will?
- das ein kleines Vermögen kostet und ich es für reine Geldverschwendung halte?

Tipp: Wenn ich emotional stark negativ reagiere, geht es dabei wahrscheinlich nicht um mein Kind, sondern um mich. Es ist zwar praktischer und sehr viel einfacher, meine ungelösten Themen meinen Kindern zuzuschieben, als würde ich sie in einen Schrank stopfen und die Tür zumachen. Aber das geht nicht. Ich muss mich selbst erst mit alledem auseinandersetzen, herausfinden, ob etwas mein Thema ist oder ihres, und ihnen dann eine Mutter sein. Dazu gehört, dass ich 1. mir anhöre, was sie zu sagen haben, 2. ihre Gefühle berücksichtige und 3. eine unabhängige Entscheidung treffe, auch wenn sie mich dafür vorübergehend hassen mögen.

Wir betrachten alte Fotoalben. »O Gott«, schnaubt Shannon lachend. »Was hast du denn da an?«

Das ist mein Foto vom Abschlussball. Da stehe ich in diesem taubenblauen Chiffonkleid samt Spitze und Puffärmeln. Mit Dauerwelle. Dem kummerbundbreiten Gürtel, cremefarben, mit den passenden cremefarbenen Schuhen – ja, das war in den Achtzigern eben »in«.

An jenem Abend wollte ich besonders schön aussehen – wie jedes junge Mädchen. Ich konnte nicht weiter denken als bis zu dem traumhaften blauen Chiffon und der Frage, ob mein Begleiter mir im Lauf des Abends die Hand in meinen Ausschnitt oder die Zunge in meinen Mund stecken würde (beides ersehnte und fürchtete ich gleichermaßen). Ich weiß nicht mehr, was das Kleid gekostet hat – nur, dass mein Vater bleich wurde, als ich es mir aussuchte. Doch als er sah, wie sehr ich mich freute, griff er tief in die Tasche und kaufte es mir. Für den großen Abend föhnte ich mein Haar besonders schön, und meine Mutter erlaubte mir, mich an ihrem Make-up zu bedienen. Meine Eltern fuhren mich und meinen Begleiter hin und holten uns von der Party nach dem Ball ab. Eine sehr vernünftige Unternehmung von Anfang bis Ende.

Aber seit ich damals praktisch an Shannons Stelle war, ist irgendetwas Unheimliches passiert. Gespräche, die mit der Frage beginnen: »Mum, wie viel wollt ihr für mein Ballkleid ausgeben?«, gehen in diesem Haus selten gut aus. Ich bin bereit, mein letztes Hemd zu geben, damit meine Kinder haben, was sie brauchen – und zum größten Teil auch, was sie wollen –, solange wir beim Shoppen nach derart unnötigen Dingen auch über die Armut in der Dritten Welt reden und darüber, wie wichtig es ist, für wohltätige Zwecke zu spenden. Die Konzertkarten zu Katy Perry *und* One Direction habe ich gern bezahlt, und ich stecke Shannon sogar extra Taschengeld zu, wenn sie *unbedingt* diese Zeitschrift mit Zayn oder Niall auf dem Cover haben muss. Ich will, dass meine Kinder glücklich sind und dazugehören. Bedeutet das, dass ich ihnen immer gebe, was sie zu wollen glauben? Wann wird ein »Nein« zu einer ethischen Notwendigkeit, um sie auf den Boden der Tatsachen zurückzuholen?

Die Diskussionen mit Shannon gingen weit über ihr Kleid für den Abschlussball der zehnten Klasse hinaus (Abschlussball in der zehnten? Soll das eine Art Generalprobe sein?): Friseur und Make-up (150 bis 220 Dollar). Schuhe. Einen Hummer als Limousine, der sie zum Ball bringen sollte (WTF?!). Eintrittskarten zu 150 Dollar pro Person (und die ihres Begleiters ging auf unsere Rechnung). Weitere vierzig pro Person für die Party hinterher. Wenn ich schon den Taschenrechner herausholen muss, sieht es nicht gut aus.

Ich erklärte Shannon, dass Promis so etwas erwarten würden, wir aber keine Prominenten seien. Ich sagte ihr, dass alles an diesem Ball unserem Wertesystem zuwiderlief. Sie verdrehte die Augen gen Himmel und sagte: »Du kapierst es einfach nicht.«

Dann fragte sie sich laut, warum ich mich so anstellte, wo doch die Eltern ihrer Freundinnen überhaupt kein Problem damit hätten. Angeblich durften ein paar Mädchen aus ihrer Klasse bis zu 500 Dollar für ihr Kleid ausgeben – als könnte mich das dazu bewegen, mich mal locker zu machen. Sie zeigte mir eine Facebook-Gruppe, die ihre Kameradinnen eigens eingerichtet hatten, um Fotos von ihren Kleidern zu posten, damit an ihrem großen Abend ja niemand im gleichen Kleid erschien. Ich wies sie darauf hin, dass ihr Ballkleid mehr kosten würde, als mein Hochzeitskleid gekostet hatte. Sie seufzte und setzte ihre Kopfhörer auf.

Ich habe Verständnis für die Eitelkeit von Jugendlichen, die so viel mit Gruppendruck zu tun hat. Ich weiß, wie man sich schämt, wenn man nicht mit den anderen mithalten kann – auch wenn die ein Haufen verwöhnter Gören sind. Ich kann nachempfinden, wie schrecklich das Gefühl ist, nicht dazuzugehören, ein Außenseiter zu sein. Aber ich bin eine erprobte Veteranin – immerhin habe ich die *Call of Duty*-Schlacht gegen Jordan überlebt. Es war mir egal, dass alle seine Freunde brutale Ego-Shooter spielten und ihre Eltern anscheinend zu erschöpft oder untergebuttert waren, um nein zu sagen. Dieser Wahnsinn, der sich als Spiel tarnte, kam mir nicht ins Haus. Also beschimpfte er mich ein paar Monate lang – na und? Bald schwenkte die Masse um und verlegte sich auf *Minecraft*, was er von mir aus gern spielen durfte. Dafür hasste er mich dann ein bisschen weniger.

Als Teenager-Eltern müssen wir gelegentliche Anfälle tiefster Verachtung über uns ergehen lassen, ohne sie persönlich zu nehmen. Wir müssen uns entscheiden, welche Kämpfe es wert sind, ausgefochten zu werden, denn so lernen unsere Kinder, wer wir sind, wofür wir stehen und was wir nicht tolerieren. Ich glaube inzwischen, dass *das* die Augenblicke sind, die wirklich zählen – wenn wir nicht den Weg des geringsten Widerstands wählen und einfach nachgeben. Wir wollen doch in einer materialistischen Welt, die sie sich weder gewünscht noch erschaffen haben, Kinder mit einem sozialen Bewusstsein großziehen. Wir können sie nicht vollkommen kontrollieren oder sie zwingen, unsere Sicht der Welt anzunehmen. Aber wir können ihnen helfen, sich mit dem, »was alle anderen machen«, kritisch auseinanderzusetzen, indem wir es ihnen nicht immer leichtmachen.

Und indem wir sie hin und wieder auch gewinnen lassen.

Ich habe ja zu dem Kleid gesagt. Nein zu den Schuhen. Ja zu Friseur und Make-up. Nein zu der Hummer-Limousine und der Party danach.

Es wurde trotzdem ein supertoller Abend für sie.

12 Wer überlebt hier wen?

Ich rege mich ziemlich auf über Aussagen, die Müttern die Schuld an allem geben, was bei ihren Kindern schiefläuft. So etwas ärgert mich, ob solche Vorwürfe von konservativen (häufig männlichen) Politikern kommen oder von Müttern, die ihren Beruf aufgegeben haben, um zu Hause zu bleiben, und ihren Kindern ihr Leben opfern. Die Vorstellung, wir seien für alles verantwortlich, was unsere Kinder tun, nicht tun oder werden, beruht auf falscher Überidentifizierung und ungutem Umgang mit Grenzen. Und auf fehlenden Gibranisch-Kenntnissen.

Schuldige zur Verantwortung zu ziehen ist ein juristischer Gedanke, und wenn es um die Kindererziehung geht, brauchen wir andere Nuancen, die das Recht nicht beinhalten kann. Natürlich sind wir nicht schuldig in diesem Sinne. Aber wir sind selbstverständlich *verantwortlich* für unsere Kinder. Das ist die logische Schlussfolgerung daraus, dass wir nicht alle ihre Handlungen unter Kontrolle haben, aber sehr wohl die Werte, die wir ihnen vermitteln.

Wir alle wünschen uns kluge, emotional stabile, gesunde, sozial halbwegs angepasste, starke, glückliche Kinder (oder was einem eben sonst noch wichtig ist). Wir *erwarten* sogar, dass sie all das sind – mit ein paar zusätzlichen Extra-Eigenschaften, die sie aus der Masse herausheben. Wir tun so, als wäre es unser selbstverständliches Recht, Teenager zu haben, die mit vierzehn nicht deprimiert, magersüchtig oder schwanger, drogenabhängig, gewalttätig und so weiter sind. Dabei kommen wir oft gar nicht auf den Gedanken, dass wir *etwas tun müssen*, um solche Entwicklungen zu verhindern. Natürlich gibt es da draußen zahllose Faktoren, die wir genau null beeinflussen können. Ganz egal, was wir alles richtig machen, es gibt keinen garantierten Schutz vor den ernsten Problemen, die unsere Teenager mit nach Hause bringen können. Aber es wäre ziemlich feige, sich einzureden, wir könnten das Leben unserer Kinder sowieso kaum beeinflussen. Wer bereit ist, sich große Mühe zu machen, kann einen starken positiven Einfluss entwickeln.

Raucher sind oft verwundert, wenn man ihnen sagt, sie müssten ihren Lebensstil verändern – als sei es überraschend, dass man verklebte Lungen, einen hässlichen Husten und abscheulichen Morgenatem bekommt, wenn man zwanzig Jahre lang giftigen Rauch inhaliert. Auch Menschen, die unter Schlaflosigkeit leiden, sind oft beinahe empört, wenn man ihnen rät, weniger Kaffee zu trinken und sich vor dem Schlafengehen zu entspannen – mit einem Buch, gedämpftem Licht und einem Glas warmer Milch.

Wenn unsere Kinder Probleme machen, sind wir ebenso verwundert und schwören, *alles zu tun*, was nötig sei, um das in Ordnung zu bringen – solange wir nichts daran verändern müssen, was *wir* so tun. Wir verschaffen ihnen die besten Therapeuten oder Behandlungen und stecken so viel Geld in die Lösung des Problems, wie wir uns eben leisten können. Menschen wollen Veränderungen, ohne etwas ändern zu müssen. Probleme sollen gelöst werden, ohne dass wir dafür echte Verantwortung übernehmen müssen. Das weiß ich deshalb so gut, weil ich auch dazu neige. Wir sind im Grunde einfach ein ziemlich fauler Haufen.

Na ja, das ist vielleicht etwas zu streng – womöglich sind wir nicht in erster Linie faul, sondern überlastet. Beschäftigt mit dem Beruf, der Hausarbeit, der Steuererklärung, Freizeitaktivitäten, morgendlichen Gymnastikkursen, und irgendjemand muss ja einkaufen und die Sachen von der Reinigung abholen … Das moderne Leben hat uns gefesselt, mit Wahlmöglichkeiten gelähmt (Soja, Mandel oder laktosefrei – und das ist nur die Milch im Kaffee), uns To-do-Listen und immer weitere Beschleunigung eingetrichtert. Dem Feminismus verdanken wir es, dass Frauen, die früher gar keine andere Wahl gehabt hätten, als zu Hause bleiben und die Kinder großzuziehen, heute selbstverständlich am öffentlichen Leben teilhaben – dass wir unser eigenes Geld verdienen, ein eigenes Unternehmen leiten und mit Vorurteilen aufräumen können. Doch all dieser Druck hat seinen Preis – hohe Scheidungsraten bedeuten, dass viele Eltern alleinerziehend sind. Die Belastung ist schwerer geworden – für alle. Nach einem langen Tag vor Gericht, am Schreibtisch oder hinter dem Lenkrad wollen wir alle nur nach Hause kommen und uns entspannen.

Heutzutage ist es doch so: Wenn wir ein Problem »outsourcen« können, dann tun wir das. Für viele von uns ist die Zeit, die wir dadurch gewinnen, mehr wert als der zweifelhafte Nutzen der Arbeit an uns selbst. Wir würden uns viel lieber aufs Sofa sinken und vom Fernsehen berieseln lassen, als uns mit einem pissigen, schwierigen, irrationalen Teenager auseinanderzusetzen, der uns offensichtlich nur provoziert, um Aufmerksamkeit zu bekommen.

Dani Klein, eine Psychologin, die seit zwanzig Jahren mit Jugendlichen arbeitet, beschreibt Erziehung in unserer Zeit als »ein Paradoxon von Ab- und Anwesenheit«. Sie sagt, Eltern seien heute körperlich und emotional abwesender, mischten sich dafür aber zu sehr ein, indem sie ihre Kinder in Watte packen und ständig überwachen. Wenn ein Teenager also anfängt, sich aufzuführen, die Schule zu schwänzen, Drogen zu nehmen, sich zu betrinken, nächtelang wegzubleiben, sich zu prügeln oder von einem Bett ins nächste zu hüpfen, dann lokalisieren wir das Problem bei ihm und konzentrieren unsere ganze Aufmerksamkeit darauf, ihn in Ordnung zu bringen. Aber man stelle sich vor: Ein Teenager taucht nicht einfach eines Tages in unserem Haus auf wie ein unliebsamer Besucher. Ein Teenager ist wie aufsteigende Feuchtigkeit: Er oder sie hat sich in der häuslichen Umgebung entwickelt. Teenager sind keine Fremdkörper, sondern gewachsene Bestandteile der Familie, in der sie groß geworden sind. Sie sind ein Teil davon – genau wie ein Pickel oder Magengeschwür nicht von irgendwoher importiert, sondern vom Körper hervorgebracht wurde.

Das Systemdenken (entwickelt von Biologen in der ersten Hälfte des vergangenen Jahrhunderts) hat erkannt, dass die Eigenschaften eines Organismus nicht als separate Einheiten zu betrachten sind, sondern durch Interaktion und die Beziehungen zwischen seinen Teilen entstehen. Die Eigenschaften der Teile wiederum kann man nur im Zusammenhang des Ganzen wirklich erkennen. Wenn man es ganz wissenschaftlich betrachten will, so hat die Quantenphysik nachgewiesen, dass das, was wir einen »Teil« nennen, nur ein Muster in einer unauflöslichen Struktur von Beziehungen ist. Was ich an diesem Gedanken so toll finde? Er gibt uns Macht. Jedes Familienmitglied spielt eine Rolle, wenn es darum geht, die Dynamik zu verändern, die dazu beiträgt, dass ein Familienmitglied eine schwere Zeit durchmacht. Er bedeutet eine Chance, Verantwortung für das zu übernehmen, was in unserer Familie passiert, statt das Problem weiterhin an hochbezahlte Spezialisten zu delegieren. Eine Familie ist eine Struktur aus Beziehungen, die aus Gesprächen und Interaktionen entstehen. Und darin können wir alle besser werden.

Murray Bowen hat einen Ansatz der Systemtheorie entwickelt, die systemische Therapie nach Bowen, in dem nicht die verhaltensauffällige Person pathologisiert, sondern die gesamte Familie therapiert wird, wenn ein Mitglied Schwierigkeiten hat. Probleme werden demnach von den innerfamiliären Beziehungen, den miteinander verstrickten Themen aller Mitglieder verursacht. Einen aufsässigen Teenager beispielsweise pickt diese Therapieform nicht als den zu behandelnden Patienten heraus – sie betrachtet ihn als Symptomträger, der nur das ausdrückt, was in der Familie passiert. Die Familie wird dabei unterstützt, sich zu verändern und besser zu funktionieren, was wiederum allen Individuen in dieser Familie hilft, sich zu verändern und besser zu funktionieren.

Eine Theorie ist natürlich nur interessant, wenn sie nützlich ist. Wie nützlich ist es also, unsere Kinder nach den Grundsätzen der Systemtheorie zu betrachten? Ihr Leben wird nicht nur von der geographischen Umwelt, dem Klima, dem gesellschaftlichen, politischen und wirtschaftlichen Umfeld beeinflusst, sondern auch von der emotionalen Landschaft und dem Mikroklima ihrer Familie. Wir sind die Welt, in die unsere Kinder hineingeboren werden.

Wenn sie noch klein sind, vergessen wir allzu leicht, dass sie uns beobachten und unser Verhalten förmlich aufsaugen. Wenn sie zu Teenagern werden, begreifen wir, dass diese Eindrücke auf ihre Persönlichkeit abgefärbt haben. Vielleicht erkennen wir in ihrem Maß an Toleranz unsere eigene Reizbarkeit wieder. Unseren Sarkasmus in ihrer spitzen Zunge. Unsere Kleinlichkeit in ihrem Egoismus. Das ist nicht so leicht zu erkennen. Schlimmer noch, oft stellen wir diese Zusammenhänge gar nicht her. Wir geben ihnen die Schuld. Wir verorten das Problem in unseren Kindern und geben uns der Täuschung hin, dass Individuen sich spontan manifestieren und nicht aus dem System einer Familie hervorgehen, die wir mit geschaffen haben.

Was, wenn wir den Gedanken akzeptieren würden, dass ein System dafür verantwortlich ist, wie sich die einzelnen Mitglieder entwickeln? Was, wenn wir Schuldzuweisungen wegließen und diesen Diskurs ganz ohne Selbstgeißelung oder reaktive Ablehnung beginnen? Die menschliche Psyche ist komplex. Es gibt nie einen einzelnen Grund dafür, weshalb unsere Kinder sich so oder so entwickeln. Aber es gibt Muster und so etwas wie eine Leitkultur in Familien. Und wenn wir die emotionale Stärke besitzen, unser eigenes Verhalten zu reflektieren, gewinnen wir vielleicht nicht nur Erkenntnisse über unsere Kinder, sondern auch über uns selbst.

Dieses Thema ist ein heißes Eisen, denn manche werden herauslesen, dass ich Eltern die Schuld daran gebe, was aus ihren Kindern wird. Normalerweise bin ich die Erste, die Eltern in Schutz nimmt, weil wir alle unser Bestes tun. Andererseits – tun wir das wirklich? Sind wir bereit, uns selbst kritisch zu betrachten und uns zu verändern, um die Dynamik in unserer Familie zu ändern?

Der Knackpunkt ist: Wir müssen das eigene Ego überwinden und dürfen all das nicht persönlich nehmen. Wenn wir die Vorarbeit geleistet und uns Klarheit über wichtige Dinge verschafft haben, dann müssten wir stark und selbstbewusst genug sein, unser eigenes Verhalten kritisch zu betrachten. Obwohl wir in bester Absicht gehandelt haben, könnten wir mit unserem Verhalten (unabsichtlich) zu den Problemen unseres Teenagers beitragen. Vielleicht müssen wir unsere Familie einmal möglichst emotionslos betrachten wie einen Organismus, einen Körper, in dem alle Teile miteinander in Beziehung stehen.

Als was für eine Art Eltern (und Menschen) entpuppen wir uns wohl? Als der Helikopter-Typ, der seine Kinder kaum ohne permanente Luftüberwachung atmen lässt? Bleiben wir mit dem anderen Elternteil um der Kinder willen zusammen oder verlassen wir ihn, weil wir sonst den Verstand verlieren würden? Haben wir unter Wochenbettdepressionen gelitten, selbst früh einen Elternteil verloren, wurde unser Job wegrationalisiert oder ersticken wir in einem Beruf, der unsere Selbstachtung zerstört? Sind wir rassistische, sexistische, homophobe Menschen? All das hat seinen Preis. All diese Eigenschaften werden sich auf seltsame und unerwartete Art und Weise in unseren Kindern offenbaren. Unsere Entscheidungen rieseln in ihr Leben hinein. Und wir können unmöglich vorhersehen, wie der soziale Druck sie verformen wird, wenn sie erst selbständiger werden und dem Gruppenzwang unter Gleichaltrigen ausgesetzt sind.

Eines erscheint mir allerdings ziemlich offensichtlich. Wenn wir als Eltern unter Stress, Fehlschlägen oder Enttäuschungen zusammenbrechen, dann ist es *das*, was wir unseren Kindern vorleben. Wie wir darauf reagieren, was mit unseren Kindern los ist – oder auf sonst irgendetwas –, ist unsere Entscheidung. Von uns lernen sie, wie man mit Stress, Erfolg, Trauer, Verlust, Kummer, Versagen, Wut, Frustration, Freude, Gruppendruck und Geld umgeht – durch unseren Umgang damit.

Wir sollen als Eltern gar nicht perfekt sein. Unsere Fehler sind die Ausgangspunkte der wichtigsten Gespräche mit unseren Kindern. Sie müssen lernen, feiner zu unterscheiden, zu verzeihen und Probleme auch selbst zu lösen. Wenn wir immer alles richtig machen würden, bekämen sie nicht das, was sie brauchen, um sich zu vielseitigen, denkenden und reflektierten Menschen zu entwickeln.

Erziehung hat auch etwas, ein Element, das nicht berechenbar oder messbar ist. Es folgt nicht den Gesetzen der Kausalität, die Naturwissenschaft und Logik uns lehren. Es ist teilweise mystisch und beruht auf Vertrauen. Wir müssen unseren Kindern das Verhalten vorleben, das wir auch bei ihnen sehen wollen, und das durchhalten, auch wenn sie unsere Art, die Dinge anzugehen, ablehnen und verachten. Wir müssen sie einfach still weiter lieben, unterstützen, ruhig mit ihnen sprechen, uns auch Zeit für uns nehmen, verantwortungsvoll und gütig sein, andere nicht ausnutzen oder beschimpfen, unsere Rechnungen bezahlen ... Das mag harte Arbeit sein, aber wir können nur hoffen, dass sie irgendwann unserem Vorbild folgen werden auf dem Wege der projektiven Identifizierung. Das funktioniert so ähnlich, wie man etwa eine neue Sprache lernt, indem man sie jahrelang um sich herum hört.

Natürlich gibt es da keine Garantien. Womöglich müssen wir lange warten, bis wir irgendwelche Anzeichen dafür sehen, dass sie unserem Beispiel folgen. Zudem können wir nicht darüber bestimmen, ob unseren Kindern dieselben Dinge wichtig sind wie uns selbst. Wir können nichts tun als diese Dinge weiterhin wichtig nehmen und danach handeln – ohne zu moralisieren oder unseren Kindern wegen ihres Desinteresses ein schlechtes Gewissen zu machen.

Als Eltern können wir vom ökonomischen Prinzip der »Obliquity« lernen, das davon ausgeht, dass man manche Ziele und Werte nicht direkt, sondern nur indirekt anstreben kann. Es gibt keine schnurgerade Linie zwischen uns – wie wir als Menschen sind – und den Menschen, zu denen unsere Kinder sich entwickeln. Aber es gibt eine verschnörkelte Verbindung. Wenn wir über etwas schimpfen und toben, wird sich das in sie hineinschnörkeln. Genauso, wenn wir etwas als heilig und unantastbar behandeln. Auf das Ergebnis jedoch haben wir keinen Einfluss mehr.

Was uns wichtig ist, geben wir nicht am besten dadurch weiter, dass wir unseren Kindern diese Werte in den Hals stopfen, als wollten wir Gänse mästen. Sie nehmen unsere Werte auf, indem sie ständig darin eingetaucht sind. Unsere am tiefsten verankerten und am meisten praktizierten Werte sickern in sie ein. Nicht das, was wir sagen, sondern das, was wir tun und wer wir sind. Wir müssen darauf vertrauen, dass unsere wichtigsten gelebten Werte das Umfeld schaffen, in dem sie aufwachsen.

Doch wenn sich herausstellt, dass sie von unseren Werten abweichen, können wir nichts weiter tun, als ihre Individualität anzuerkennen. Wie reif und erwachsen wir wirklich sind, bemisst sich daran, ob wir Andersartigkeit tolerieren und respektieren können – ob wir akzeptieren können, dass unsere Kinder sich zu völlig anderen Menschen entwickeln könnten, als wir selbst sind.

Unsere Kinder könnten sich entschieden von uns abwenden – und dabei unbewusst nach unserer Zustimmung heischen. Oder sie bilden ihre Persönlichkeit im Kontrast zu uns aus. Unweigerlich kommt der Augenblick, in dem uns klarwird, dass unsere Teenager uns überleben und nicht umgekehrt. Wir müssen diese Phase überstehen, aber sie müssen unsere gesamte Persönlichkeitsgeschichte überwinden, um ihre eigene zu finden.

Wenn uns das klar ist, können wir sicher sein, dass wir erwachsen geworden sind.

Wir sind endlich reif genug, um unseren Teenagern beim Erwachsenwerden zu helfen.

13 Immer die Verbindung halten

Shannon redet morgens nicht viel. Während ich sie zur Schule fahre, konzentriere ich mich auf den Verkehr statt auf den giftigen Cocktail aus unterbrochenem Teenager-Biorhythmus, Schlafmangel und wenig liebreizender Bissigkeit auf dem Beifahrersitz. Sie hat das Radio gern so laut, dass es mich manchmal wahnsinnig macht. Musik ist ihr weißes Rauschen. Meines ist Stille.

Ein neuer Song fängt an, eine Art Rap. Gefällt mir ganz gut. Ich trommele im Rhythmus der Musik mit den Fingern auf dem Lenkrad und ignoriere ihre gereizten Blicke. Als wäre Musik nur für sie da.

»Miserabel. Imo«, sagt sie. Es klingt beinahe wie ein Gesprächsversuch.

Ich denke über ihre Worte nach. Nein, ich verstehe sie tatsächlich nicht. Soll das der Name der Band sein? Oder ist »Imo« eine neue Musikrichtung, von der ich noch nie gehört habe? Ich bin ziemlich sicher, dass es so etwas wie »Emo« gibt, aber »Imo«?

»Was meinst du damit?«, frage ich.

»Dass der Song miserabel ist. IMHO«, antwortet sie, als würde es mir helfen, das Wort buchstabiert zu hören.

»Du magst die Band nicht?«

Sie seufzt. »Nein ...«

»Was meinst du dann damit?«

»Wenn du's nicht kapierst, braucht es dich auch nicht zu interessieren.«

Ich fahre schweigend weiter. »Stell dir mal vor, ich würde jedes Mal so reagieren, wenn du mich nach etwas fragst«, bemerke ich dann. Hoffentlich klinge ich nicht allzu verletzt.

Sie wendet sich ab und starrt aus dem Fenster.

Wir erreichen die Schule.

»Du willst es mir also nicht sagen?«, frage ich.

»Vergiss es einfach, Mum.« Sie knallt die Tür zu.

Ich habe genug Arbeit auf dem Schreibtisch – ehrlich. Trotzdem gehe ich, sobald ich zu Hause bin, als Erstes im Internet auf die Suche.

Ich finde keine Band namens »Imo« oder »Imho«. »Emo«, ja, aber ich bin ziemlich sicher, dass Shannon das nicht gemeint hat. Dann verliere ich mich fast in einem Wust von Abkürzungen und stelle fest, dass in diesem Akronymen-Slang ROFLMAO (rolling on the floor laughing my ass off) so viel heißt wie »sich vor Lachen kugeln«, FYI (for your information) »nur damit du's weißt« oder IRL (in real life) »im echten Leben«. Ich bin fasziniert, wie hypnotisiert von einer neu entdeckten Welt. Es lohnt sich, über LOL und WTF hinaus in diese Sprache einzutauchen, wenn man Teenagerianisch verstehen möchte. Ich meine, das ist praktisch eine neue Sprache. Und ich kam mir vor wie Nancy Drew, die einen kniffligen Fall gelöst hat, als ich endlich auf IMHO (in my humble opinion) stieß – »meiner unmaßgeblichen Meinung nach«.

Als Shannon nach Hause kam, erzählte ich ihr: »Ich weiß jetzt, was IMHO bedeutet.«

Sie zuckte mit den Schultern. »Schön für dich«, sagte sie und ging an mir vorbei.

»He, soll ich es dir denn nicht sagen?«

»Ich weiß doch schon, was das heißt«, erwiderte sie und schlug mir ihre Zimmertür vor der Nase zu.

Shannons Teenager-Sein hat einen Zug, der mir besonders zu schaffen macht: Sie vertraut mir kaum mehr etwas an. Ich muss raten, was in ihr vorgeht, und das Ergebnis wird nun mal nie wissenschaftlich exakt sein, nicht einmal beim eigenen Kind. Vor allem verkommt das schnell zu einer Art Projektion. Ja, sie ist mein Fleisch und Blut, aber die Fäden, die sie emotional oder spirituell zusammenhalten, sind nicht die meiner Psyche. Ihr Inneres ist ihre eigene Schöpfung. Dieser Gedanke ist erlösend und befremdlich zugleich. Wie gut kann ich sie überhaupt kennen? Wie gut kenne ich mich eigentlich selbst?

Schlimmer noch, sie mag es überhaupt nicht, dass meine Neugier oder Vermutungen in ihr Leben vorzudringen versuchen. Ihr wäre es lieber, wenn ich in jeder Hinsicht nicht so neugierig wäre, was sie angeht. Ich muss meine Fragen vorsichtig stellen – zurückhaltend, offen, fürsorglich, aber nicht zudringlich. Teenager reagieren misstrauisch und verächtlich auf alles, was nach »Schnüffeln« aussieht. Also muss ich eine neue Art Achtung vor ihr entwickeln, die meinem natürlichen Instinkt, sie zu beschützen, beinahe zuwiderläuft. Diese Achtung bedeutet, von etwas zurückzutreten, aus Respekt. Den Kopf zu senken, keinen Augenkontakt zu suchen oder – Gott bewahre – jemanden nicht allzu gründlich zu mustern, als könnte ich urteilen oder kritisieren wollen. Ich muss die Augen schließen und stattdessen lernen, besser zuzuhören. Ihrem Schweigen zuzuhören, den Mustern ihrer Persönlichkeit. Ein bisschen so, wie ein Zahnarzt gegen einen Zahn klopft, um am Klang festzustellen, ob der Zahn gesund ist oder nicht. Meine Wachsamkeit muss nachlassen und meine Intuition dafür stärker werden. Wenn Shannon je in Schwierigkeiten geraten sollte, wird sie zu mir kommen und es mir sagen, oder auch nicht. Ich muss lernen, es in jedem Fall zu merken – an einer Art komischem Gefühl im Bauch. Meine eigenen Sorgen und Gedanken stehen unserem Umgang da nur im Weg.

Ich muss akzeptieren, dass sie einen Dialekt benutzt, den ich nicht immer verstehen werde, und dass ihr das vielleicht nur lieb ist. Mich ständig daran erinnern, dass sie kreuz und quer herummanövrieren muss, um ihre Identität zu formen. Ich versuche immer wieder, sie in einer geraden Linie zu bestärken, und sie fährt im Zickzack darüber. Sie ist in die sich entwickelnde Kultur ihrer Leute – Freundinnen, Altersgenossen – eingetaucht, und Sprache ist ein wichtiges Mittel, mit dem sie mich davon ausschließt. Ich zeige meinen Respekt vor ihrer Privatsphäre, indem ich mich ihr nicht aufdränge. Als Erwachsener hat man zu wissen, wann man nicht willkommen ist, und das nicht als persönliche Ohrfeige aufzufassen, auch wenn es sich so anfühlt.

Nachdem ich so viele Jahre lang ihre allererste Anlaufstelle war, muss ich jetzt zurücktreten und meinen Platz in den Kulissen einnehmen. Aber ich darf dabei nie meine Aufgabe vergessen – ich muss das Ziel im Auge behalten.

In dieser Art kompromissloser Zielstrebigkeit habe ich Übung. In meiner Zeit als radikale Feministin gehörte es zu meinem Job, misshandelten Frauen unter anderem dabei zu helfen, per einstweiliger Anordnung ein Kontaktverbot gegen ihren gewalttätigen Ehemann oder Freund zu erwirken. Mr. Newnham, der zuständige Richter, war ein magerer Mann mit grauem Schnurrbart und einer Kollektion der grauenhaftesten Cordhosen, die ich jemals jemanden freiwillig habe tragen sehen. Es war ihm ganz ehrlich unbegreiflich, wie ein Mann einer Frau weh tun konnte, die er angeblich liebte. Daher war er großzügig mit der Anordnung von Kontaktverboten, und aus diesem Grund sah ich darüber hinweg, dass er von Frauen als

»Mädchen« sprach und am schnellsten auf Anfragen reagierte, wenn ich persönlich bei ihm vorbeikam, in einer tief ausgeschnittenen Bluse.

Wenn du das unethisch von mir findest – ja, das war es. Ich würde sogar behaupten, Mr. Newnham vergaß in meiner Gegenwart, dass er ein Mittfünfziger mit Haaren in den Ohren und einem scheußlichen Schnurrbart war, und ich gab mir alle Mühe, diesen vorübergehenden Gedächtnisverlust zu vertiefen. Mein Ziel bei Mr. Newnham war ja nicht, ihn darüber aufzuklären, dass sein Glaube an die grundsätzliche Machtlosigkeit von Frauen seinen unbewussten Sexismus offenbarte. Ich operierte in einem fehlerhaften und kritikwürdigen Rechtssystem und musste damit klarkommen, um meiner Klientin ein Kontaktverbot zu beschaffen, und wenn Mr. Newnham dabei einen Ständer bekam, tja, dann war das eben eine kleine Sonderzulage für ihn.

Genauso muss ich bei meinen Teenagern das Ziel im Auge behalten und mit dem kritikwürdigen Verhalten klarkommen, statt mich davon ablenken zu lassen.

Und was ist mein Ziel? Das große, übergeordnete Erziehungsziel, das ich verfolge? Ich drücke es mal ganz einfach aus, wie Alec Baldwin in *Glengarry Glen Ross*, der seinem Team von Immobilienmaklern seine Grundregel des Erfolgs erklärt: Abschluss bedeutet Cash, was heißt – immer verkaufen. Meine Grundregel der Erziehung von Teenagern heißt »immer Verbindung halten«.

Mein Ziel ist, mit meinen Kindern eng verbunden zu bleiben. Die Adern meiner Beziehung zu ihnen müssen frei von irgendwelchen Ablagerungen sein und dürfen nicht verstopfen. Meine Gesten sollten sie anziehen, nicht abstoßen. Ich muss Interesse zeigen, aber niemals Neugier. Muss mich für sie einsetzen, mich aber nicht einmischen. Sie müssen spüren, dass ich immer da bin – als Rückendeckung, nicht als Überwachungsdrohne.

Also tue ich, was ich kann, um Gelegenheit zu Gesprächen zu schaffen – ich schwatze ein bisschen, frage nach Information oder ihrer Meinung. Wenn sie als kleine Kinder einen Wutanfall bekamen, habe ich immer ruhig wiederholt: »Sag es mit Worten.« Das ist jetzt sogar noch wichtiger als früher, denn ihr Intellekt ist schärfer und ihre Auseinandersetzung mit der Welt interessanter und komplexer.

Natürlich strapaziert es die Geduld, mit jemandem zu kommunizieren, der einem permanent derart auf die Nerven geht. Ja, sie werden es dir schwermachen – für mich ist es manchmal sogar zu schwer. Aber ich lasse nicht zu, dass sie in dauerhaftes Schweigen davontreiben. Ich bin die Erwachsene. Ich bin hier diejenige, die über ein vollständig funktionstüchtiges Gehirn verfügt. Und mit ein bisschen Grundwissen in Psychologie ist mir bewusst, dass Launenhaftigkeit oder ein ganz bestimmter Streitpunkt nur die Fassade eines tiefer gehenden Problems ist. Also muss ich Sherlock Holmes spielen und der Wahrheit auf die Spur kommen. Vorsichtig und nicht etwa, indem ich meinen Kindern Fallen stelle, sondern vor allem durch Zuhören.

Mein erster fester Freund und ich hatten echte Schwierigkeiten mit der Kommunikation. Wenn ich aufgebracht oder traurig war, starrte er mich immer fragend an, während ich vor ihm zurückwich. »Sag mir, was ich tun soll, sag mir, was du von mir hören willst«, flehte er. »Wenn ich dir das sagen muss, ist es sinnlos«, schniefte ich. Naiverweise erwartete ich von ihm, dass er meine Gedanken lesen und daraus ableiten könne, wie er mich jetzt trösten sollte.

Die Beziehung hielt nicht lange. Reife erkennt man auch an der Fähigkeit, die Kommunikation aufrechtzuerhalten – mit uns selbst wie mit anderen. Dass andere doch wissen sollten, was wir denken oder empfinden, ist eine narzisstische Wunschvorstellung. Das tun wir unseren Partnern aber oft an. Wir werden abweisend und überheblich. Vielleicht mutmaßen wir auch viel zu viel, obwohl ein kleines, freundliches Gespräch schon alles aufklären könnte.

Du gehst vielleicht auch davon aus, dass deine Kinder wissen sollten, was du denkst und was du von ihnen erwartest. Wir sollten aber nichts so einfach annehmen. Alles, was wirklich wichtig ist, verdient das Gespräch. Wir müssen unsere Kinder lehren, wie sie um etwas bitten und das vertreten können, woran sie glauben. Wir müssen ihnen ein Beispiel dafür geben, wie man sich gegen Ungerechtigkeit ausspricht, wie man verhandelt, sich uneins ist, fair und gütig streitet und wie man Dankbarkeit und Liebe ausdrücken kann.

Was nicht bedeutet, dass man alles zerreden sollte. Schweigen können und wissen, wann Stille in Ordnung ist – auch das gehört dazu, wenn man die Dynamik des Dialogs verstehen will. Verbundenheit braucht nicht unbedingt ein ständiges Geplapper. Wichtiger ist, wie wir mit dem Herzen und unseren Gedanken dabei sind.

Reden ist also essenziell, aber ganz ähnlich wie beim Make-up sollte man es nicht übertreiben. Miteinander zu reden ölt die Rädchen einer Beziehung. Zu viel davon führt zum Leerlauf, zu dem Gefühl, nicht mehr vorwärtszukommen. Reden braucht seinen Gefährten, das Schweigen. Ich lerne immer noch, wann ich reden und wann ich besser den Mund halten sollte. Manchmal stelle ich fest, dass man am besten weiter kommt, indem man es gut sein lässt. Ich muss sagen, was ich zu sagen habe: »Was du getan hast, war nicht in Ordnung. Du müsstest es besser wissen, und ich erwarte mehr von dir ...« – und dann Schwamm drüber. Aber nichts zu sagen, wenn es angebracht wäre, ist schwach und zählt nicht als Erziehung.

Wie sich meine Verbindung zu meinen Kindern entwickelt, messe ich am besten dadurch, dass ich immer im Kontakt mit meinen eigenen Gefühlen bleibe.

Neulich zum Beispiel ging ich an Shannons offener Tür vorbei, und der Saustall in ihrem Zimmer traf mich wie ein Schlag. »Möchtest du nicht vielleicht mal ein bisschen aufräumen?«, wagte ich mich vor.

»Warum? Das ist mein Zimmer. Du brauchst ja nicht reinzukommen.«

Das stimmt natürlich. Meine Empörung über das Chaos war mein Problem. Wozu hätte eine Eskalation – »Räum sofort dein Zimmer auf!« – hier gedient? Nur dazu, mein Gefühl der Kontrolle zurückzugewinnen. Über Shannon? Ha! Das Thema hatten wir ja schon, ich habe keine Kontrolle über sie. Über mein unmittelbares Umfeld – »Solange du unter meinem Dach wohnst ...« –, in dem ich schließlich auch lebe? Darüber könnte ich mich richtig aufregen, aber andererseits gehört das zu den Dingen, bei denen ich es einfach gut sein lassen kann? Außer, ich leide an krankhaftem Ordnungszwang. Oder PMS. Wenn ich mich dafür entscheide, mich durchzusetzen, wird das zu hässlichen Szenen, knallenden Türen und gewaltiger Kortisolausschüttung führen. Wer braucht das schon?

Um immer Verbindung zu halten, muss ich mir gelegentlich vor Augen führen, dass Teenager wandelnde Experimente sind. Sie probieren ihre Persönlichkeit aus, spielen mit Grenzen und erkunden sich selbst. Sie wissen noch nicht, was passieren wird, wenn sie auf »Bring bitte den Müll raus« mit »Nein« antworten. Also lasse ich ihnen einen gewissen Spielraum zum Experimentieren und bemühe mich, nicht impulsiv zu reagieren und auszurasten – jedenfalls nicht verbal. Ein Beispiel:

»Ich habe dich schon zweimal gebeten, den Müll rauszubringen.«

Jordan: »Du kannst mich.«

»Ich bin keiner von deinen Freunden. So sprichst du nicht mit mir. Wie heißt das?« (Dabei denke ich mir: »Du dreister kleiner Scheißer.«)

»Nein, jetzt nicht.«

»Ich werde dich nicht noch einmal darum bitten. Und wenn du es nicht machst, fahre ich dich nachher nicht zum Basketball.« (»Du unverschämtes Balg.«)

»Aber du siehst doch, dass ich mitten in einem FIFA-Spiel bin?«

»Ich verstehe, dass das kein günstiger Zeitpunkt ist. Bitte bring den Müll raus, wenn du damit fertig bist.« (»Verdammt, du kleiner Mistkerl!«)

Sie sind wie verrückte Wissenschaftler, die mit neuen Stoffen herumexperimentieren. Neugierig probieren sie aus, was passieren wird, wenn sie Weigerung, Verachtung, Gehässigkeit oder sonst eine bisher selten gebrauchte Reaktion mit elterlicher Autorität mischen. Wenn wir nicht die Kontrolle verlieren wollen, dürfen wir nicht spontan auf ihre abenteuerlichen Experimente reagieren. Einer der Väter, die ich interviewt habe – er hat drei Mädchen im Teenager-Alter –, drückte es so aus: »Trau nie deiner ersten Reaktion.«

Um diesen unmöglichen Menschen weiter gute Eltern zu sein, müssen wir richtig gutes Konfliktmanagement lernen.

Stellt sich natürlich die Frage: Wie managt man Konflikte?

Darin sind wir nicht alle gleich gut. Manche Eltern hassen nun mal dramatische Szenen, erhobene Stimmen und Temperamentsausbrüche und würden praktisch alles tun, damit es nicht dazu kommt. Wer selbst in einer Familie aufgewachsen ist, in der viel und heftig gestritten wurde, ohne dass Konflikte wirklich gelöst wurden, wird die Teenager-Jahre seiner Kinder ganz grässlich finden. Auch diejenigen von uns, in deren Elternhaus nie gestritten, sondern alles unterdrückt und aufgestaut wurde, müssen einiges dazulernen. Richtig streiten lernen – energisch, fair und konstruktiv – ist wichtig für unser ganzes Leben. Wie wir mit unseren Teenagern streiten, gibt ihnen ein Vorbild für später, für ihre eigenen Beziehungen. Wenn wir wissen, wer wir sind, unseren Standpunkt vertreten, uns nicht tyrannisieren lassen, nicht mauern, ruhig mit ihnen sprechen (oder auch mal die Stimme heben, wenn es angebracht ist), uns eine Meinung anhören können, die uns nicht passt, respektvoll widersprechen und nichts nachtragen, zeigen wir damit unseren Teenagern: So geht man mit Konflikten um.

Die Beziehung zu einem Teenager ist keine Ming-Vase – sie hält schon ein paar Stöße aus. Aber wir müssen in der Lage sein, so zusammenzukrachen, dass alle danach wieder gerade stehen können und keiner daran zerbricht. Und wir als die Erwachsenen müssen das Vorbild für Fairness geben, indem wir das Machtverhältnis zwischen uns und unseren Kindern durchschauen. Wir müssen merken, wann es sich verschiebt, und dürfen unsere eigene Macht nicht missbrauchen. Auch sie müssen Macht haben – wir dürfen sie nicht in eine Ecke drängen oder den unfairen Vorteil ausnutzen, den wir nun mal über sie haben.

Ich möchte, dass meine Kinder »Es tut mir leid« und »Ich liebe dich« sagen können. Und ich glaube, das lernen sie am besten, wenn ich selbst oft so etwas sage, es zum normalen Bestandteil unserer Interaktionen mache. Wenn ich selbst nie um diese Worte ringen muss, lernen meine Kinder, dass es keine große Sache ist, sich zu entschuldigen und jemandem zu sagen, was man empfindet. Dass Streitigkeiten leicht zu überwinden sind.

Meine Regeln lauten also: Nie an etwas aufhängen. Immer weitergehen. Bleib nicht stehen und lass dich nicht in den Wahnsinn hineinziehen. Sage, was gesagt werden muss, und dann lass es gut sein. Meine Aufgabe besteht darin, meine Kinder wieder zurückzuschubsen, wenn sie eine echte Grenze überschreiten, und immer die Verbindung zu halten.

Aber wie soll das gehen, wenn sie nicht mal mit einem reden wollen? Wie zeigt man ihnen, dass man sie immer noch liebt und schätzt und auf sie aufpasst, wenn es ihnen am liebsten wäre, wir würden sie nicht einmal wahrnehmen?

Ich verrate euch meinen Trick: freundliche Kleinigkeiten, die ihnen guttun.

Teenager leben in einer brutalen Welt sozialen Drucks, in der Coolness und Beliebtheit über Leben und Tod entscheiden. Was sie von uns brauchen, ist rückhaltlose Güte. Vor allem dann, wenn sie sie am wenigsten verdienen. Wenn sie sich einsam fühlen, müssen sie spüren, dass wir auf ihrer Seite stehen. Dass wir nicht unbedingt ihrer Meinung sind, ihnen aber immer Rückendeckung geben.

Immer die Verbindung halten bedeutet, dass ich mehr Größe beweisen muss. Schließlich bin ich hier die Erwachsene.

Ich muss stabil sein, wenn sie schwanken. Ich muss ruhig sein, wenn sie kurz vor der Panik stehen, und ihnen ins Ohr raunen: »Das kommt wieder in Ordnung, alles wird gut.« Das ist eine Art Sauberkeitserziehung für Fortgeschrittene. Als sie noch Windeln trugen, haben wir sie immer wieder aufs Töpfchen gesetzt und ihnen erklärt, wie das geht. Immer und immer wieder, bis sie es eines Tages geschafft haben. Und jetzt erziehen wir sie dazu, mit Stress, Fehlschlägen, Enttäuschungen, Kummer und allem anderen fertigzuwerden.

Irgendjemand muss da sein, der ihnen sagt: »Schau, hier ist das Töpfchen, da setzt du dich drauf, und jetzt drücken …« In allen Situationen des Lebens.

Tja, das sind dann wir.

14 Die Klugscheißer

Sosehr ich mich auch bemühe – manchmal hat sich was mit Verbindung halten. Das passiert beispielsweise so:

Jordan sagt zu Shannon, sie sei ein Nerd. Ein »Scheiß-Nerd«, um genau zu sein. Wir sind auf der Heimfahrt von der Schule, und ich habe keine Ahnung, wo dieser Ausbruch auf einmal herkommt. Ich versuche, mich nicht zu früh einzumischen, sondern ihnen Gelegenheit zum Üben zu geben – diesen Konflikt allein zu lösen, wie zwei Erwachsene.

»Bitte etwas höflicher«, nuschele ich nur.

»Und du bist ein Geek« gibt sie zurück.

»Was ist denn der Unterschied zwischen einem Nerd und einem Geek?«, frage ich nerdig.

»Nerds sind Streber, die lesen Bücher«, erklärt er. »Das ist viel schlimmer, als ein Geek zu sein.«

»Ich bin kein Nerd«, stellt Shannon kühl fest – offenbar nimmt sie Anstoß an dieser Klassifikation.

»Außerdem bin ich nur ein halber Geek. Ein Sport-Geek«, fährt Jordan fort. »Und das ist nicht halb so schlimm wie ein Nerd.«

»Ich verstehe den Unterschied immer noch nicht«, bemerke ich.

»Mich als normalen Nerd hinstellen zu wollen, kannst du dir sparen. Ich bin nicht wie irgendwer anderes«, schnaubt Shannon.

»Ich bin jedenfalls lieber ein Sport-Geek als ein Nerd wie du.«

»Man könnte es auch ziemlich nerdig finden, dass du sämtliche Basketball-Statistiken auswendig kennst«, sage ich zu Jordan.

Er verdreht die Augen. »Ich spiele selber, also bin ich kein Nerd. Ein Nerd ist jemand wie Joel, der FIFA daddelt, aber im echten Leben nicht Fußball spielt. Ein Nerd ist was viel Schlimmeres als ein Geek.«

»Wenn, dann bin ich strange.« Shannon spricht das aus wie einen Ehrentitel.

»Strange, von wegen! Du bist bloß ein Nerd«, beharrt Jordan.

»Bin ich nicht. Niemand ist so strange wie ich.«

»Du bist nicht strange, du bist total normal.«

Das empfindet Shannon offenbar als furchtbare Beleidigung. Strange, fremd – das verstehe ich nicht.

»Kann man sich selbst fremd finden?«, frage ich unschuldsvoll.

»Hast du Selbstmordgedanken? Nein. Ritzt du dich? Nein«, schnaubt Jordan verächtlich.

»Das ist emo«, sagt Shannon. »Du hast ja keine Ahnung.«

»Ich komm nicht mehr mit«, werfe ich seufzend ein. »Was ist denn Savanna?« Savanna ist eine Klassenkameradin von Shannon, die sich den halben Kopf rasiert und das Haar auf der anderen Seite lang trägt.

»Die ist ein Wannabe«, antwortet Shannon. »Total uncool.«

»Pikst sie sich mit dem Zirkel?«, erkundigt sich Jordan.

»Würde mich nicht überraschen«, befindet Shannon.

»Was ist denn der Unterschied zwischen strange und fremd?«, frage ich. Niemand macht sich die Mühe, meine Fragen zu beantworten.

»Eigentlich bin ich eher indie als strange«, revidiert Shannon ihre Aussage.

»Und was macht dich indie?«, frage ich.

»Meine Interessen. *Supernatural*, mein Musikgeschmack ...«

»Eine Fernsehserie gilt nicht als Interesse«, erhebt Jordan Einspruch.

»Aber Harry Potter schon. Und ich bin kreativ. Ich mache Sachen, die sonst keiner macht. Ich habe einen schrägen Sinn für Humor und einen individuellen Kleidungsstil ...«

»Weißt du noch, wie du mich früher jeden Morgen nach dem Anziehen gefragt hast, ob das so geht?«, frage ich sehnsuchtsvoll.

»Um Himmels willen«, stöhnt Shannon.

»Ganz schön zickig«, erwidere ich.

»Du bist zickig, genau«, stimmt Jordan mir zu. Und als hätte er sein ganzes Leben lang nur darauf gewartet, die Tonne seines aufgestauten Grolls auszukippen, legt er los: »DU behandelst mich wie ein Kleinkind. Ich hab jetzt ein eigenes Bewusstsein. Du kannst mich nicht mehr fertigmachen.«

»Ihr wart mal wie beste Freunde«, sage ich. Trübselig denke ich daran, wie die beiden sich ein Zimmer geteilt haben, bis Jordan sechs war. Da war Shannon neun Jahre alt und verkündete, sie brauche jetzt »ein Zimmer, wo ich ungestört sein kann«. Früher hat sie sich Geschichten für ihn ausgedacht und mit den Händen Schattenspiele an der Wand aufgeführt.

»Mir fällt kein einziger Vorteil daran ein, dass sie da ist«, erklärt Jordan verbittert. »Sie ist voll überflüssig in unserer Familie.«

»Nimm das zurück«, sage ich streng zu ihm. »Das ist sehr verletzend. Das geht zu weit.«

Shannon wirkt ungerührt. »Tja, wenn ich nicht da wäre, wer würde dich dann darauf hinweisen, was du alles falsch machst?«

Jordan starrt schmollend aus dem Fenster. »Sie tut nichts, was der Familie nutzen würde. Was macht sie schon?«

»Ich trage mein Wissen bei, geistreiche Konversation, Musik, *Glee* …«, rattert Shannon herunter.

»Zickigkeit, Stimmungsschwankungen …«, fügt Jordan hinzu.

»Stimmungsschwankungen sind noch gar nichts. Wart's ab, bis du Akne bekommst, so wie ich. Dann siehst du auch so aus.«

»Eklig.«

»Das Roaccutan scheint gut zu wirken«, bemerke ich in der Hoffnung, diese explosive Unterhaltung in ruhigeres Fahrwasser zu steuern. »Vielleicht wird es bei dir nicht so schlimm wie bei Shannon«, sage ich zu Jordan. »Sie hat da offenbar die Gene eures Vaters geerbt – weißt du noch, dass sie schon als kleines Mädchen manchmal Pickel hatte?«

»Sie ist die reinste Seuche. Schenkel wie eine Kröte, Pestbeulen im Gesicht, und blutet jeden Monat …«

»Wag es nicht, Bürschchen«, sagt Shannon. »Sprich nicht über meine Periode. Du hast keine Ahnung davon.«

»Das ist total gruselig. Dass du blutest«, nuschelt er.

»Ich habe neulich bei Tumblr einen dreiseitgen Artikel darüber gelesen«, sagt Shannon. »Der war ziemlich gut.«

»Du hast drei ganze Seiten über Menstruation gelesen?«, fragt Jordan. »Hast du sonst kein Leben?«

»Ach ja, *Lesen* ist natürlich Zeitverschwendung!«, faucht Shannon.

»Ja, wenn du stattdessen draußen sein und dich *bewegen* könntest!«, gibt Jordan zurück.

»Oh, entschuldige bitte, dass ich lieber klug als verschwitzt sein möchte.«

»Na, dann entschuldige du bitte, dass ich lieber schnell bin als ein Nerd.«

»Es gibt wirklich Wichtigeres im Leben, als einem blöden Ball hinterherzulaufen.«

»Wer sagt das?«

»Das sagen kluge, intelligente Frauen – die eines Tages deine Vorgesetzten sein werden.«

»Komm mir ja nicht feministisch. Feministinnen sind so nervtötend.«

»Entschuldige mal«, werfe ich ein. »Ich bin Feministin.« Aber im Grunde bin ich an dieser Unterhaltung überhaupt nicht beteiligt. Ich bin nur die Chauffeuse.

»Glaubst du, dass Männer und Frauen gleichberechtigt sind?«, fragt Shannon ihn.

»Logisch!«

»Dann bist du Feminist«, stellt sie fest.

»Ich bin kein Feminist. Ich glaube nur an Gleichberechtigung«, erwidert er. »Also nenn mich nicht so.«

»Tu mir bloß einen Gefallen: Bitte vergewaltige niemanden«, sagt Shannon bissig, und das ist der Moment, in dem ich brülle: »Das reicht jetzt! Schluss damit! Ehrlich, Shannon – als würde dein Bruder je so etwas tun. Denkt nach, ehe ihr den Mund aufmacht. Das gilt für euch beide! Und jetzt haltet einfach die Klappe.«

Ich drehe meine buddhistischen Mönchsgesänge auf volle Lautstärke und rase weiter, begleitet nur von donnerndem *om mani padme hum*. So viel zu der Idee, sie ihre Konflikte allein lösen zu lassen, wie erwachsene Menschen.

Ich setze nur selten darauf, andere mit meinen Erfolgen zu beeindrucken. Beispielsweise würde ich nie so nebenbei erwähnen, dass ich (vor langer Zeit) mit einem Fulbright-Stipendium in Yale studiert und einen Masterabschluss in Jura habe. Erstens gibt es lächerlich wenig Gelegenheiten, das in eine alltägliche Unterhaltung einfließen zu lassen, und zweitens – mal im

Ernst, wen interessiert das schon? Die einzige Auszeichnung, mit der ich manchmal prahle, ist der Titel »Arschloch des Monats«, den der *Hustler* mir 1994 verliehen hat – für meine Arbeit über Gewalt in der Pornographie und ihre Auswirkungen auf Frauenrechte. Meine Teenager interessiert die Tatsache, dass ich in Yale studiert habe, genau so wenig wie, dass ich schon den Grand Canyon oder Madame Tussauds Museum in London gesehen habe. Für sie gehört das zu den Fakten meiner Vergangenheit, und sie haben keine Ahnung, wie ich geschuftet habe, um dorthin zu kommen, oder wie unglaublich stressig es war, mit so vielen genialen Köpfen mitzuhalten. Abgesehen davon sind meine liebsten Erinnerungen an Yale ein Hungerstreik für haitianische Gefangene in Guantánamo und ein seltener Augenblick selbstvergessener Hemmungslosigkeit, in dem ich nackt für einen Fotografen posiert habe.

Ich wünsche mir ja nicht, dass meine Kinder mich als allwissendes Orakel ansehen oder so. In vielen Bereichen, wie etwa der politischen Lage im Nahen Osten oder der Astrophysik, bin ich wirklich »eine Dumpfbacke«, um Jordan zu zitieren. Ich staune immer mehr über Blogger und Kolumnisten, die anscheinend die Antwort auf sämtliche schwierigen Fragen des Lebens kennen, denn ich stelle fest: Je älter ich werde, desto mehr Meinungen fallen von mir ab wie tote Hautschüppchen und desto weniger gewiss bin ich mir in vielen Dingen. Aber wenn ich hin und wieder eine Ansicht über Literatur, Grammatik oder sonst etwas äußere, das mit dem Schreiben zu tun hat, dann handelt es sich wahrscheinlich um das Destillat jahrelangen Lesens und Nachdenkens. Um eine gründlich bedachte Aussage, nicht den ersten beiläufigen Gedanken, der mir so durch den Kopf geschossen ist.

Neulich auf der Heimfahrt von der Schule machte ich den

Fehler, meine Meinung über die Werbung auf der Rückseite eines Busses zu äußern – eine literarische Anspielung.

Ich vermute also laut, das sei ein König-Midas-Mem. Meine Kinder sind anderer Ansicht. Sie behaupten, ich würde »das einfach nicht richtig verstehen«. Aus irgendeinem Grund macht mich das echt sauer. Normalerweise würde ich mich nicht auf einen Streit mit jemandem einlassen, der in dem betreffenden Thema sehr viel weniger Erfahrung hat als ich. Ich würde es dabei belassen, dass wir uns nicht einig sind, und mir dabei denken: »Armer unwissender Idiot.« Aber heute widerspreche ich meinen Kindern und sage, dass ich vielleicht ein bisschen mehr über diese Dinge weiß als sie, aber auch das bestreiten sie. Offensichtlich wissen sie viel mehr über aktuelle kulturelle Bezüge und Anspielungen als ich. Und ich ertappe mich dabei, wie ich so tief sinke, in kindischer Wut zu erwähnen, dass ich in Yale studiert habe. Ich meine, ernsthaft jetzt – wie erbärmlich.

»Na und?«, erwidert Jordan. »Du hast da Jura studiert und nicht kulturelle Bezüge.«

»Weißt du überhaupt, was ein Mem ist?«, mischt Shannon sich ein. »Ich frage nur, weil du das Wort irgendwie ständig falsch gebrauchst.«

Ich hole tief Luft und ringe um Mitgefühl für ihren Mangel an Bescheidenheit und ihre unerträgliche Besserwisserei. Ich halte mir sogar vor Augen, dass sie in vielen Dingen tatsächlich klüger und besser sind als ich.

»Ist es überhaupt möglich, dass ich über irgendetwas mehr wissen könnte als ihr?«, frage ich meine Kinder von der Kanzel des Fahrersitzes aus.

Schweigen.

»Über manche Sachen vielleicht«, antwortet Jordan nachdenklich. »Lammbraten zum Beispiel.«

»Sonst noch etwas?«

Ihnen fallen keine weiteren Beispiele ein. Ich gebe mir Mühe, das lustig zu finden. Aber im Grunde glauben sie tatsächlich, sie seien viel klüger als ich. Was sie, wie gesagt, in vielerlei Hinsicht auch sind – etwa, wenn es um Technologie oder Musik geht. Aber während ich still vor mich hin koche, erinnere ich mich daran, wie ich als Teenager mit meinem Vater gestritten habe. Er sagte oft zu mir: »Ich bin immer noch älter als du und habe deshalb mehr Erfahrung«, woraufhin ich meistens dachte: »Du hast ja so was von keine Ahnung, alter Mann.«

Auch ich war mal so unbescheiden, so lächerlich überzeugt von mir selbst. Auch ich habe mit meinem Vater über Dinge gestritten, über die er viel mehr wusste. Mir wird im Nachhinein klar, dass es mir dabei gar nicht so sehr um das Thema unseres Streits ging. Was mich wirklich ärgerte, war sein Beharren darauf, dass er mehr wusste. Ich hatte keine Ahnung, was es bedeutete, »Erfahrung zu haben«, und dass Reife eine eigene Form von Klugheit und Wissen bringt. Das ist wie Sex oder Mutter sein – man hat keine Ahnung davon, bis man es selbst erlebt hat. Also könnte ich ebenso gut versuchen, einem Fünfjährigen Empfängnisverhütung zu erklären. Ihnen fehlt jegliches Bezugssystem.

Teenager sind sozusagen optische Täuschungen – sie sehen aus wie Erwachsene und reden manchmal auch so, aber sie sind nicht erwachsen. Das dürfen wir nicht vergessen. Und weil ich die einzige echte Erwachsene in diesem Auto bin, der das klar ist, liegt es an mir, mich auch so zu verhalten. Ich atme tief aus und fahre weiter.

»Ist schon gut«, sagt Jordan versöhnlich und legt mir eine Hand auf die Schulter. »Wir erwarten doch nicht, dass du alles weißt.«

15 Unbestechlich

Ich habe der Katze beigebracht, durch die Katzenklappe zu gehen, obwohl sie das erst nicht wollte. Ich habe zwei Kleinkindern beigebracht, auf die Toilette zu gehen, statt in die Windeln zu machen. Ich habe Zed dazu gebracht, mit mir zu tanzen, selbst wenn er noch nicht genug getrunken hat. Aber ich wüsste nicht, wie man einen Teenager dazu bringen sollte, etwas zu tun, was er oder sie einfach nicht tun will. Sie sind auch mit Belohnungen so schwer zu bestechen wie Goldfische.

Wir reden hier nicht von kleinen Aufgaben im Haushalt. Davon gibt es bei uns genau zwei: Jordan stellt dienstags die Mülltonnen an die Straße, und Shannon füttert jeden Tag um vier Uhr nachmittags die Katze. Diese Forderungen sind nicht verhandelbar. Wenn sie nicht erfüllt werden, gibt es kein Abendessen. Ruhig, aber unerbittlich weise ich sie immer wieder darauf hin, dass die Mülltonnen rausgestellt werden müssen oder Tanaka schon am Teppich nagt. Meine Kinder haben begriffen, dass diese Aufgaben erledigt werden müssen und sie nicht darum herumkommen.

Nein, hier geht es um Dinge, die nicht verpflichtend sind – etwa Shannon dazu bringen, dass sie mir etwas auf ihrer neuen Gitarre vorspielt. Oder Jordan, dass er mir das neueste Lied vorsingt, das er in der Schulband einstudiert hat. Oder meine beiden Kinder davon zu überzeugen mitzukommen, wenn ich jemanden im Krankenhaus besuchen will, dem Besuch sehr guttun würde.

Im moralischen Vokabular von Teenagern scheint der Satz »Ich habe aber keine Lust« als Freibrief zu gelten, dass man tun und lassen kann, was man will. Lust auf etwas zu haben, ist offenbar die Motivation, ohne die eine bestimmte Handlung nicht möglich ist. Also, unter dieser Voraussetzung würde in diesem Haus nicht allzu viel passieren, denn ich habe wahrlich keine Lust darauf, jeden Tag um sechs Uhr aufzustehen, um Jordan seinen speziellen Bananen-Protein-Shake zu machen. Oder täglich insgesamt vierzig Kilometer weit zu fahren, um meine Kinder zur Schule und dann zu ihren Theaterproben, Selbstverteidigungskursen und Basketballtrainings zu kutschieren. Wenn ich es recht bedenke, tue ich im Leben fast nur Dinge, auf die ich eigentlich keine Lust habe. Ob das so gesund ist?

Neulich kam Jordan noch ganz verschlafen und zerzaust in mein Arbeitszimmer getapst. »Ich habe gerade etwas total Merkwürdiges geträumt ...«, begann er und gähnte dann ausgiebig.

Ich wandte mich ihm zu und nahm meine Lesebrille ab. Schließlich kenne ich sämtliche Tricks des aktiven Zuhörens. Ich sah ihm in die Augen. Er hatte meine volle Aufmerksamkeit.

»Ich war mit dir und Dad in einem Auto ...«, begann er. Dann verstummte er. »Ach ... vergiss es.«

»Erzähl es mir«, sagte ich. Jahrelang suche ich schon nach Anhaltspunkten, um zu verstehen, wie mein Sohn tickt. Und jetzt versprach er mir etwas aus den Tiefen seiner inneren Welt, um es mir gleich wieder zu entreißen.

»Will ich nicht mehr.« Und einfach so verließ er mein Arbeitszimmer, und ich saß da in meiner aktiven Zuhörerpose und fragte mich, warum er es sich anders überlegt hatte. War sein Traum so verstörend? Vertraute er mir nicht? Habe ich nicht aktiv genug zugehört?

Eines lernt man, wenn man Teenager hat: Auch wenn deine Neugier brennt wie Batteriesäure, du darfst sie dir nicht anmerken lassen. Du kannst einen Teenager nicht dazu bringen, dir etwas anzuvertrauen – ganz ähnlich, wie du niemanden dazu bringen kannst, dich zu lieben. Vertrauen ist Verhandlungssache, und zu dieser Verhandlung tragen wir nur fünfzig Prozent bei. Der Rest liegt beim anderen. Kannst du es ertragen, so machtlos zu sein?

Ich will wissen, was mit meinen Kindern ist. Wenn sie gemobbt werden, will ich das wissen, samt den Namen der mobbenden Kinder. Wenn irgendein grässlicher Lehrer ihnen das Leben zur Hölle macht, will ich das wissen. Ich will wissen, ob sie rauchen, Drogen nehmen oder irgendetwas Illegales tun. Ich muss merken, ob sie mich belügen. All diese Informationen brauche ich, um sie durch diese Stromschnellen zu begleiten. Gewisse andere Dinge brauche ich nicht zu wissen – etwa, ob sie masturbieren und wie oft. Das geht mich wirklich nichts an. Ich hoffe – sozusagen ganz allgemein – dass sie es tun. Ich finde es wichtig, dass ein Mensch sich selbst Lust und Genuss bereiten kann. Und ich fände es toll, wenn sie mir zeigen würden, in wen sie aktuell verknallt sind, aber mir ist klar, dass das ein bisschen viel verlangt sein könnte. Ich muss mich damit abfinden und ihre Geheimnisse respektieren.

Ich darf ihren Geschichten nicht nachjagen – nur annehmen, was sie mir freiwillig anbieten. Ich darf nicht zu begierig wirken – nur Raum frei halten, indem ich auf eine bestimmte Art zuhöre und meine Neugier über ihr Leben im Zaum halten. Ich kann mich ihnen zuwenden, wenn sie zu mir kommen. In der chinesischen Philosophie würde man sagen, ich schaffe einen Yin-Raum. Ich darf nichts erhaschen wollen oder hartnäckig sein. Nur offen.

Am nächsten Tag versuchte ich es noch einmal. »Es würde mich wirklich interessieren, was du geträumt hast …«

»Vergiss es einfach, okay?«, fauchte er wütend.

Ich sammelte mich. Jetzt bestand die Kunst darin, nicht zu schmollen. Nicht zu nörgeln, zu locken oder zu nerven. Nicht durch eisiges Schweigen zu manipulieren oder zu strafen. Sich nicht schmerzlichst zurückgewiesen zu fühlen. Das war ganz schön viel für mich.

Ich lächelte und küsste ihn auf den Kopf. Dann räumte ich den Frühstückstisch ab und achtete darauf, nicht unnötig laut und beleidigt mit dem Geschirr zu klappern.

»Später vielleicht, okay?«, sagte er.

Das machte mir klar, dass ich es gut sein lassen musste. Den Traum nie wieder erwähnen durfte. Ich musste seine Privatsphäre respektieren und ihm vertrauen. Wenn er mir davon erzählen wollte, würde er es tun. Vielleicht auch nicht, das war seine Entscheidung. So oder so, ich musste mich damit abfinden.

Eines Nachmittags wollte ich das kranke Kind einer Freundin im Krankenhaus besuchen und bat Shannon mitzukommen. »Ich habe Regelschmerzen, und ich glaube, ich habe mich erkältet«, sagte sie – eingekuschelt auf ihrem Sessel vor dem Fernseher, auf dem Bildschirm die Auswahl gespeicherter Serien der vergangenen Woche. Aaalles klar.

Ich suche mir die Konflikte sehr sorgfältig aus, die nicht anders enden können als mit »Solange du unter meinem Dach wohnst, tust du, was ich sage«. Diese Vorsicht hat zwei Gründe: Erstens durfte ich mir diesen Satz allzu oft von meinem eigenen Vater anhören und verabscheue solche Machtspielchen von Eltern. Und zweitens weiß ich, dass man damit langfristig nur Feindseligkeit schürt. Oder Kinder, die vor sich hin brummen (oder zumindest denken): »Du neurotische Mistkuh.« Und solange meine Kinder mich für eine neurotische Mistkuh halten, ist ihnen natürlich völlig egal, was ich für richtig halte. Gelingt es mir dagegen, mir ihren Respekt zu bewahren, und sei es nur ein bisschen, indem ich a) nicht die Fassung verliere, b) sie nicht manipuliere, c) sie nicht bedrohe oder beschäme und d) ihnen das Verhalten vorlebe, das ich mir von ihnen wünsche, besteht immerhin die Möglichkeit, dass sie sich mies fühlen und es nächstes Mal vielleicht besser machen.

Manchmal muss man den gegenwärtigen Augenblick der Unvollkommenheit opfern, damit es später vielleicht einen perfekten Augenblick gibt. In dieser Hinsicht könnte man die Erziehung von Teenagern als höchsten Level des Belohnungsaufschubs betrachten – ohne jede Garantie.

Ich frage Zed, ob wir als Eltern versagt haben. »Weiß sie überhaupt, was richtig gewesen wäre?« Ja, versichert er mir, das weiß sie. Sie wird sich mies fühlen.

»Hat sie keine moralische Richtschnur?«

Er beruhigt mich: »Die hat sie schon, aber die Faulheit ist stärker.«

»Woher wissen wir, dass sie eine moralische Richtschnur hat?«

Darauf er: »Du musst Vertrauen haben.«

Ich sollte es wohl ermutigend finden, dass meine Tochter sich von mir nicht so leicht einschüchtern lässt. Dass sie nicht versucht, es allen recht zu machen oder immer das Richtige zu tun. Ich sollte stolz darauf sein, dass sie so etwas ausdrücken kann wie: »Das passt mir nicht.« Sie gehört nicht zu den Menschen, die erst etwas tun und sich im Nachhinein ärgern. Vielleicht sollte ich etwas von ihr lernen. Und sie von mir – dass ich auch oft keine Lust habe, etwas zu tun, es aber trotzdem tue, weil es »richtig« ist.

Aber vielleicht muss sie auch erst selbst Mutter werden, um

zu verstehen, was »Opfer bringen« bedeutet. Ich kann ihr nicht vorwerfen, dass sie diesen weiten Weg noch nicht zurückgelegt hat. Sie ist erst sechzehn, und als ich in ihrem Alter war, hätte ich wohl auch ab und zu meinen Eltern gesagt: »Ich habe jetzt keine Lust.« Doch als das »brave Kind« in der Familie habe ich diese Möglichkeit nicht einmal ausprobiert.

Später frage ich Shannon, ob ihr bewusst ist, dass ihre Entscheidung egoistisch war. »Ja, natürlich weiß ich das«, entgegnet sie, als sei ich hier das Dummerchen.

Also bleibt mir nichts anderes übrig, als ein wenig selbstgerecht die Nase zu rümpfen und sie ihren Fernsehserien zu überlassen.

Soweit ich das beurteilen kann, habe ich meine Aufgabe hier erfüllt. Der Rest liegt nun bei ihr.

Später stecke ich den Kopf durch Jordans Tür, um ihm gute Nacht zu wünschen, und er sagt: »Drückst du mich mal?«

Ich umarme ihn, küsse ihn auf den Kopf, und er fragt: »Möchtest du meinen Traum noch hören?«

Ich bleibe ganz cool. »Nur, wenn du ihn mir erzählen willst.«

Das tut er dann auch.

Neugier ist meine größte Schwäche. Ein verräterischer Hinweis darauf, dass ich zu sehr an ihnen hänge. Wie leicht wir das Vertrauen unserer Kinder doch gewinnen oder verlieren können. Wie nervenstark wir sein müssen, um auf Empfang zu bleiben – die Ohren gespitzt, die Herzen weit offen, damit uns ihre Geschichten nicht entgehen. Liebe, Vertrauen und Respekt lassen sich nicht herbeikommandieren – sie wachsen nur durch Geduld und Offenheit, die kein bisschen klammert.

Zufällig sind das meine schwächsten Persönlichkeitsmuskeln.

16 Eve wer?

Ich habe zu Hause nicht viel Gelegenheit, über das Thema Vagina zu sprechen. Nur Zed interessiert sich für meine Ansichten dazu, und diese Unterhaltungen führen immer zum selben Ziel. Teenager wollen ihre Mütter nicht über deren Intimbereich reden hören und würden am liebsten vergessen, dass wir so etwas überhaupt haben. Trotzdem versuche ich, eine gewisse Normalität herzustellen und hier und da eine Vagina ins alltägliche Geplapper einfließen zu lassen, damit Shannon unbefangen mit diesem Wort umgehen kann und Jordan nicht die zahlreichen anderen Bezeichnungen benutzt, die bei seinen Altersgenossen so beliebt sind. Dennoch zucken meine beiden Kinder zusammen, wenn ich »Vagina« sage.

Deshalb habe ich mich sehr gefreut, als Eve Ensler vor einiger Zeit nach Sydney kam, und für Shannon und mich Karten für ihre Lesung gekauft.

»Wer ist das gleich wieder?«, fragte Shannon.

»Eve Ensler. Du weißt schon – sie hat *Die Vagina-Monologe* geschrieben.«

»Noch nie von ihr gehört«, erwiderte Shannon gähnend. »Und warum schreibt jemand über so was? Ist ja eklig.«

»Du solltest sie mal lesen«, sagte ich. »Dann findest du es vielleicht nicht mehr so eklig.«

Widerstrebend ließ sie sich von mir ins Sydney Theatre mitschleifen, wo Eve Ensler ihren einstündigen Vortrag hielt. Ich hatte Tränen in den Augen, als sie von ihrer Arbeit für die Menschenrechte überall auf der Welt sprach, vor allem über ihre Dörfer der Zuflucht, in denen Frauen Schutz vor sexueller Gewalt finden. Danach stelle ich mich in die Warteschlange, um sie endlich einmal persönlich zu treffen und mein Buch signieren zu lassen.

Shannon musterte die lange Schlange. »Ich warte draußen.«

»Möchtest du sie nicht wenigstens kurz kennenlernen?«, fragte ich. »So eine Gelegenheit bekommt man nur einmal im Leben.«

»Ach, nee. Ich hab's nicht so mit dieser ›Männer sind der Feind‹-Nummer.«

Damit wandte sie sich ab, und ich blieb allein mit meinem leicht zerfledderten Exemplar der *Vagina-Monologe* in der Schlange zurück.

Na gut, Eve Ensler war vielleicht nichts für Shannon. Aber da sie ein so künstlerischer Mensch ist, hoffte ich, dass sie von Casey Jenkins fasziniert sein würde. Auf diese Künstlerin aus Melbourne war ich zufällig bei Youtube gestoßen – sie ist durch ihre Vagina-Strickerei bekannt geworden.

Ich nahm an, dass Jenkins einer dieser begabten Menschen mit einer Behinderung sei. Ich dachte, sie sei vielleicht ohne Hände zur Welt gekommen und hätte gelernt zu stricken, indem sie die Nadeln mit ihrer Vagina hielt. (Lach nicht, ich habe auf Youtube schon einen Mann gesehen, der mit den Zehen Gitarre spielen kann.) Ich meine, wäre das nicht großartig? Aber es stellte sich heraus, dass sie sehr wohl mit den Händen strickt und auch ganz normale Wolle benutzt – ich Dummerchen. Sie benutzt ihre Vagina als Wollkorb. Sie führt Wollknäuel ein, zieht das Garn langsam wieder heraus und verstrickt es über eine Periode von achtundzwanzig Tagen. Zu einer Art Vaginaschal. Da die Vagina ein so temperamentvolles Wesen ist, das fröhliche und mürrische Tage hat, zeigen sich am gestrickten Werk ihre Launen in Textur und Farbe, darunter – sehr dramatisch – die Woche der Menstruation.

Ich konnte mich nur fragen, was meine geliebte Großmutter von dieser neuen Variante des uralten Handwerks gehalten hätte, das sie mir so geduldig beigebracht hat – mit hellrosa Wolle auf großen Kunststoffnadeln, die so schön klapperten. Ich glaube nicht, dass meine Großmutter jemals das Wort »Vagina« in den Mund genommen hat. Aber stricken konnte sie fabelhaft.

In den sozialen Medien reichten die Reaktionen auf Jenkins' Performance von »Iiiiih« über »Mir kommt grad alles hoch« und »Widerlich. Ich versteh's nicht« bis hin zu »Ich habe das Video gerade gesehen und wüsste gern, wie ich es aus meinem Kopf löschen kann«. Die Heftigkeit, mit der Abscheu und Ekel geäußert wurden, fand ich interessant. Ist es ekelhaft, wenn eine Künstlerin mit ihrem Körper experimentiert? Ist der weibliche Körper ekelhaft? Oder rührt all dieser Ekel von der Eurotophobie (Vagina-Phobie), auf die Jenkins damit ja gerade aufmerksam machen möchte – vor allem, was die Menstruation angeht?

Was ich wirklich abscheulich finde, ist die Beschneidung von Mädchen. Vergewaltigung. Frauen, die nach einer komplizierten Geburt an schrecklichen Verletzungen sterben, weil sie keinen Zugang zu Ärzten oder Krankenhäusern haben. Frauen, die ihren Körper hassen und hungern, damit er alle weiblichen Formen verliert, weil sie mit der (angeblich »ekelhaften«) Menstruation nicht klarkommen. Aber eine weibliche Künstlerin, die langsam und sanft Wolle aus ihrer Scheide zieht und damit strickt, um die Farben und Texturen ihres Körpers so zu erleben, widert mich nicht an.

Im Gegenteil, ich fand Jenkins' »Vaginaschal« *interessant*. Vielleicht sogar mutig. Sie ist ja nicht die erste Künstlerin, die sich gegen ein Tabu stemmt. Künstler haben schon oft ihren Körper als Leinwand benutzt, um solch eine Konfrontation zu erzielen. In Vito Acconcis Performance *Seedbed* in den frühen 1970ern masturbierte der Künstler unter einem gläsernen Boden, auf dem das Publikum über ihm lief. Seltsamerweise hatte das nichts Abstoßendes. 1975 zog Carolee Schneemann bei ihrer Performance mit dem Titel *Interior Scroll* eine Schriftrolle aus ihrer Vagina. Die Künstlerin Hannah Wilke bedeckte ihren Oberkörper mit hart getrockneten Kaugummis in Vulva-Form, um den selbstverständlich erotischen Blick des Betrachters zu unterbrechen und darauf zu lenken, wie Frauenkörper zum Objekt gemacht werden. Karen Finley bedeckt sich in ihren Performances mit Schokolade, und 1986 goss sie in *Yams up my Granny's Ass* eine Konservendose Yams auf ihren Hintern. In der jüngsten Vergangenheit zeichnete Andrea Fraser sich beim Sex mit einem Kunstsammler auf, der zwanzigtausend Dollar dafür bezahlte, ein Teil ihres Gesamtwerks zu werden. Da wirkt vaginale Strickkunst doch vergleichsweise zahm. Bei einem Besuch des Museum of Old and New Art (MONA) in Hobart erwarten einen lauter verstörende und provozierende Augenblicke – reichlich Gelegenheiten für ein angewidertes »Iiiiih!«.

Übertretung von Grenzen und Konfrontation mit Tabus sind häufige Themen in der Kunst. Sie zwingt uns dazu, uns mit unserer eigenen Zimperlichkeit auseinanderzusetzen. Woher kommt sie? Was sagt sie über unsere Kultur aus? Über uns persönlich? Kunst soll nicht angenehm, »hübsch« oder »brav« sein. Ihre Macht liegt darin, wie sie unsere Gedanken und Gefühle verändern kann. Vagina-Stricken mag vielen irgendwie »unangenehm« sein, aber es ist ein großartiger Aufhänger für spannende Gespräche – dachte ich zumindest.

Als ich Shannon davon erzählte, hielt die sich natürlich

prompt die Ohren zu und sagte: »Das ist so widerlich. Können wir bitte über irgendwas anderes als Vaginas reden?«

Als ich meine erste Periode hatte, verkündete mein Vater beim Abendessen unter Tränen, dass sein »kleines Mädchen nun erwachsen« sei. Ich wand mich innerlich. Was sich zwischen mir und meiner ersten Binde abspielte, ging ihn einen verdammten Scheiß an. Und wie konnte er es wagen, auch nur zu erwähnen, dass ich meine Tage hatte, geschweige denn deswegen weinen? Doch in meiner Familie war man stolz darauf, alles miteinander zu »teilen« und »unsere Gefühle auszudrücken«. Also nahm ich an, mein Widerwillen dagegen, dass diese Neuigkeit über den abendlichen Spaghetti bolognese kundgetan wurde, sei ein Anzeichen meiner Unreife. (Jetzt, als Erwachsene, ist mir klar, dass ich damals immerhin schon eine Ahnung davon hatte, was Grenzen und Privatsphäre sein könnten.)

Aus einem Körperteil zu bluten, das man nicht sehen kann, ist eine Privatangelegenheit und erfordert keineswegs die Unterstützung einer Selbsthilfegruppe oder sonst irgendwelcher Zusammenschlüsse. Demonstrative Fröhlichkeit angesichts von Blutungen, die – seien wir doch mal ehrlich – alle möglichen körperlichen und sexuellen Abenteuer verderben, teure Laken aus ägyptischer Baumwolle ruinieren und einem obendrein Krämpfe bescheren ... Nun ja, mir kam diese Fröhlichkeit ziemlich aufgesetzt vor.

Doch dann, mit Mitte zwanzig, ging ich unter die Feministinnen und lernte Frauen kennen, die besondere »Zyklus-Zeremonien« abhielten und die »Menses« als heilig ansahen (wer nennt eine Periode auch »Menses«, Herrgott noch mal?). Ich erfuhr, dass wir, wenn wir bluten, Energie verlieren und »Anhaftung loslassen« und Gebete und Verbindung mit dem Heiligen bräuchten, um zu verhindern, dass sich die Gebärmutter mit »Negativität« füllt. Ich konnte diese Vorstellungen nie so recht auf meinen eigenen Menstruationszyklus übertragen, beschloss aber, diesen Mangel bei meiner eigenen Tochter wieder wettzumachen. Ich stellte mir vor, dass an jenem besonderen Tag irgendein tiefes, wortloses Band zwischen uns entstehen würde. Ich wollte sie mit Rosenblüten bedecken und ihr etwas von meinem ererbten Familienschmuck schenken.

Aber ich muss euch vorwarnen: Unsere Pläne für den großen Tag, an dem unsere jugendliche Tochter ihre erste Periode bekommt, könnten sich nie erfüllen. Keine »Vereinigung der Blutenden«, kein Austausch über große Gefühle, die beste Tampon-Marke und die saugfähigsten Binden. Deine Tochter wird dich womöglich gar nicht wissen lassen, dass sie ihre Periode hat. Oder sie will nicht darüber reden. Vielleicht lässt sie sich lieber von ihren Freundinnen beraten, wie man einen Tampon einführt, und lässt dich einfach außen vor. Man muss auf alle Eventualitäten vorbereitet sein.

Als ich Shannon von meinen Plänen für eine besondere Feier erzählte, mit Kerzen und Räucherstäbchen und Freundinnen, die sie mit Geschenken im Kreis der Frauen aufnehmen würden, verzog sich ihr Gesicht zu einem Ausdruck peinlich berührten Grauens. »Wag es ja nicht«, sagte sie. Ich war am Boden zerstört. Ich hatte gehofft, die feministische Haltung ihrer Mutter könnte ihre Psyche geprägt haben wie meine Gene ihre DNA.

Doch im Nachhinein wurde mir klar, dass für eine Dreizehnjährige Feminismus ebenso unbegreiflich ist wie das Gebären. Politische Haltung entsteht nun mal nicht durch Osmose. Die Periode ist auch kein politischer Vorgang, sondern ein biologischer. Sie ist biologisch diskriminierend, ob deine Mutter – und du selbst – das so sieht oder nicht. Essays wie Gloria Steinems »If Men Could Menstruate«, ganze esoterische Frauenzirkel, die in die Erde bluten, oder afrikanische Stämme, die den Beginn der Menstruation feiern – all das ändert nichts daran, dass seine Tage haben einfach nicht lustig ist. Vor allem für die Person, die blutet.

Shannon entpuppte sich als Person, die so etwas mit sich ausmacht. Sie differenziert sich nach Kräften aus, ohne es überhaupt zu merken, und zieht klare, strenge Grenzen. Ich musste einsehen, dass es bei dem, was mit ihr geschieht, nicht immer auch um mich gehen kann.

Außerdem erklärte sie mir, dass ich ihr mit einem Kapitel, in dem ihr Name wiederholt im selben Satz wie das Wort »Menstruation« vorkommt, genau dasselbe antue, was mein Vater damals mir angetan hat. Nur eine Million mal schlimmer.

Was ziemlich krass klingt. Aber wahrscheinlich stimmt.

Dazu kann ich nur sagen: »Dad, ich vergebe dir«, und hoffen, dass sie auch eines Tages mir vergeben wird.*

---

* Shannon hat das gesamte Manuskript gelesen und ihr Okay gegeben, ehe ich es an den Verlag abgeschickt habe. Nur, damit das klar ist.

17 Das Recht auf Rüpelhaftigkeit

Ich atme tief durch. Mehrmals. Angeblich beruhigt tiefes Atmen das parasympathische Nervensystem, und ich brauche eine Menge Beruhigung. Am Telefon beschreibt mir gerade Jordans Französischlehrerin seine vielfältigen und originellen Variationen der Rüpelhaftigkeit ihr gegenüber.

»Er hat zu mir gesagt, ich hätte mit dieser Stunde die Zeit der Klasse verschwendet.«

Ich entschuldige mich wortreich. Ich versichere ihr, dass »sein Vater und ich mit ihm reden« würden. Ich verspreche sogar vage, ihn zu bestrafen. Und danke ihr für ihre Geduld.

Als Jordan nach Hause kommt, seufze ich und sage: »Ich habe es satt, ständig E-Mails und Anrufe von deinen Lehrern zu bekommen. Benimm dich.«

»Kann ich dir erst mal meine Seite der Geschichte erzählen?«

»Es ist mir cgal, wic dcinc Scitc aussicht, MACH EINFACH KEINEN ÄRGER.«

»Das ist dieses Jahr doch erst das dritte Mal oder so!«, brüllt er. »Was erwartest du denn?«

»Ich erwarte kein Mal«, erwidere ich. »Du bist alt genug, dich nicht ständig in Schwierigkeiten zu bringen.«

»Tja, ich bin eben nicht perfekt«, faucht er. »Tut mir leid, ich bin nur ein normaler Mensch. Wir können nicht alle so perfekt sein wie du.«

»Ich bin nicht perfekt«, sage ich automatisch und suche nach Beispielen für meine eigene Fehlbarkeit.

»Na klar bist du das. Nenn mir nur einen Punkt, in dem du nicht perfekt bist.«

Mein Zögern macht ihn erst richtig wütend, und er knallt seine Zimmertür hinter sich zu.

Schäumend werkele ich in der Küche herum. Um ehrlich zu sein, ist das so ein wunder Punkt: Ich bin leicht in Verlegenheit zu bringen. Irgendwo tief in mir drin wünsche ich mir, dass andere Leute von meinen Kindern als »freundlich«, »wohlerzogen« und »höflich« sprechen. Warum? Weil die Leute davon ausgehen, dass die Rüpelhaftigkeit meiner Kinder nur eine Folge meines jämmerlichen Versagens als Mutter sein kann. Eine direkte Konsequenz meiner Unfähigkeit, nein zu sagen oder ihnen Werte und gute Manieren zu vermitteln. Die Leute glauben, wenn ein Kind sich respektlos benimmt, dann hätten die Eltern ihm keinen Respekt beigebracht. Die Vorstellung, was diese Französischlehrerin hinter meinem Rücken sagen könnte – und auch noch auf Französisch –, ist mir ganz schrecklich.

Ich hole die Schnitzel aus dem Kühlschrank und hämmere sie platt. *Verdammt noch mal*, koche ich innerlich.

Während ich die Schnitzel brate, erinnere ich mich an eine Reise nach Malawi, die ich vor vielen Jahren mit meinem damaligen Freund unternommen habe. Wir lernten einen jungen Mann namens Binos kennen und bezahlten ihn dafür, dass er uns in einem Einbaum auf den Malawisee hinausfuhr. In die Seite des ausgehöhlten Baumstamms waren die Worte »Lass sie reden« geschnitzt. Wir fragten Binos, was genau damit gemeint sei. Er erklärte uns, dass man in dieser Gegend von Malawi vom Fischfang lebt. Um ein erfolgreicher Fischer zu sein, braucht man einen Einbaum. Einen Baum, aus dem man so ein Boot fertigt, muss man für viel Geld von der malawischen Regierung kaufen. Und diejenigen, die reich genug sind, sich diesen Baum zu kaufen, wissen genau, was die Leute hinter ihrem Rücken über sie sagen werden: »Der Mann ist reich.« *Lass sie reden.*

Die Erinnerung daran bringt mich zum Lächeln.

Als ich die Schnitzel aus der Pfanne auf ein Stück Küchenpapier lege, frage ich mich auf einmal, wie wichtig es denn wirklich ist, was Jordans Französischlehrerin von ihm denkt. Kann es mir nicht eigentlich am Allerwertesten vorbeigehen, ob sie mich für die schlechteste Mutter aller Zeiten hält?

Ich nehme mir die Kartoffeln vor und denke an Keith, einen Mann, den ich mit Mitte zwanzig kennenlernte. Keith war ein perfekter Gentleman – ernsthaft. Er stand pünktlich vor meiner Tür, gut gekleidet und frisch geduscht. Er bezahlte im Restaurant für mich und hatte makellose Manieren. Ja, in seiner Anwesenheit schämte ich mich beinahe meiner eigenen Tischmanieren, und es fiel mir schwer, eine gute Unterhaltung mit ihm zu führen – er war so reizend, höflich, friedfertig, politisch korrekt. Ich ging genau ein Mal mit ihm aus. Himmel, es wäre unterhaltsamer gewesen, diesen Abend mit Kartoffelschälen zuzubringen.

Mir kommt der Gedanke, dass Jordan ganz und gar nicht langweilig ist. Dass es ganz schön Mut erfordert, einer Lehrerin zu sagen: »Sie haben mit dieser Stunde die Zeit der Klasse verschwendet.«

Während ich die Karotten schnippele, stelle ich mir vor, wie Jordan sich immer mehr aufregt und dann kein Blatt mehr vor den Mund nimmt. Ich weiß, wie grob er sein kann. Und das ist nicht in Ordnung. Aber sein Aufstand hat auch etwas ... Mutiges. Er wird jedenfalls nie wie Keith.

Ich frage mich unwillkürlich, ob ich nicht in Wahrheit ein Kind haben will, das einfach »tut, was ihm gesagt wird«. Was für einen Menschen würde ich denn großziehen, wenn er nie seine

Meinung sagen würde? Wenn er nur den Schwanz einziehen und gehorchen würde, sobald jemand mit Autorität den Zeigefinger hebt? Er würde werden wie Keith. Ich habe doch nicht im Schweiße meines Angesichts Kinder geboren, um Keiths großzuziehen.

Natürlich wäre es einfacher und viel weniger anstrengend für mich, aber eigentlich will ich gar nicht, dass meine Kinder meine Weltsicht übernehmen, ohne sich die Mühe zu machen, sie selbst zu begreifen. Ja, ich könnte ihnen meine Überzeugungen in den Rachen stopfen und sie zwingen, alles Mögliche so zu machen, wie ich es für richtig halte. Aber das würde ihnen kaum dabei helfen zu werden, wer sie sein wollen. Ich habe mich gegen das Glaubenssystem meiner Eltern aufgelehnt. Ich wollte nicht so sein wie sie. Ich bin mit nichtjüdischen Jungs ausgegangen, während mein Vater gerade eine besonders orthodoxe Phase hatte. Ich habe angeblich Schande über meine Familie und meinen Vater vor seinen Freunden in schreckliche Verlegenheit gebracht. Warum? Weil ich mein Leben gelebt habe und nicht seines. Ich will, dass meine Kinder selbständig denken und sich in der Welt zurechtfinden.

Während ich den Salat wasche, wird mir klar, dass Bravsein nicht zu meinen Werten passt. Meine Kinder sollen das Rückgrat und die Kraft haben, Autoritäten die Stirn zu bieten, statt sich einschüchtern zu lassen – den Mund aufzumachen und für sich einzutreten. Diese Persönlichkeitsmuskeln trainieren sie durch Trotz und Auflehnung. Und wir sind das Fitnessstudio.

Je länger ich darüber nachdenke und mich daran erinnere, wie kleinlich und latent tyrannisch viele Lehrer mit ungelösten Machtproblemen sein können, desto weicher werde ich. Bis das Abendessen fertig ist, habe ich mich in Sachen Französischlehrerin um 180 Grad gewendet.

Ich klopfe an Jordans Zimmertür.

Ich sage ihm, wie mutig ich es finde, dass er es frei heraus sagt, wenn eine Lehrerin ihn frustriert. Ich lege ihm nahe, dass es manchmal eine gute Idee ist, seine Gedanken aufzuschreiben, ehe man sie ausspricht, damit man sich vorher überlegen kann, ob man dafür Ärger bekommen wird. Ich sage ihm, dass es mir nichts ausmacht, wenn er solchen Ärger kriegt, aber sein Leben um einiges ärmer sein wird, wenn er nachsitzen muss und das Basketball-Training versäumt. Manchmal, so erkläre ich ihm, bringt uns nicht das in Schwierigkeiten, *was* wir sagen, sondern die Art, *wie* wir es sagen. Und ich erinnere ihn daran, dass sein Mut zur Wahrheit eine seiner größten Stärken ist, man aber auch lernen sollte, strategisch geschickt vorzugehen. Lehrerinnen, die uns mögen, stehen auf unserer Seite. Diejenigen, die uns nicht mögen – nicht. Die Schule überlebt man am ehesten, wenn man dafür sorgt, dass man so viele Leute wie möglich auf seiner Seite hat. Eines Tages, erkläre ich ihm, gerät er vielleicht in eine solche Auseinandersetzung mit einem Polizisten oder Türsteher, und dann könnten ehrliche, aber unbedachte Worte sehr viel unangenehmere Folgen haben als ein bisschen Nachsitzen.

Er nickt. Ich sehe ihm an, dass er das nachvollziehen kann.

»Siehst du, dass ich nicht perfekt bin?«, schließe ich. »Ich bin wütend auf dich geworden, und das war nicht richtig. Es tut mir leid.«

»Ich vergebe dir«, sagt er und wird dabei ein Stückchen größer.

»Sehr großzügig von dir«, entgegne ich. »Und du musst trotzdem eine schriftliche Entschuldigung an deine Französischlehrerin schreiben.«

18 Schlank gleich Liebe

Ich war nicht immer perfekt, ich gebe es zu.

Als Teenager war ich weder hübsch noch dünn.

Natürlich wünschte ich mir beides und versuchte alles Mögliche. Aber Tatsache war nun mal: Ich hatte »starke Knochen« und eine große Nase. Mein Vater versicherte mir zwar, dass ich vielleicht nie Model werden würde, aber »eine Menge andere Dinge«. Mit vierzehn fragte ich mich, ob man meine Hässlichkeit nicht mit ein paar Schönheits-OPs bezwingen könnte. Wenn ich hübsch und schlank wäre, würde James Kringle mich ganz bestimmt mit Zunge küssen wollen, und als Teenager war das jahrelang mein höchstes Bestreben.

Ich hatte ein geheimes Album, in das ich Bilder von Models aus diversen Zeitschriften einklebte. Ich hatte eine Seite für Beine, eine für Brüste, Seiten für Oberschenkel und Gesichter. Wundersamerweise habe ich diese Zeit überlebt, ohne mich zum Zweck der Gewichtsabnahme freiwillig zu übergeben. Ich habe auch nie ernsthaft daran gedacht, einen Bandwurm zu schlucken. Meine Mutter ging sehr vernünftig mit dem Thema um: »Iss alles, in Maßen.« Mein Dad sagte mir, ich sei »apart« und »intelligent« und »etwas Besonderes«, was Eltern eben so zu ihren übergewichtigen Teenagern sagen. Mich überzeugte er damit nur umso mehr davon, dass er es einfach nicht kapierte. James Kringle stand auf hübsch und schlank.

Ich war nie das Objekt heimlicher Besessenheit meiner Schulkameraden. Ich bekam am Valentinstag nicht – wie Leonie

Wells – einen Haufen Karten von einer ganzen Fußballmannschaft heimlicher Bewunderer. Ich beobachtete so etwas quasi vom Spielfeldrand aus und fragte mich, ob eine Nasenkorrektur mich vielleicht ins Rennen bringen könnte (in den Achtzigern war eine Nasen-OP ein begehrtes Geschenk, das Eltern ihren Töchtern zum Schulabschluss machten). Da schlank und hübsch aber außer Reichweite waren, blieb für Mädchen wie mich nur noch »klug«. Also konzentrierte ich mich ganz darauf, und wie mein Vater versprochen hatte, wurde ich alles Mögliche andere: Fulbright-Stipendiatin. Anwältin. Aktivistin.

Ich lernte die Verzweiflung zu hassen, mit der Frauen stereotype kulturelle Schönheitsideale durch Magersucht, Silikonbrüste und Schamlippenkorrektur zu erfüllen versuchen. Viele Frauen sagen zwar, dass sie lieber als intelligent denn als schön gelten möchten, in Wahrheit wünschen die meisten von uns sich aber beides. Von dieser traurigen Verallgemeinerung schließe ich mich selbst nicht aus, obwohl Alter und Reife meinen Schönheitswahn ziemlich verdünnt haben.

Nur zum Beweis, wie weit ich es schon gebracht habe: Neulich bin ich in Hausschuhen einkaufen gegangen. An der Kasse sagte der Mann hinter mir: »Nette Hausschuhe.«

»Es ist mir egal, was die Leute von mir halten, ich bin verheiratet«, sagte ich und hob die Hand mit meinem Ehering.

»Na, ein Glück.« Er nickte.

Aber es ist viel leichter, eine übergewichtige, unattraktive Frau mittleren Alters zu sein, als ein übergewichtiger, unattraktiver Teenager. Das liegt daran, dass Teenager noch nicht aufgegeben haben. Und sie sind noch dem Presslufthammer der Beliebtheit ausgesetzt.

Es ist sehr befreiend, wenn man im mittleren Alter begreift, dass Beliebtheit eine Teenager-Illusion ist. Eine Art Kraftfeld, das eigentlich schon an dem Tag erlischt, an dem man den Abschluss geschafft hat. Die Highschool bringt diese Arena hervor, in der wir eingeschlossen und der Diskriminierung ausgeliefert sind – der Meinung unserer (oft dämlicheren, zickigen, mobbenden) Mitschüler, die zum Maßstab unseres Selbstbewusstseins wird.

Als Shannon in der Grundschule gemobbt wurde, fragte sie mich eines morgens beim Frühstück: »Mum, was macht einen beliebt?«

Ich hatte keine Ahnung. Ich dachte an meine eigene Schulzeit zurück – wer damals die beliebten Kinder waren. Gutes Aussehen schien nicht der ausschlaggebende Faktor zu sein. Nicht einmal herausragende sportliche Leistungen. Intelligenz schon gleich gar nicht. Eines der beliebten Mädchen hatte die dicksten Knöchel und Waden der ganzen Schule. Eine andere Beliebtheitskönigin hatte Sommersprossen und rotes Haar und rauchte eine Menge Gras. Gemeinheit und Zickigkeit spielten bei einigen eine Rolle. Ein paar beliebte Kinder waren aber auch ganz anständig – auf eine etwas unzuverlässige Art. Sie waren nett, blieben aber unter sich. Manchmal öffneten sie sich auch für andere, dann waren sie aber nicht sonderlich nett. Manche waren witzig, andere ständig in Schwierigkeiten, weil sie gegen die Kleiderordnung verstießen oder Lehrern freche Antworten gaben.

Ich googelte »Was macht beliebt?« und fand unter anderem diese Antworten von Teenagern:

- *»Wenn man sexy ist.«*
- *»Jungfrau sein.«*
- *»In welcher Mannschaft man spielt.«*
- *»Mit wem man in der Cafeteria sitzt.«*
- *»Mit vielen Jungs was haben.«*

- *»Gutes Aussehen.«*
- *»In allem toll sein.«*
- *»An meiner Schule: Drogen verkaufen.«*
- *»Cool sein.«*

Na, wie gut, dass ich da Klarheit schaffen konnte.

Beliebtheit ist ein selbstbezügliches System ohne Regeln und mit einer eigenen, oft widersprüchlichen Logik, die sich immer im Kreis dreht: Jungfrau sein *und* mit vielen Jungs was haben? »Cool« und »toll« haben keinerlei erkennbare Koordinaten. Die Bedeutung dieser Worte wird von einer bestimmten Gruppe – zu einer bestimmten Zeit, an einem bestimmten Ort – quasi beliebig festgelegt. Beliebtheit ist ein geschlossenes System, wie die Mafia. Es stimmt einfach nicht, dass wir uns nur mit einer engen Lederhose und einer Zigarette in der Hand als Sandy stylen müssten, damit Danny Zuko mit uns ausgehen will.

Beliebtheit, definiert und diktiert von Gleichaltrigen, ist deshalb so schadensträchtig, weil das Gehirn von Jugendlichen genau zu dieser Zeit darauf ausgerichtet ist, sich um jeden Preis dem Rudel anzuschließen und dazuzugehören. Und das funktioniert auch – für eine kleine In-Group. Für die übrigen Teenager ist Beliebtheit ein tyrannisches Klassensystem gnadenloser Diskriminierung, das auf unmessbaren Privilegien beruht – mal von »Coolness«, mal von Schönheit verliehen.

Bei Tumblr fand ich diese Beiträge von Teenagern, die ihren Schmerz über den »Schönheitsbonus« und Gewichtsdiskriminierung ausdrücken:

»Schönheitsbonus bedeutet, dass man sich selbst in einem Bruno-Mars-Video sehen kann.«

»Ich kann nicht mal Selfies posten – schöne Menschen sind ätzend.«

»Wer den Schönheitsbonus hat, kann einen Vibrator kaufen, ohne dass die Leute das eklig finden.«

»Manchmal frage ich mich, wie mein Leben aussehen würde, wenn ich eines von den hübschen Mädchen wäre. Ich stelle mir das vor, und es bricht mir das Herz: Ich könnte so viele Schönheits-OPs machen lassen, wie ich will, ich werde nie aussehen wie ein Model, nie mehr Trinkgeld als weniger hübsche Bedienungen bekommen, und was Attraktivität noch alles an Vorteilen bringt. Diese Welt hasst hässliche Menschen so sehr. Mir fällt nichts in den Schoß. Ich muss für jede verdammte Kleinigkeit hart arbeiten, und ihr kotzt mich an, wenn ihr so eure Selfies postet. Ich kann keine Selfies posten, weil meine Bilder niemand bemerken würde. Und wenn doch, dann gäbe es grausame Kommentare. Ich habe es satt, diskriminiert zu werden.«

Mandy Goldstein, eine zierliche Frau mit herzlich warmen Augen, trifft sich mit mir in einem Café in der Nähe ihrer Praxis. Ich möchte mich mit ihr über Magersucht unterhalten. Das ist ihr Spezialgebiet als Psychologin. Ich muss zugeben, dass ich von meiner Recherche noch ziemlich fertig bin – die letzten paar Tage habe ich hauptsächlich auf den Websites von »Pro-Ana« (Anorexie) und »Pro-Mia« (Bulimie) verbracht. Ich frage Mandy, wie sie auf Patientinnen reagiert, die glauben, dass »Magersucht ein Lebensstil ist und keine Krankheit«. Oder die sagen: »Ich will nur diese paar Worte hören: ›Hast du abgenommen?‹« Wie hilft sie Menschen, deren Leben von der so genannten »Thinspiration«-Pyramide beherrscht wird? Das ist eine Info-Grafik, ein Dreieck mit Wasser ganz unten (8–10 Gläser), darüber einem Haufen Diätpillen (3–5 Tagesdosen) und Diät-Limonaden (2–4 Gläser), gefolgt von Zigaretten (2–3 pro Tag) und Kaffee (2–3 Tassen) und schließlich der schmalen Spitze mit Essen und der Mengenangabe »sparsam verwenden«.

Ich meine, das ist krank, oder?

»Das ist so verstörend, dass ich diese Websites nicht einmal überfliege«, gesteht sie mir.

Das ist auch nicht nötig. Sie sieht täglich junge Menschen, die nicht essen, damit sie sich »nicht immer so ekelhaft finden« und »Jungen mich hochheben und die Arme um eine ganz schlanke Taille schlingen oder mich auf den Schoß nehmen können«. Sie sind davon besessen, dass sich im Sitzen kein noch so kleines Speckröllchen zeigen darf, dass ihr Gesicht ja nicht »dick« aussieht oder ihr »Bauch über den Hosenbund hängt«. Sie hungern nach der berühmten Lücke zwischen den Oberschenkeln, die sich nicht berühren sollen. Und das ist keine Redewendung. Die genauen Ursachen dieses Wahns sind kaum festzustellen, aber klar ist, dass megaschlanke Promis, die Medien und die Modebranche es ganz einfach machen: dünn ist gleich schön. Aber trotzdem ... sich aushungern?

»Warum entwickeln manche Menschen eine Magersucht oder Bulimie und andere nicht?«, frage ich Mandy. »Gibt es irgendeinen Zusammenhang mit dem Verhalten der Eltern – zum Beispiel überkritischen Vätern oder Müttern, die selbst von ihrem Gewicht besessen sind?«

»Bei der Behandlung von Essstörungen lasse ich solche Annahmen außen vor«, erklärt Mandy. »Niemand ist schuld. Natürlich gibt es oft Verhaltensweisen oder Muster in der Familie, die zu der Erkrankung beigetragen haben könnten – wie etwa eine Mutter, die eine Diät nach der anderen macht, extreme Vorstellungen über Essen oder Gesundheit, fanatisch betriebener Sport, ein übergewichtiger Elternteil und so weiter.

Aber wenn Eltern das Gefühl haben, an der Erkrankung schuld zu sein, sind sie wie gelähmt. So von den eigenen Gefühlen der Schuld, Reue und so weiter beherrscht, dass sie handlungsunfähig werden können. Wir brauchen aber aktive, starke Eltern, die das Durchhaltevermögen haben, sich der Essstörung zu stellen. Sie müssen dafür sorgen, dass der Patient sich an den Behandlungsplan hält, und ihrem Kind helfen, wieder gesund zu werden. Schuldzuweisungen an die Eltern gibt es also nicht, aber wir nehmen sie in die Verantwortung – sie müssen ihr Kind unterstützen.«

Ich finde es großartig, dass dieser Ansatz Eltern nicht die Schuld gibt, sie aber trotzdem zwingt, stärker zu werden.

Mandy arbeitet nach der sogenannten Maudsley-Methode. Diese familienbasierte Therapie für magersüchtige Jugendliche wurde von James Lock, Daniel le Grange, Ivan Eisler und Christopher Dare entwickelt. Sie betrachtet die Essstörung nicht als Ausdruck dysfunktionaler Phänomene in der Familie, sondern als *Krankheit*, wie Diabetes, Schizophrenie oder Krebs. Die Familie ist ein Teil der *Lösung*, mit der die Essstörung besiegt werden soll.

Nach meinem Gespräch mit Mandy recherchiere ich die Maudsley-Methode. Je mehr ich darüber lese, desto deutlicher wird mir, wie unglaublich hilfreich sie ist – und nicht nur bei der Behandlung von Essstörungen. Eltern bekommen die Möglichkeit, ihren Kindern aktiv bei der Lösung ihrer Probleme zu helfen. Die Methode stärkt uns darin, uns zu engagieren, statt uns mit Schuldgefühlen selbst zu quälen. Sie zeigt uns, wie wir das tun können, was notwendig ist, damit unsere Kinder mit uns verbunden bleiben, geliebt und im besten Sinne menschlich. Viele von uns geben auf, wenn wir das Gefühl haben, unsere Kinder hätten uns ausgeschlossen. Wir kommen uns überflüssig vor, und so verhalten wir uns auch. Wir krempeln nicht die Ärmel hoch. Wir untersuchen nicht näher, was hinter verschlossenen Türen vor sich geht. Wenn wir hören »Das geht dich nichts an«, geben wir nach und weichen zurück.

Wir lassen unsere Kinder los, und damit lassen wir sie im Stich.

Die klinische Psychologin Dani Klein ist der Ansicht, dass unsere Kinder eine Generation ängstlicher, trauriger und einsamer Teenager sind.

»Noch mehr als frühere Generationen?«, frage ich.

Sie bestätigt das. Wir sprechen darüber, inwieweit das Leben vor so vielen Bildschirmen zu ihrer Isolation beiträgt. Einerseits sind sie ständig »online« verbunden, scrollen, lesen, chatten und versuchen, »Likes« zu sammeln – offenbar die einzige Möglichkeit festzustellen, ob die anderen einen überhaupt wahrnehmen. Ihre Fähigkeit, sich emotional auf andere einzulassen, ist hingegen unterentwickelt. Unsere Kinder haben zu wenig Gelegenheit, Körpersprache und andere nonverbale Signale lesen zu lernen. Schon zum Telefon zu greifen und einen anderen Menschen »live« anzurufen, scheint manchmal schon zu viel verlangt – es ist doch viel einfacher, eine SMS oder Chatnachricht zu schicken.

Ein Leben, das hauptsächlich über Social Media stattfindet, verflacht die komplexe menschliche Kommunikation, fördert Ängste und ruiniert die Selbstachtung. Mädchen suchen stundenlang nach dem perfekten Foto, ehe sie eines posten, und messen ihre Beliebtheit dann daran, wie viele »Likes« sie dafür bekommen. Unsere Teenager vergleichen sich ständig mit anderen und versuchen, sich eine perfekte mediale Identität zu schaffen, die auf dem Laufsteg der Online-Profile bestehen kann.

Ich frage Dani auch, warum Mädchen sich ritzen. (Das scheint unter Mädchen verbreiteter zu sein als unter Jungen.)

»Um den inneren Schmerz zu betäuben. Das ist eine Form

des Ausagierens. Es geschieht hinter verschlossenen Türen und ist ein körperlicher, sichtbarer Ausdruck von tiefem seelischem Leid«, erklärt sie. »Diese Mädchen fühlen sich haltlos, verlassen, mit nichts verbunden und haben das Bedürfnis, mit Extremen zu experimentieren.«

Dani erzählt mir, dass Ritzen und Essstörungen überwiegend in wohlhabenderen Gesellschaftsschichten auftreten. Kinder, die materiell verwöhnt aufwachsen, fühlen sich oft emotional vernachlässigt und leer. Ihre Eltern sind erfolgreiche Top-Verdiener – meist arbeiten beide –, die mit ihren Kindern einmal im Jahr eine teure, möglichst exotische Urlaubsreise unternehmen, um ihre Abwesenheit das restliche Jahr über wettzumachen.

Wenn Jungen unter solchen Gefühlen leiden, ziehen sie sich oft zurück, erklärt Dani. Sie internalisieren ihren Schmerz, statt ihn zu externalisieren. Oft greifen sie zu Drogen oder Alkohol.

Sowohl Ritzen als auch Essstörungen sind selbstverletzende Verhaltensweisen. Manchmal drücken sie Angst vor dem Erwachsenwerden aus. Essstörungen entstehen oft dadurch, dass Mädchen nicht zur Frau werden wollen und lieber androgyn bleiben, weil Magerkeit die normale körperliche Reifung aufhält. Mädchen ritzen sich, um inneres Leid zu lindern, und entstellen ihren Körper, wenn sie sich davor fürchten, zur Frau zu werden. Doch wenn die Essstörung oder Selbstverletzung erst in der jugendlichen Psyche Fuß gefasst haben, können sie zur Sucht werden.

Traurig verlasse ich Danis Praxis. Ich grübele über das sozial und emotional verzerrte Universum nach, in dem unsere Kinder vorübergehend leben. Und was unsere Verantwortung als Eltern in dieser Zeit der Veränderungen von uns verlangt. In diese Rolle können wir uns nicht faul hineinfläzen wie in einen Sessel. Kinder zu bekommen ist keine Entscheidung wie etwa die, sich eine Topfpflanze anzuschaffen, obwohl man keinen grünen Daumen hat, weil man sich eines Tages einbildet, ein bisschen Grün würde sich im Wohnzimmer gut machen. Man kann sich eine Zimmerpflanze aussuchen, die man auch mal wochenlang vergessen kann, die den Sommerurlaub ohne Gießen übersteht und im Allgemeinen still vor sich hin photosynthetisiert oder was Pflanzen sonst so tun.

Aber wir können uns kein solches Kind aussuchen.

Ein Kind ist kein Kaktus. Kinder brauchen unsere Aufmerksamkeit wie Licht und Wasser. Sogar als Teenager. Uns zu ignorieren ist ihr Recht. Aber wir dürfen diese Haltung nicht erwidern. Uns muss bewusst sein, wie sehr sie leiden, wenn wir sie ignorieren oder vernachlässigen.

Ich schlage keineswegs vor, dass wir in vor-feministische Zeiten zurückfallen, als man von Müttern erwartete, ihr eigenes Leben aufzugeben, zu Hause zu bleiben und die Kinder großzuziehen (schließlich überleben manche von uns das Elternsein nur, weil wir auch noch ein Leben außerhalb des Hauses haben). Mutter oder Vater zu sein ist sehr viel schwerer, als es von außen betrachtet aussieht. Wenn wir sie erst einmal bekommen haben, sind Kinder kein Fehler, der wieder in Ordnung zu bringen wäre, kein Job, den wir kündigen könnten, nicht einmal wie eine Ehe, in der man sich auseinandergelebt hat. Sobald wir Kinder haben, bleibt uns nichts anderes übrig, als unsere Mama-Dehnbundhose hochzuziehen oder den Papa-Anzug zurechtzurücken und verdammt noch mal für sie da zu sein: mit ihnen herumzuhängen, auch wenn es ihnen auf die Nerven geht, mit ihnen zu reden, auch wenn sie nicht antworten. Es ist unsere Pflicht, wenigstens ab und zu da zu sein, wenn sie aufwachen oder ins Bett gehen. Unsere körperliche und emotionale Präsenz kann den Teufelskreis ihres verzerrten Daseins in der

Online-Welt brechen und die Angst, Traurigkeit und Einsamkeit lindern, die sie dazu bringen, eher zur Rasierklinge zu greifen als sich in den Arm nehmen zu lassen.

Ein paar Tage nach diesem Gespräch liege ich mit Shannon am Strand. Wir unterhalten uns über einige ihrer Mitschülerinnen, die Probleme mit ihrem Essverhalten und ihrer Körperwahrnehmung haben. Sie erzählt mir, dass ein paar von ihnen sich sogar ritzen.

»Ich glaube, ich werde mir auch mal einen Bikini kaufen«, sage ich nach einer Pause, während ich faul herumliege und den Blick über die Formen all jener gleiten lasse, die so etwas tragen.

»Klar, warum denn nicht?«

»Na ja, mein Bauch, und die Oberschenkel ... du weißt schon«, sage ich, obwohl mir bewusst ist, wie katastrophal das vom pädagogischen Standpunkt her ist. Wenn ich mir wünsche, dass sie ihren Körper liebt, muss ich ihr das vorleben und meinen Körper lieben, und das tue ich ja auch, ehrlich, nur ... na ja, ich könnte ihn noch etwas mehr lieben.

»Weißt du, was man braucht, damit man einen Bikini tragen kann?«, fragt Shannon.

»Einen flachen Bauch? Knackpo? Keinen Zentimeter Orangenhaut?«

»Einen Körper. Jeder darf doch einen Bikini tragen, ohne dafür kritisiert zu werden.«

Als ich diese Worte aus dem Mund meiner sechzehnjährigen Tochter höre, schöpfe ich so etwas wie ... Hoffnung.

Ich spüre, wie er mich überkommt, und ich leiste keinen Widerstand. Ich lasse mich hineinsinken, aale mich darin und genieße ihn in vollen Zügen: den *Naches*, dass dieses Mädchen, *dieses* Mädchen *meine* Tochter ist.

19 You Drive Me Crazy

Die Handbremse langsam lösen«, sage ich. Shannon streckt die Hand aus. Ums Handgelenk trägt sie dieses Kettchen aus bunten Totenschädeln, das ich absolut gruselig finde, aber sie liebt es. Sie löst die Handbremse.

»Laaaaangsam …« Das leichte Quietschen in meiner Stimme gefällt mir nicht.

»Alles in Ordnung?«, fragt sie.

»Na klar«, zwitschere ich. »Schau du nur auf die Straße.«

»Mum, wir sind auf einem Parkplatz!«

»Es könnten trotzdem andere Autos in der Nähe sein. Fühl dich nie zu sicher.«

»Du machst mich wahnsinnig«, sagt sie. »So lerne ich das Autofahren nie.«

Ich verkneife mir meine spontane Reaktion, nämlich: »Das wäre mir auch lieber.«

Sie ist erst sechzehn. Meine langjährige Übung als ihre Mutter hat mich in keinster Weise auf diesen Moment vorbereitet. In all den Jahren, in denen ich mich um sie gekümmert, sie beobachtet, sie still und innig geliebt habe, ob voller Bewunderung oder Frust, habe ich den Gedanken an meine Tochter am Steuer eines Autos nie zugelassen. Wenn ich mich nicht sehr beherrschen würde, könnte ich jetzt beinahe versprechen: »Ich fahre dich, wohin du willst, egal wann, für immer.« Ich wäre psychotisch genug, das zu tun, dessen bin ich sicher. Ich muss all meine Kraft zusammennehmen und mir vor Augen führen, wie wichtig es ist, unabhängig zu werden. Ich muss mich zu einem Lächeln zwingen, damit sie sieht, wie sehr ich mich für sie freue, weil sie bald frei sein wird, frei von mir auch in Dingen, auf denen mittlerweile meine Identität gründet.

In den letzten Jahren habe ich stets und ständig über die Herumkutschiererei gestöhnt. Sie hierhin und dahin fahren. Zu dieser Theaterprobe und jenem Museum. Zu Konzerten, Einkaufszentren und dieser Freundin, die auf der anderen Seite der Brücke wohnt – *warum kannst du dir keine Freundinnen suchen, die näher bei uns wohnen?* Dann entdeckte sie den öffentlichen Nahverkehr. Im ersten Jahr, in dem sie allein mit dem Bus fuhr, musste sie mir eine SMS schreiben, wenn sie in einen Bus einstieg und wenn sie wieder ausstieg. Dazwischen machte ich mir Sorgen wegen ihrer Rocklänge, ihrer unschuldsvollen Anmut, ihres prächtigen, glänzenden Haars und der Tatsache, dass sie sich ihrer Schönheit auf so vielerlei Weise nicht bewusst ist. Auch heute noch würde ich sie lieber selbst irgendwohin fahren und wieder abholen, damit ich mir keine Sorgen wegen irgendwelcher grässlicher Männer machen muss, die sie *so ansehen*, obwohl sie erst sechzehn ist. Auch wenn hinfahren und abholen für mich vier Fahrten bedeutet (hin und wieder heim, hin und wieder heim) – ich würde das noch tausend Mal machen, wenn ich sie dadurch nur in Sicherheit wüsste.

Ich rutsche unruhig auf dem Beifahrersitz herum, obwohl mir bewusst ist, dass meine Gegenwart so beruhigend wirken muss wie eine Biene im Auto.

»Vertraust du mir nicht?«, schnaubt sie.

»A-aber natürlich vertraue ich *dir*.«

Ich vertraue nur *denen* nicht. All den namenlosen, betrunkenen, dummen, testosterongesteuerten *Denen* da draußen, die rasen wie die Blöden, weil ihr präfrontaler Kortex noch nicht fertig ist. Angeber, Besserwisser, junge Machos und alberne Gören, die noch nie einen Gedanken an ihre eigene Sterblichkeit verschwendet haben oder daran, was die paar Tonnen Metall um sie herum alles jäh beenden könnten. Ich kenne Mütter, die ihre Teenager auf genau diese ungeheuerlich überflüssige Weise verloren haben.

Für Shannon ist dieses Gefühl der Macht völlig neu. Es ist etwas Wildes, Ursprüngliches, vielleicht sogar Erotisches daran, die Kontrolle über einen so starken Motor zu haben. Die gleichen Begriffe habe ich schon von Mädchen gehört, wenn sie übers Reiten sprechen. Als ich zum ersten Mal allein Auto gefahren bin, habe ich meine Leonard-Cohen-Kassetten aufgedreht, bis der Kassettenrekorder schepperte. Ich habe aus voller Kehle mitgesungen. Bin falsch abgebogen. Und ich habe allein wieder nach Hause gefunden. Ich habe mir geschworen, nie wieder irgendjemanden zu bitten, mich irgendwohin zu fahren. Ich würde selbst fahren, denn endlich saß ich am Steuer meines eigenen Lebens.

Für Shannon fühlen sich all meine beschützenden Gesten an wie Hindernisse auf ihrem Weg in die Unabhängigkeit und Selbstbestimmtheit. Aber meine Frage »Ist der Ausschnitt nicht ein bisschen tief?«, wenn sie zur Tür hinausgeht, ist keine Kritik an ihrem Modegeschmack – ich will ihr nicht das Recht absprechen anzuziehen, was immer sie will. Es geht mir darum, dass Jungs und Männer ziemlich unheimlich werden können und wir nun mal keine Kontrolle über das Verhalten anderer Leute haben, ob die sich im Bus enger an uns drücken als nötig oder am Radio herumfummeln, statt auf den Verkehr zu achten.

»Jetzt leg den ersten Gang ein und lass langsam die Kupplung kommen …« Ich bemühe mich, gelassen und hilfreich rüberzukommen.

Sie bewegt den Schalthebel, und wir setzen uns ruckelnd in Bewegung.

»S-so ist es gut ...«, presse ich hervor.

Ich sehe sie konzentriert die Stirn runzeln und lockere meine verkrampften Hände, so gut es geht. In der Welt, in der sie lebt, ist sie ach so schlau, klüger als ich, und ich kann ihr da nicht viel beibringen. Ich bin immer ein paar Schritte hinterher und versuche, mich vom neuesten Wahn in irgendwelchen sozialen Netzwerken nicht ganz abhängen zu lassen. Das hier ist vielleicht meine letzte Chance, Shannon zu zeigen, dass meine Erfahrung ihr helfen kann.

Ich erinnere mich an ihre allerersten Schritte. Zed und ich haben applaudiert, während sie wankte und auf die Knie fiel, aber gleich wieder aufstand und es noch einmal versuchte. Jetzt bringe ich ihr bei, eine machtvolle Maschine zu bedienen. Shannon ist vollgepumpt mit Aufregung und Adrenalin, und das ist ihr gutes Recht. Ich habe hier die Pflicht, meine Angst im Zaum zu halten.

»Dad ist da so viel entspannter als du«, brummt sie, als sie in den zweiten Gang schaltet.

»Tja, ein Glück, dass dein Vater ein paar Dinge besser kann als ich«, erwidere ich naserümpfend. »Das ist wichtig für seine Selbstachtung.«

»Beruhig dich«, sagt Shannon. »Du machst mich ganz nervös.«

Sie fährt *mein* Auto, und ich mache *sie* nervös. »Ich gebe mir Mühe, dich ... lenken. Lenkrad einschlagen, weiter, weiter ... jetzt wieder zurück ...«

»Schrei nicht so«, sagt sie. »Ich habe das doch erst zweimal gemacht.«

»Entschuldigung«, nuschele ich.

Kindererziehung nimmt keine Rücksicht darauf, ob wir »so weit sind« oder nicht. Ob ich so weit bin oder nicht, ich muss sie jetzt dem Verkehr ausliefern. Den Straßenverhältnissen. Dem gefährlichen Fahrstil anderer Leute, die rasen, am Steuer Textnachrichten schreiben, betrunken Auto fahren oder einfach nicht aufpassen. Gerade jetzt, auf dem Beifahrersitz in meinem eigenen Auto, erscheint mir das zu viel verlangt von einer Mutter. Sie ist doch erst sechzehn. Niemand da draußen auf der Straße liebt sie so wie ich.

»Du brauchst nur ein bisschen Übung, dann geht es ganz leicht«, erkläre ich.

Das sage ich ebenso meinen Nerven zuliebe wie ihrem Selbstvertrauen. Während sie übt, den Blinker zu setzen und die Kupplung kommen zu lassen, muss ich üben, darauf zu vertrauen, dass diese Beinahe-Frau ihren Weg finden wird – im Leben und im Straßenverkehr – ohne dass ich sie fahre.

20 Der Hosenstall

Es ist ja nicht alles ein händeringender Schrecken. Bei Teenagern kann man sich schon ein wenig entspannen und muss sie nicht mehr immer und überall beaufsichtigen, wie beispielsweise beim Fernsehen. Schon seit einer Weile bin ich einfach davon ausgegangen, dass alles, was im Vorabendprogramm läuft, meine vierzehn und sechzehn Jahre alten Kinder seelisch nicht schlimmer zeichnen kann, als sie ohnehin schon gezeichnet sind. Aber vor ein paar Wochen kam ich eines Vorabends ins Wohnzimmer, warf einen beiläufigen Blick auf den Fernseher und sah einen Mann, der eine Frau von hinten nahm. Das war keine Parodie oder ein Scherz. Da wurde ernsthaft gefickt. Jordan blickte schuldbewusst zu mir auf.

»Die beiden sind Geschwister«, bemerkte er im Plauderton.

»Was zum Teufel ist das?«, fragte ich streng.

»*Game of Thrones*«, zischte Shannon. »Psst, wir wollen das sehen.«

»Ich finde nicht, dass das für euer Alter ge–«

»Muuuum, ich bin echt alt genug«, unterbrach mich Jordan empört, offenbar in ängstlicher Erwartung eines »Inzest-Porno«-Verbots.

Ich stand da wie gelähmt und sah zu, wie ein kleiner Junge einen Turm hinaufkletterte, von den Geräuschen des Paares offenbar neugierig gemacht. Nichts hätte mich auf das vorbereiten können, was dann geschah. »Was man nicht alles für die Liebe tut«, sagte der Bruder und stieß beiläufig das Kind vom

Turm, zweifellos in den Tod. Sex ist das eine, aber Sex *und* Gewalt gegen Kinder? Das war zu viel.

»Okay«, verkündete ich, »da ist elterliche Aufsicht angesagt.« Ich hockte mich vor den Fernseher.

»Wir brauchen keine Aufsicht. Jaime ist böse, er ist der Königsmörder«, erklärte Jordan, um mir zu demonstrieren, dass er richtig und falsch unterscheiden kann und weiß, dass diese Szene völlig falsch ist.

»Warum schlafen sie miteinander?«, fragte ich.

»Sie lieben sich«, antwortete Shannon genervt. »Sie haben das Gefühl, ein und dieselbe Person zu sein.« Erklärte meine Tochter mir gerade Inzest?

»Ich finde das nicht gut. Was soll das?«

»Himmel, lebst du hinter dem Mond?«, schnaubte sie. »Das ist *Game of Thrones*.«

»Es ist mir egal, was das ist – es ist jedenfalls für Jugendliche in eurem Alter nicht geeignet.«

Meine grobe Richtschnur dafür, was geeignet ist, folgt keinen bestimmten Regeln. Sie gründet eher auf Bauchgefühl, und ich entscheide oft danach, ob ich es mir gemütlich machen und dieselbe Sendung anschauen kann wie meine Kinder, ohne dass ich den Drang verspüre, den Fernseher auszuschalten oder den Raum zu verlassen.

»Du lässt uns auch *Breaking Bad* schauen«, sagte Shannon und zog die Augenbrauen hoch, als hätte sie mich damit schlüssig der Doppelmoral überführt.

»Tja, darüber bin ich auch nicht gerade glücklich.«

»Ich werde schon kein Crystal Meth kochen«, wirft Jordan ein. Er sollte nicht einmal wissen, dass man Crystal Meth kochen muss, Herrgott.

»Ich durfte mit dir in *Django Unchained*«, sagte Shannon.

»Ja, aber da war ich als Erziehungsberechtigte dabei.« Schuldbewusst erinnerte ich mich daran, dass ich diejenige gewesen war, die unbedingt den neuen Tarantino-Film hatte sehen wollen, obwohl ich wusste, dass seine Filme unweigerlich in Splatter-Orgien enden. Aber Shannon hatte mir versichert, nichts könnte blutiger sein als *Supernatural.* Soll ich es vielleicht tröstlich finden, dass sie gegenüber dieser Art Gewalt abgehärtet ist? Dass solche Bilder bei ihr nichts bewirken? Das kann doch nur ein furchtbares Versagen meiner Erziehung sein?

Natürlich konnte ich sie diesen Schund nicht allein anschauen lassen, also blieb ich sitzen und beaufsichtigte die restliche Sendung lang den Fernsehkonsum meiner Kinder. Was so aussah, dass ich immer wieder aufschrie – »O Gott, das darf ja nicht wahr sein. Jordan, mach die Augen zu!« und »Mir ist schlecht – sind das seine Eingeweide?«. Je mehr ich ausrastete, umso ruhiger wurden meine Kinder. Schließlich entschied ich, dass ich auch alle weiteren Folgen würde beaufsichtigen müssen, nur zur Sicherheit ... na ja, irgendjemand musste doch etwas zu dem Blutvergießen, den überflüssigen Sexszenen und der mittelalterlichen Grausamkeit sagen. Um ehrlich zu sein, hätte ich dabei selbst etwas elterliche Aufsicht gebrauchen können.

Jordan hat mir neulich erzählt, die häufigsten Google-Sucheingaben seien »Sixpack Training« und »Porno kostenlos«. Woher weiß er so was?

In meiner Jugend waren Pornohefte begehrte Schätze, die die Jungs in der Pause auf dem Schulhof tauschten. Gute Wichsvorlagen waren schwer zu kriegen. Heutzutage ist das nur zu leicht. Jordan kommt von dem Mac in seinem Zimmer aus an so ziemlich alles heran.

Meine Freundin Linda hat mir neulich davon erzählt, wie sie

ihren Sohn Tamon (noch keine vierzehn) beim Pornogucken ertappt hat. »Ich musste mitten in der Nacht aufs Klo. Seine Tür stand einen Spalt weit offen, und ich habe den Bildschirm von seinem Laptop leuchten gesehen. Also bin ich zu ihm rein – ich dachte, er sei auf Facebook. Er musste ihn ausschalten und ich habe ihn konfisziert. In meinem Schlafzimmer habe ich den Laptop wieder angeschaltet und festgestellt, dass er tatsächlich Hardcore-Pornos geguckt hatte«, berichtete sie lachend. »Das tun alle Jungs, ist ganz normal. Ich finde nichts Schlimmes daran, solange seine kleine Schwester nichts davon mitbekommt – dann gnade ihm Gott.«

Linda hat Tamon versprochen, ihm zu seinem sechzehnten Geburtstag einen Termin bei einer Prostituierten zu schenken, die ihm zeigen soll, wie man eine Frau beglückt. Neulich hat Tamon sie gefragt, ob er wirklich warten muss, bis er sechzehn wird.

Ich habe nicht die Absicht, mich in Jordans Sexualleben einzubringen wie Linda in Tamons. Jordan wird sich da irgendwie allein zurechtfinden müssen.

Als ich vor einer Weile die *Shades of Grey*-Trilogie las, verkündete Shannon, sie wolle das auch lesen.

»Nein, das wirst du nicht«, sagte ich.

»Warum nicht?«

»Weil ich es dir verbiete. Du sollst erst einmal die Erfahrung einer gesunden sexuellen Beziehung machen. In diesen Büchern werden Menschen gefesselt und sogar verletzt, und das soll nicht dein erster Eindruck von Sex sein.«

»Mein erster Eindruck? Wohl kaum …«

»Ich will nicht, dass du das liest.«

»Du kannst mich nicht daran hindern. Leihe ich mir die Bücher eben von einer Freundin.«

»Ich bitte dich, tu das nicht. Du sollst ein supertolles Sexleben haben ... Bitte vertrau mir, du weißt einfach noch nicht genug über ...«

»Du weißt doch gar nichts.«

Meine Kinder halten mich für neurotisch. Ich bin nur froh, dass sie noch nicht wissen, was ich weiß.

Mit Mitte zwanzig war ich als Frauenrechtlerin tätig und habe viel in der Porno- und Prostitutionsszene recherchiert – und ich will nur so viel sagen: Das sind nicht gerade Karriereschritte für Frauen, die andere Möglichkeiten haben. Wenn man diese Frauen fragt, wie sie in diesem Metier gelandet sind, hört man allzu viele Geschichten über sexuellen Missbrauch. Die Pornoindustrie beutet junge Mädchen gnadenlos aus (Wie viel würdet *ihr* für zwanzig Mal einen blasen berechnen?). Manchmal wird ihnen dabei auch weh getan, vor allem, wenn sie alles Mögliche vorturnen müssen (»einvernehmlich« ist in diesen Machtstrukturen relativ), was man als tätlichen Angriff oder Vergewaltigung interpretieren könnte. Ich würde sie nie moralisch verurteilen, weil sie sich dafür entschieden haben, aber mir wäre eine Welt lieber, in der Frauen so leicht und schnell ein bisschen Geld verdienen könnten, ohne für Fremde die Beine breit zu machen. Eine junge Prostituierte, mit der ich damals sprach, werde ich nie vergessen. Als ich sie fragte, warum sie das tue, antwortete sie: »Weil man entweder dumm ist oder sich selbst hasst.«

»Und wie ist das bei dir?«

»Also, dumm bin ich nicht.« Sie zuckte mit den Schultern.

Ich habe an sich nichts gegen Pornos. Gegen Erotik schon gar nicht. Wenn wir mal ehrlich sind, gibt es verdammt scharfe Pornografie da draußen. Von Frauen für Frauen gemacht. Anderen beim Sex zuzuschauen ist das Nächstbeste nach selbst Sex haben, oder? Meine Bedenken rühren daher, dass ich zu viel darüber weiß, was dort hinter den Kameras geschieht.

Oft wird die Ausbeutung von Frauen in der Pornoindustrie damit gerechtfertigt, dass das Geschäft nun mal so ist. Die meisten Pornos werden von Männern für Männer gemacht und das große Geld verdienen die Produzenten, nicht die armen Schweine, die da bis zur Erschöpfung vögeln. Selbst wenn ich diese Rechtfertigung akzeptieren könnte, blieben zwei weitere Punkte, die ich bedenklich finde, was unsere Kinder angeht. Erstens weist die Forschung darauf hin, dass übermäßiger Konsum von Online-Pornos die Verdrahtung im Gehirn von Jungen beeinflusst. Das ist kein moralischer, sondern ein biologischer Aspekt. Wer sich als Teenager häufig vor dem Bildschirm einen runterholt, wird später Schwierigkeiten haben, gesunde sexuelle Beziehungen mit echten Menschen zu führen, weil das Gehirn etwas anderes gelernt hat.

Zweitens stützen Studien die Ansicht, dass Pornografie Männer weniger sensibel gegenüber Frauen macht und es eine Verbindung zwischen Porno-Konsum und sexueller Gewalt geben könnte. Das wird vielleicht nie schlüssig zu beweisen sein, aber es ist klar, dass Pornografie die Frauenwelt in »Schlampen« und »Göttinnen« einteilt und diese Art dualistisches Denken zu nichts Gutem führen kann. Eine Frau kann – und sollte meiner Meinung nach sogar – ein bisschen von beidem sein, und noch viel, viel mehr dazwischen.

Was können wir also tun? Unsere Kinder werden sich Pornos ansehen, sie werden dabei masturbieren, und wir können sie nicht daran hindern. Also müssen wir uns ganz erwachsen geben und mit ihnen darüber reden. Das ist weder leicht noch angenehm, denn welcher Fünfzehnjährige will schon mit seinen Eltern über Masturbation und seine diesbezüglichen Gewohnheiten sprechen? Aber irgendwie müssen wir ein paar Worte da reinquetschen – zwischen Pornos und Wichserei – und ihnen klarmachen, dass der Sex in Pornos nicht so ist wie in der Wirklichkeit. Woher sollen unsere Jungs das wissen, wenn wir es ihnen nicht sagen?

Pornos bringen ihnen nicht bei, wie Gentlemen zu kommen und lieber selbst was abzubekommen, statt auf andere zu zielen. Sehr wenige junge Mädchen hätten gern, dass ein Junge in ihr Gesicht abspritzt – tut mir leid, dass ich euch das so sagen muss, Jungs. Nach allem, was ich gehört habe, brennt es in den Augen, und man bekommt es nur schwer wieder aus den Haaren raus. Eine Spermadusche mag in Pornos der Bringer sein, aber im wahren Leben ist so was eher ein Schock. Trotzdem glauben unsere pornoberieselten Jungen, dass Mädchen genau das wollen und erwarten. Eine Siebzehnjährige, mit der ich mich unterhalten habe, hat mir bestätigt, dass Jungen ihrer Erfahrung nach »nur eine Pornoszene nachspielen«.

Und was Orgien angeht: Jungs, wenn ihr mal kurz darüber nachdenken würdet, glaubt ihr wirklich, dass eine Frau gleichzeitig von vorn und hinten gerammelt werden will, während zwei andere Männer sich einen runterholen und es ihr sonst wohin spritzen? Das ist eine *sexuelle Fantasie* – eine Phallus-Party mit mehr Penissen, als irgendjemand genießen könnte.

In der intimen Beziehung zweier Menschen ist natürlich alles verhandelbar. Aber sexuelle Kontakte von Teenagern sind oft experimentell, sie finden statt, weil sich gerade die Gelegenheit dazu ergibt, und nicht in der Sicherheit und Geborgenheit einer respektvollen Beziehung. Nach einer solchen Erfahrung fühlen sich viele Mädchen leer und benutzt.

Der Sexualtherapeut Dr. Marty Klein sieht bei Pornos keinen

Grund zur Panik. Es gibt sehr bedenkliche Sachen im Internet zu sehen, sagt er, aber auch harmlose Sachen, und wir sollten da genau unterscheiden. Die Hysterie um Pornos besänftigt er, indem er die häufigsten Bedenken widerlegt:

Pornografie regt die sexuelle Neugier an – was ist daran schlecht?

Porno-Konsumenten werden früher sexuell aktiv – nicht unbedingt.

Pornografie bedingt asoziale Verhaltensweisen – das mag manchmal so sein, aber nicht immer.

Sie führt zu ungesunden Beziehungen – kommt vor, muss aber nicht.

Sie regt zur Masturbation an – ja, *natürlich* regen Pornos zur Masturbation an, dazu sind sie da. Wenn uns das unangenehm ist, sollten wir uns fragen, warum.

Das Problem liegt laut Dr. Klein eher darin, dass der Laptop eine nie versiegende Quelle anspruchsloser Stimulation darstellt und das menschliche Gehirn sich im Lauf der Evolution nicht an endlose Jagdgelegenheiten anpassen konnte. Porno-Süchtige fühlen sich isoliert und einsam und langweilen sich, wenn sie nicht gucken. Wie eine Ernährungsberaterin vielleicht dazu raten würde, weniger Schokolade zu essen, so empfiehlt Dr. Klein eine gewisse Disziplin, was Pornos angeht. »Wenn Pornografie dein halbes Leben einnimmt, hast du ein Problem und solltest genauer hinsehen, was wirklich schiefläuft. Was man gegen eine Sucht tun kann, findet man nur heraus, wenn man ihr nicht mehr nachgibt«, erklärt er.

Und er stößt uns auf eine wichtige Frage. »Warum wenden sich Menschen überhaupt der Pornografie zu?«, fragt er. Der Grund dafür ist, dass viele von uns keine sexuell oder emotional erfüllende Beziehung haben. »Für viele Menschen gibt es entweder Pornos oder langweiligen, schuldbeladenen oder gar keinen Sex.« Er rät uns zur Ehrlichkeit darüber, was uns antörnt, was wiederum bedeutet, dass wir uns der Aufgabe stellen müssen, wirklich erwachsen zu werden.

»An dem Equipment hängt immer ein Mensch, und um den geht es beim Sex. Es gibt noch keinen Porno, der uns küsst und umarmt und mit uns kuschelt«, sagt er.

Dr. Kleins Ansichten haben mich einigermaßen beruhigt. Er ist in puncto Pornografie nicht hysterisch, und ich will das auch nicht sein.

Seit kurzem stehe ich mit Karen B. Chan in Kontakt, einer großartigen Sexualpädagogin in Kanada, deren Website den göttlichen Namen »Fluid Exchange« trägt. Sie findet es wenig hilfreich, Sexualität in gut und schlecht einzuteilen. »Sexualität ist immer im Fluss, die Bedeutung von allem Möglichen ändert sich ständig – Nacktheit, Körperteile, Genitalien, Praktiken. Schauen Sie sich nur den Skandal an, den Miley Cyrus' Musikvideo ›Wrecking Ball‹ ausgelöst hat – vor ein paar Jahrzehnten haben die Leute genauso auf Elvis reagiert«, erklärt sie. Sie betont, dass es wichtig, menschlich und inspirierend sei, solche Bilder voll erotischem Begehren zu sehen. Für sie steht die Frage im Mittelpunkt, wie wir Pornografie als Anregung (für uns selbst und für Jugendliche) nutzen können, um zu den Menschen zu werden, die wir sein möchten, statt nur über Gut und Böse zu debattieren. Sie möchte mehr Menschen dazu ermuntern, selbst Pornografie zu erschaffen, nach ihrem eigenen Ebenbild, und damit zur kollektiven Fantasie beizutragen. Mainstream-Pornos hingegen machen uns faul, weil sie uns mit den immer gleichen Bildern übersättigen. Die meisten Leute belassen es dabei, holen sich ihre kurze Befriedigung, und das war's. Chan zufolge leidet dieses Zeitalter an einer »Krise der Fantasie«. Die Illusion unendlicher Wahlmöglichkeiten führt oft zu Apathie, Gleichgültigkeit und bloßen Gesten aus Bequemlichkeit. Pornografie ist nicht das Problem. Die große Mainstream-Pornoindustrie ist nur ein Symptom der kapitalistischen Befriedigung durch Konsum, in diesem Fall eben sexueller Reize.

Ich finde Chans Ansatz sowohl radikal als auch sinnvoll. Was, wenn wir unseren Kindern helfen könnten, sexuelle Intelligenz zu entwickeln? Die Pornoindustrie wäre blitzartig ruiniert, wenn sie allgemein als stinklangweilig gelten würde.

Als Eltern müssen wir uns den Weg durch den Dschungel der Porno-Hysterie und Angstmacherei selbst bahnen. Denn wir wünschen uns doch alle, dass unsere Kinder sexuell aktive, erfüllte Menschen werden, statt süchtig vor dem Bildschirm zu hängen und anderen beim Sex zuzuschauen.

Wenn wir allerdings mit unserer eigenen Sexualität nicht im Reinen sind – wenn wir unterdrücken, verdrängen und innerlich über Gut und Böse diskutieren –, wird das ziemlich schwierig. Das Thema ist das Letzte auf der Welt, worüber unsere Teenager mit uns reden wollen, aber wir müssen uns stark machen, uns informieren und diese schwierigen Gespräche angehen.

Danach müssen wir sie in die Welt hinausschicken, bewaffnet mit Kondomen und gesunder Fantasie, und dann heißt es: Learning by Doing.

21 Hinter verschlossenen Türen

Ich wünsche Shannon einen festen Freund. Den wünsche ich ihr, weil ich in ihrem Alter unbedingt einen Freund haben wollte. Sie möchte einen guten Schulabschluss machen und sich »auf die Musik konzentrieren«. Ich möchte, dass jemand sie liebt, ihre Hand hält, sie streichelt und ihr das Gefühl gibt, etwas ganz Besonderes zu sein, weil ich all das nicht mehr tun darf.

»Eines Tages wird ein Penis unsere Haustür belagern, und dann wirst du das ganz anders sehen«, warnt Zed mich. Aber das ist mir egal. Ich fürchte mich nämlich nicht so vor Penissen wie Zed.

Ich bin in einer Familie aufgewachsen, in der es nur Mädchen gab, und irgendwann in der dramatischen Phase zwischen vierzehn und fünfzehn entwickelte ich eine Faszination für »die Teile« von Jungen. Wie funktionierten die? Wie lief so eine Erektion ab? Diverse Jungen waren nur zu gern bereit, mir das zu demonstrieren, und ich betrieb meine Studien ernsthaft und streng eingleisig (mein eigener Körper war tabu). Ich war rein auf Bildung aus und nicht auf eine Geschlechtskrankheit, eine ungewollte Schwangerschaft oder (schauder) einen »gewissen Ruf«.

Als ich fünfzehn war, pendelten mein Freund und ich zwischen unseren Wohnorten hin und her und übernachteten jeweils beim anderen zu Hause – stets in getrennten Räumen. Aber, na ja, Eltern schlafen irgendwann ein. Als ich mit achtzehn Norman kennenlernte (der vierundzwanzig war), verordnete meine Mutter, eine Ärztin und unerschütterlich praktisch denkende Frau, mir die Pille. Norman durfte nicht bei uns zu Hause übernachten, aber ich log und schlief des Öfteren bei ihm.

Jetzt, da Shannon sechzehn ist, stellt sich die Frage: Dürfen Jungs bei uns übernachten? Zed sieht das etwas ... prähistorisch. Ungefähr so: »Nur über meine Leiche.« Aber na gut – er muss sich immer noch daran gewöhnen, dass Shannon menstruiert und BHs trägt. In jedem Vater gibt es eine Zone des »Nicht-wahrhaben-Wollens«, in der es ein Kapitalverbrechen ist, wenn Jungen seine Tochter so ansehen, wie er früher junge Frauen angesehen hat – und gedanklich steht darauf mindestens die Kastration. Wenn es um Jordan geht, reagiert er mit einem jovialen Stoß in die Rippen und einem Augenzwinkern – es wäre völlig in Ordnung (sprich: mannhaft), wenn er Mädchen mit in sein Bett nähme.

»Das ist eine Doppelmoral«, wende ich ein. »Und obendrein sexistisch.«

Er zuckt mit den Schultern. »Ich weiß.«

»Wäre es dir nicht lieber, sie experimentiert hier zu Hause, wo sie sicher ist, statt in irgendwelchen Büschen, Autos oder Nachtclubs?«, frage ich.

»Es wäre mir lieber, sie experimentiert überhaupt nicht.«

Ich erinnere ihn, dass er Nutznießer all *meiner* Experimente ist. Daraufhin hält er sich die Ohren zu, singt »la la la«, als würde sich Shannon dadurch auf magische Weise wieder in sein kleines Mädchen verwandeln und in ihrem Bett höchstens eine Teeparty für die Teddybären veranstalten.

Die meisten von uns winden sich innerlich beim Gedanken an die Sexualität unserer Kinder – wie unserer Eltern. Aber wenn man Teenager hat, kann man diese Konfrontation nicht vermeiden. Jugendliche strotzen vor Hormonen und sexueller Neugier, und es ist nur verständlich, dass sie nach den Kirschen greifen, die man ihnen in Musikvideos, nicht jugendfreien Filmen, Modemagazinen und mühelos zugänglichen Internet-Pornos so verlockend vor der Nase baumeln lässt.

Aber sollten wir ihnen das Experimentieren leichtmachen? Sollten wir eher Kuppler oder Türsteher spielen? Die Eltern, die ich interviewt habe, hatten da sehr unterschiedliche Ansichten.

Sarah, achtzehn Jahre alt, ist Angelas einziges Kind. Als Sarah fünfzehn war, durfte ihr Freund bei ihr zu Hause übernachten. Er hatte kein Auto und wohnte recht weit weg, also war das vor allem praktisch. »Er war sehr religiös und wollte keinen Sex vor der Ehe«, erzählt Sarah mir lächelnd. »Aber das wusste Mum gar nicht, als sie ihm erlaubt hat, bei mir zu übernachten.«

Ein Mädchen aus Sarahs Klasse verlor ihre Jungfräulichkeit auf einer Party, sturzbetrunken im Bad. »Ich bin zufällig mittendrin reingekommen«, erzählt Sarah. »Es war schrecklich – innerhalb von fünf Minuten wusste jeder auf der Party Bescheid. Die Arme ist danach wochenlang nicht aus dem Haus gegangen und leidet bis heute unter diesem Erlebnis.«

Angela ist der festen Ansicht, dass Sarah weniger Gefahr läuft, in solche Situationen zu geraten, wenn sie als Mutter die Umstände mitbestimmt. »Ich biete ihr und ihren Freundinnen immer an, sie zu Partys und Clubs zu fahren und wieder abzuholen«, erklärt sie. »Sie soll ihre Unabhängigkeit haben, aber mit Rückendeckung – sie weiß, dass sie uns jederzeit anrufen kann, wenn sie uns braucht.«

Kürzlich hat Sarah ihre Jungfräulichkeit an einen neuen Freund verloren (der ebenfalls noch Jungfrau war). Angela ist froh, dass Sarah ihre erste sexuelle Erfahrung in einer liebevollen Beziehung machen konnte, sicher in ihrem Zuhause. Ihre einzige Sorge ist, dass Sarah vielleicht ein wenig naiv sein könnte, was die rauhe Wirklichkeit angeht. Sie glaubt, dass Jugendliche gewisse Dinge einfach nicht mit dem Wissen oder gar in Anwesenheit ihrer Eltern tun können. »Lebensklug wird man zum Teil nur, indem man rebelliert, und dazu habe ich Sarah kaum Gelegenheit gegeben.«

Dr. Michael Carr-Gregg, Jugendpsychologe, stellt klar, dass Übernachtungen bei Teenagern sorgfältig überwacht werden sollten, weil das Gehirn eines Heranwachsenden nicht in der Lage ist, Konsequenzen einer Handlung einzuschätzen. »Dazu kommen noch die Steigerung des Testosteronlevels um achthundert Prozent (bei Jungen), schlechte Impulskontrolle, heftigster Gruppendruck und der Drang nach Rebellion – eine explosive Mixtur«, sagt er.

Dennoch ist er überzeugt davon, dass Erziehung keine »Einheitsgröße« hat. »Es gibt junge Menschen, die dank ihrer Persönlichkeit und ihres Temperaments schon oft bewiesen haben, dass sie gute Entscheidungen treffen und auf sich aufpassen. Der beste Test zur Vorhersage zukünftigen Verhaltens ist das Verhalten in der Vergangenheit. Einige Jugendliche haben sich schon immer vernünftige Freunde gesucht, nie Dummheiten gemacht und neigen nicht zur Abenteuerlust um des Abenteuers willen – denen würde ich eher vertrauen.«

Auf welchen Annahmen gründen eigentlich unsere Entscheidungen als Eltern? Ist es wahr, dass Teenager jede Gelegenheit zum Sex ergreifen werden? In Sarahs Fall beispielsweise nicht. Spielen Reife und Persönlichkeit eines Teenagers da nicht auch eine Rolle? Und die Werte ihrer Familie, die sie in sich aufgenommen haben? Den Zugang zum anderen Geschlecht so schwer wie möglich zu machen, hält sie jedenfalls nicht davon ab, so viel steht fest. Teenager, die unbedingt wollen, finden eine Möglichkeit, und wenn sie schließlich auf einer Party sturzbetrunken in einem fremden Badezimmer landen.

Laura ist Anwaltsgehilfin und dreifache Mutter. Die Freundin ihres achtzehnjährigen Sohnes Daniel durfte erst bei ihnen zu Hause übernachten, nachdem Laura mit der Mutter des Mädchens gesprochen und deren Einverständnis eingeholt hatte. »Damit habe ich seinen Status als Erwachsener bestätigt, und das hat unserer Beziehung sehr gutgetan«, erzählt Laura.

Sie hatte auch nichts dagegen, dass ihr vierzehnjähriger Harry sich mit seiner Freundin in sein Zimmer zurückzog. Allerdings klopfte sie hin und wieder an, verkündete »Erziehungsberechtigte im Anmarsch« und gab den beiden ein paar Augenblicke Zeit, ehe sie die Tür öffnete. Sie hat kein Problem damit, dass ihre Kinder ihre Sexualität erkunden, sie möchte nur nicht, dass sie es überstürzen. »Man kann Erotik und Sexualität erleben, ohne Sex zu haben«, verdeutlicht Laura. »Alles zum rechten Zeitpunkt. Nur keine Eile.«

Ihre einzige Sorge ist, dass ihre sechsjährige Tochter Tessa daraus schließen könnte, es sei ganz normal, wenn Jungen und Mädchen allein in ihrem Zimmer »Sachen« miteinander machen. Bei Daniel fand Laura, das müsse die Mutter seiner Freundin entscheiden. Dass sie damit einen widersprüchlichen Unterschied zwischen den Geschlechtern macht, ist ihr bewusst, und sie gesteht offen ein, wie sehr ihre festgefahrene Denkweise sie da begrenzt. »Ich will meiner Tochter nicht das Gefühl geben, dass ich mit ihrer Sexualität ein Problem hätte. Wenn es irgendwann so weit ist, wäre es mir lieber, sie hat ihren ersten Sex in einer sicheren, geschützten Umgebung. Aber ich muss wohl abwarten, wie ich das sehen werde, wenn sie älter ist.«

Kann man diese Eltern mit jenen vergleichen, die zusammen mit ihren Kindern zu Hause Drogen konsumieren, damit das wenigstens unter kontrollierten Bedingungen geschieht? Sollten Eltern dann Kondome zur Verfügung stellen? Die Pille verschreiben lassen? Das Kamasutra oder Sexspielzeug bereitlegen? Beim Sex geht es nicht nur um Sicherheit, sondern in erster Linie um Genuss. Wie stark sollten wir uns da einmischen?

Nicht nur religiöse oder sexuell konservativ eingestellte Eltern sind gegen solche Übernachtungen. Eve, Finanzrisikomanagerin mit zwei Söhnen (achtzehn und zwanzig), hat den Freundinnen ihrer Jungs nie erlaubt, bei ihnen zu übernachten. »Das ist ein ungeheuerlicher Voyeurismus«, sagt sie. »Die sexuellen Angelegenheiten meiner Kinder gehen mich nichts an. Das ist ihr Privatleben.« Sie ist der Überzeugung, dass man entweder Erwachsener oder Kind sein kann. »Wenn ich sie noch daran erinnern muss, ihre Zimmer aufzuräumen, und für ihren Lebensunterhalt aufkomme, dann sind sie zu jung, um unter meinem Dach mit jemandem zu schlafen. In meinem Haus hat niemand Sex außer mir.«

Eve ist Feministin und will ihre Jungen zu Männern erziehen, die Frauen respektieren. Sie findet, dass zu viele Frauen sich weit unter Wert verkaufen. »Wenn eine Jugendliche bei uns übernachten wollte, würde ich sie beiseitenehmen und ihr klarmachen, was Selbstachtung bedeutet. Mädchen sollten sich selbst wertschätzen und nicht billig verschleudern.« Eve glaubt, dass Teenager Intimität nicht verstehen. »Wenn sie sexuelle Befriedigung brauchen, gibt es ja immer noch die Masturbation. Macht es euch von mir aus selbst, bis euch schwarz vor Augen wird, aber auch davon will ich nichts wissen.«

Eve ist stolz darauf, dass sie ihre Jungs nicht dazu erzogen hat, »cool« zu sein. Sie meint, »coole« Jugendliche seien diejenigen, die in ihrer Gruppe das Tempo beim Experimentieren vorgeben und als die Ersten gelten wollen, die Sex haben oder Drogen nehmen. Ihre Söhne sollen Frauen und sexuelle Kontakte zu ihnen wertschätzen. Indem sie es ihnen möglichst schwermacht, Gelegenheiten zum Sex zu finden, vermittelt sie ihnen, dass alles seine passende Zeit und den passenden Platz habe.

Helen hat drei Söhne und eine Tochter, die fünfzehnjährige Jade. Auch Helen findet, dass Übernachtungen Teenager zu sexuellen Experimenten ermuntern und damit eine Erfahrung beschleunigen, die Jugendliche ihrer Meinung nach frühestens mit achtzehn machen sollten (Helen hat ihre Jungfräulichkeit mit achtzehn verloren). Jade sieht das anders. »Bei sich zu Hause hat man die Situation besser unter Kontrolle. Man lässt sich nicht so leicht unter Druck setzen. Wenn man Heimvorteil hat, ist es einfacher, einen Rückzieher zu machen und nein zu sagen. Man kann den Jungen einfach rausschmeißen.« Außerdem glaubt sie nicht, dass Übernachtungen automatisch Sex bedeuten. »Hinter der geschlossenen Zimmertür passiert vielleicht gar nichts weiter als Reden und Kuscheln. Außerdem darf man mit sechzehn offiziell Sex haben, also warum nicht auch übernachten?«

»Kann ja sein, dass ich prüde bin«, erwidert Helen, »aber ich finde die Vorstellung unerträglich, dass Kinder in meinem Haus miteinander schlafen.« Sie würde diese Haltung vielleicht ändern, wenn Jade länger in einer festen Beziehung ist (mindestens vierzehn Monate). Helen gibt zu, dass sie das bei ihren Söhnen wahrscheinlich anders empfinden wird, wenn die so weit sind. Bei zweien ist sie sicher, dass sie Mädchen respektvoll behandeln werden – aber bei ihrem Elfjährigen hat sie ihre Zweifel. »Er ist wilder. Wenn irgendeiner meiner Söhne jemals Frauen nur benutzen würde, dann am ehesten er. Aber bis er alt genug für One-Night-Stands ist, kriege ich ihn schon noch in den Griff.«

Wenn Teenager beginnen, ihre Sexualität zu erkunden, haben wir den Großteil unserer Erziehungsarbeit auf diesem Gebiet schon geleistet (oder eben nicht). Wenn wir uns zimperlich anstellen, sobald es um Sex geht, färbt das auf sie ab. Wenn wir ihnen gesunde Sexualität nicht vorgelebt haben, wenn Sex ein Tabuthema ist und unsere Kinder nicht das Gefühl haben, uns unangenehme Fragen stellen zu können und damit angenommen zu werden, wenn sich in unserer eigenen sexuellen Geschichte stille Schatten der Scham herumdrücken – dann werden unsere Kinder darunter leiden. Sie lernen nämlich vor allem aus dem, was wir nicht aussprechen, sondern vorleben.

Bis sie also so weit sind, ist in ihrem Temperament schon festgelegt, ob sie riskanten Blödsinn anstellen werden – genauso, wie sie sich bis zu diesem Zeitpunkt schon mal für oder gegen Drogen entschieden haben. Wir können nicht mehr viel tun außer Grenzen setzen, im Kontakt bleiben und unsere Kinder mit Aufklärung, Wissen und einem positiven Selbstbild stark machen. Und dann heißt es hoffen, dass wir sie darauf vorbereitet haben, im entscheidenden Moment gute Entscheidungen zu treffen.

Wenn wir Kinder mit einer robusten Selbstachtung und gesunder Selbstdifferenzierung großziehen wollen, müssen wir möglicherweise akzeptieren, dass ihre »gute Entscheidung« nicht unbedingt die ist, die wir selbst treffen würden. Jade sagt: »Eltern können sich noch so sehr bemühen, ihre Kinder zu kontrollieren, die tun trotzdem, was sie wollen. Ihr müsst Vertrauen zu euren Kindern haben. Ihr könnt nicht verhindern, dass ihnen manchmal das Herz gebrochen wird. Irgendwann kommt eine Situation, in der die Eltern einen nicht beschützen können. Dann muss man seine Fehler selbst machen und aus ihnen lernen.« Das stimmt, aber niemand will erleben, wie sein Kind auf die harte Tour lernt, dass eine ungewollte Schwangerschaft oder eine sexuell übertragbare Erkrankung ein »Fehler« war.

Wie so oft in der Erziehung ist die Frage, ob es angemessen ist, dass unsere Kinder bei ihrem Freund oder ihrer Freundin übernachten, eine ganz persönliche. Die Antwort liegt in unserem eigenen Wertesystem, und das werden wir möglicherweise verteidigen müssen, wenn wir dafür angegriffen und verurteilt werden. Solange unsere Kinder unter unserem Dach leben, ist es unsere Aufgabe, die Grenzen abzustecken. Wenn diese Grenzen vernünftig sind, werden Teenager sie eher respektieren als rigide Diktate, gegen die sie rebellieren werden, indem sie Dinge hinter unserem Rücken tun.

Ich frage mich, ob wir uns als Eltern nicht zu sehr daran aufhängen, was von wem berührt wird. Meine Kinder sollen wissen, dass sie in einer Krise immer zu mir kommen und mich um Hilfe bitten können, wenn sie sie brauchen – so wie ich immer wusste, dass ich mich an meine Mum wenden konnte. Sie hat mich immer als ganze (auch sexuelle) Person gesehen, nicht nur als ihr braves kleines Mädchen.

Und ich glaube, insgeheim hat sie sich für mich gefreut. Dieser Norman war schon echt scharf.

22 Das »Nein«, das ich meiner Tochter mitgeben will

Manchmal glaube ich, ich wäre schon vollauf zufrieden, wenn mein Sohn nicht zum Arschloch heranwächst und meine Tochter zur Zicke.

Shannon habe ich einmal erklärt, »zickige Mädchen haben zickige Mütter« – denn wo sonst sollten diese Mädchen derart grausame Biestigkeit gelernt haben? Inzwischen frage ich mich, ob ich mich da nicht geirrt habe. Denn mir ist aufgefallen, dass sich eine gewisse Zickigkeit in das Verhalten meiner eigenen Tochter geschlichen hat, und ich erkläre hiermit aufrichtig, dass sie die nicht von mir gelernt hat.

Zunächst einmal ist meine Mutter kein Biest, also bin ich nicht von einem erzogen worden. Zweitens habe ich mich schon immer lieber für Menschen eingesetzt, statt sie niederzumachen – selbst dann, wenn sie biestig zu mir waren. Damit will ich mich nicht für unfehlbar erklären. Ich gebe gern zu, dass ich unter gewissen Umständen reizbar, unhöflich und aggressiv sein kann. Aber nicht zickig.

Ich hoffe sehr, dass ich meinen Kindern Güte als wichtigste aller Tugenden vermittelt habe. Doch Shannon muss ich klarmachen, dass es nichts mehr mit Güte zu tun hat, wenn man das Selbstbewusstsein anderer fördert, indem man ihnen erlaubt, einem ins Höschen zu fassen. Von Mädchen erwartet man, dass sie gütiger, freundlicher sind als Jungen. Wenn es allerdings um sexuelle Zugeständnisse geht, verschwimmen diese Grenzen. Man muss eine sexuelle Annäherung genauso deutlich von einer freundlichen Geste unterscheiden wie von dem Angebot, seinen Schokoriegel zu teilen. Es ist beispielsweise in Ordnung, ja zum Schokoriegel zu sagen, damit der andere sich nicht vor den Kopf gestoßen fühlt (weil wir sein Angebot ablehnen). Ebenso ist es völlig in Ordnung, nein zu einer Hand auf der Brust oder einer Zunge im Hals zu sagen, selbst dann, wenn der andere sich dann beschissen fühlt und sein Selbstbewusstsein Schaden nimmt. Gütig und freundlich sein muss außen vor bleiben, wenn die Annäherung unerwünscht ist. Wir müssen unseren Kindern also gleichzeitig beibringen, freundlich zu sein *und* nein zu sagen – genauso, wie man Adduktoren und Abduktoren gleichzeitig trainieren muss, damit sie kräftemäßig ausgewogen sind. (Ich spreche da aus Erfahrung. Einmal habe ich mir die linke Hüfte ausgerenkt, weil eine Muskelgruppe etwas übereifrig wurde und die andere, schwächere schikaniert hat.)

Bei Mädchen im Teenager-Alter muss Güte stark genug veranlagt sein, um die Neigung zur Biestigkeit auszugleichen. Zugleich müssen sie lernen, nein zu sagen – vielleicht sollte diese Fähigkeit sogar noch ausgeprägter sein, damit sie sich vor unerwünschtem Gefummel schützen können.

Aus meinen Teenager-Jahren ist mir sehr deutlich in Erinnerung, wie wenig wählerisch Jungs waren, wenn es darum ging, wer ihre Genitalien berührte. Ich hatte ein paar Kumpel, die immerzu von Masturbation redeten, und an wen sie dabei dachten (hauptsächlich unsere Mathelehrerin). Bei allem Respekt vor der erblühenden männlichen Sexualität: Man braucht nur Philip Roths *Portnoys Beschwerden* zu lesen oder sich den Film *American Pie* anzusehen, um zu begreifen, dass es einem Jungen im Teenager-Alter ziemlich egal ist, wo er seinen Penis reinsteckt, solange es dadrin weich und feucht ist. Dessen müssen sich vor allem Mädchen bewusst sein, damit sie Aufmerksamkeit nicht mit Zuneigung verwechseln. Der Drang nach sexueller Befriedigung ist bei Jungen so stark, dass Skrupel oder mögliche Konsequenzen keinen Einfluss mehr darauf haben. Ein männlicher Teenager ist eine permanente Erektion auf der Suche nach einem Landeplatz. Mädchen sollten sein Interesse nicht auf sich persönlich beziehen. Das ist nicht deprimierend, finde ich, sondern eine Gelegenheit für unsere Töchter, das Neinsagen zu üben und ein bisschen Erfahrung zu sammeln – aber zu ihren Bedingungen. Das ist ein simples ökonomisches Prinzip: Wenn die Nachfrage gewaltig ist, hat derjenige mit dem Angebot die Macht. Das erinnert mich an einen Cartoon, in dem ein Junge vor einem Mädchen prahlt, auf seinen Penis deutet und sagt: »Ich wette, du hättest auch gern so einen.« Worauf das Mädchen auf seine eigenen Geschlechtsteile zeigt und erwidert: »Mit so einer kann ich so viel von denen da haben, wie ich will.«

Ich sehe, dass Shannon etwas von dieser Macht ahnt, während sie sich immer weniger mädchenhaft gibt. Mir entgeht nicht, wie sie den Rock ein Stück höher zieht, genau wie all ihre Freundinnen, bis er gerade noch ihr Höschen bedeckt und alle Welt ihre bestrumpften oder nackten Beine bewundern kann. Ich weiß, was sie sich dabei denken – dass das sexy oder süß ist und es den Jungen gefallen wird –, weil ich auch einmal so war. Ich war sechzehn und gierte danach, dass Jungen mich ansahen, mich wollten, berührten, mir sagten, dass sie mich liebten. Und Mädchen sollten verdammt noch mal das Recht haben anzuziehen (oder nicht anzuziehen), was immer ihnen gefällt.

Doch als Mutter einer Jugendlichen kann ich die realen Unterschiede zwischen Männern und Frauen nicht ignorieren. Zu viele Jahre lang habe ich vergewaltigte und misshandelte Frauen beraten und dabei eines verinnerlicht: Ganz egal, wie »stark« wir als Frauen sind, die meisten Männer sind uns körperlich überlegen. Es gibt eine Million Gründe, sich darüber zu freuen – man erwartet von ihnen, schwere Sachen zu tragen und die Drecksarbeit zu machen, während wir uns zurücklehnen und uns um unsere Fingernägel kümmern. Sie müssen jagen, wir gehen sammeln.

Doch wenn es um aufgezwungene sexuelle Handlungen geht, ist das ein gravierender Nachteil für uns. Frauen und Mädchen fürchten sich zu Recht vor der Aggression von Männern, gepaart mit deren Kraft. Wir müssen unseren Töchtern also beibringen, wie man Situationen vermeidet, die auf eine körperliche Auseinandersetzung hinauslaufen könnten, in der sie kräftemäßig unterlegen wären. Wir können ihnen helfen, eine starke Intuition zu entwickeln, und sie aufklären, damit sie mögliche Gefahren erkennen. Nicht, damit sie sich fürchten, sondern damit sie klug handeln.

Die Anzahl der Mädchen, die von Familienmitgliedern sexuell missbraucht werden, ist schockierend. Es gibt also jede Menge Mütter, die in der Vergangenheit selbst missbraucht wurden. Wie wirkt sich das auf ihre Erziehung der eigenen Kinder aus, wenn man bedenkt, wie wir unsere Geschichten weitergeben?

Eine meiner besten Freundinnen, Fiona, wurde von ihrem neunten Lebensjahr an von ihrem älteren Bruder sexuell missbraucht. Als sie sich endlich ihrer Mutter anvertraute, weigerte die sich zu glauben, dass ihr »Goldjunge« so etwas tun würde. Als Fionas erstes Kind zur Welt kam – ein Sohn –, war ihr klar, dass es bei diesem einen Kind bleiben würde. »Ich würde es nie riskieren, nach einem Jungen ein Mädchen zu bekommen«, erklärte sie mir.

Janine wurde mit sieben Jahren zum ersten Mal von einem entfernten Verwandten missbraucht. Sie hat es ihren Eltern nie erzählt – aus Scham und um sie zu schützen. »Unsere Familie war so liebevoll und stabil, sie wären am Boden zerstört gewesen«, sagt sie. Sie hat mir auch erzählt, dass sie dem Täter schon vor langer Zeit vergeben habe, »damit ich mich nicht mehr als Opfer fühlen muss«. Zugleich ist sie überzeugt davon, dass der Missbrauch ihre Persönlichkeitsentwicklung und ihren späteren Umgang mit Sex wahrscheinlich stark beeinflusst hat.

Als Teenager verhielt Janine sich Jungen gegenüber oft aggressiv und ging mit den Fäusten auf sie los, wenn die versuchten, sie zu berühren. Sie konnte Szenen körperlicher Zärtlichkeit im Fernsehen oder im Kino nicht ertragen. Sie verabscheute ihre sich entwickelnden Brüste und wollte lieber ein Junge sein, also spielte sie Fußball, bretterte mit einem BMX-Rad durchs Gelände und tat auch sonst alles, was ihr Bruder tat. Als sie mit einundzwanzig zum ersten Mal mit einem Mann schlief, war das eine Tortur für sie. Sie hatte das Gefühl, als sei ein Teil von ihr unwiederbringlich herausgerissen worden und ihr Körper gehöre nicht mehr ihr. Zu akzeptieren, dass Sex nichts mit Kontrolle oder Manipulation zu tun haben muss, war harte Arbeit für sie.

Janine hat zwei Mädchen im Teenager-Alter und gibt zu, dass ihr Missbrauchserlebnis sich stark auf die Erziehung ihrer eigenen Kinder auswirkt – sie hat eine geradezu paranoide Angst davor, dass ihre Mädchen missbraucht werden könnten. Dass Fremde gefährlich sein können, brachte sie ihnen schon sehr früh bei. Sie schärfte ihnen ein, dass niemand jemals ohne ihr Einverständnis ihre Genitalien berühren dürfe. Geradezu zwanghaft vorsichtig war sie, wenn ihre Kinder irgendwo übernachten wollten. Sobald sie ins Teenager-Alter kamen, erklärte sie ihnen grob, wie Sex funktionierte, dass er »etwas Besonderes zwischen zwei Menschen« sei, und schärfte ihnen ein, dass sie sich nie gedrängt oder verpflichtet fühlen müssten, mit jemandem zu schlafen.

»Jungen werden dir sagen: ›Ich liebe dich, du hast wunderschöne Augen, wir sind füreinander bestimmt‹ ... aber dann sagen sie: ›Zieh dich aus‹, und lassen dich danach einfach stehen. Während sie vor ihren Freunden damit prahlen, dass sie dich ›flachgelegt‹ haben, fühlst du dich benutzt und missbraucht«, erklärte sie ihren Töchtern.

Wenn sie jemals zum Sex gedrängt wurden, sollten die Mädchen ihren Vater anrufen und sagen: »Dad, hier will dich jemand etwas fragen«, um dann dem Jungen das Handy zu reichen und zu sagen: »Frag lieber vorher meinen Vater, ob du mit seiner Tochter schlafen darfst.« Janine bat ihre Mädchen, mit dem Sex zu warten, bis sie mit der Schule fertig waren, und in einer Beziehung mindestens drei Monate abzuwarten, ehe sie mit ihrem Partner schliefen. Ihre jüngste Tochter ist mit zwanzig Jahren noch Jungfrau und völlig zufrieden damit, auf den richtigen Mann zu warten. Janine hat ihren Töchtern die Botschaft vermittelt, dass ihre Jungfräulichkeit »ein kostbarer, einmaliger Schatz ist, den man nie, nie zurückholen kann, wenn man ihn erst einmal verschenkt hat«. Diesen Schatz sollten sie für jemand ganz Besonderen aufheben, der ihn zu schätzen weiß und respektvoll und sorgsam damit umgeht.

Janines Schwester war als Teenager sexuell sehr promiskuitiv. Die beiden Schwestern stritten häufig, und Janine beschimpfte sie aufs übelste. Erst kürzlich hat sie herausgefunden, dass ihre Schwester von demselben Mann ebenfalls missbraucht wurde. Jetzt schämt sie sich, weil sie nie gemerkt hat, dass das Verhalten ihrer Schwester mit diesem Missbrauch zu tun hatte. Als Erwachsene verdrängte ihre Schwester diese Geschichte komplett. Sie schickte ihre Kinder auf sehr kleine Schulen und verbat ihnen, irgendetwas zu schauen oder zu lesen, das sie für »ungeeignet« hielt – darunter viele Disney-Filme. Als Teenager durften sie keinerlei Beziehung zum anderen Geschlecht haben und Gleichaltrige nur bei kirchlichen Anlässen treffen. Das ältere Kind fügte sich, doch das jüngere rebellierte, wollte auf eine »normale« Schule gehen und »normale« Filme gucken dürfen wie alle anderen auch. Erst nach einem Selbstmordversuch des jüngeren Kindes lockerten Janines Schwester und ihr Mann ihr strenges Regiment und erlaubten ihren Kindern ein wenig Freiheit.

Janine und ihre Schwester sind Opfer ihrer Kindheit. Wir alle tragen Narben – sexuelle, emotionale, körperliche oder seelische – aus unserer Vergangenheit. Missbrauchserlebnisse hallen in unserem Umgang mit den eigenen Kindern nach. Sie formen uns zu denen, die wir werden, und beeinflussen damit auch den Weg unserer Kinder. Wir können uns nur nach Kräften bemühen, unsere eigenen alten Verletzungen zu heilen, damit wir unser Leid nicht an unsere Kinder weitergeben.

Natürlich sind nicht alle sexuellen Kontakte traumatisierend und vernichtend. Als Eltern müssen wir lernen, zwischen Missbrauch und normaler neugieriger Experimentierfreude zu unterscheiden.

Mit vierzehn war ich einen guten Kopf größer als die Jungen in meinem Jahrgang. Viel zu groß, als dass irgendein Junge in meinem Alter sich für mich interessiert hätte. Ich lernte sehr früh, dass Riesenmaße bei Frauen nur als sexy gelten, wenn sie sich auf die BH-Größe beziehen. Also verlegte ich mich auf ältere Jungen. Bedauerlicherweise stehen Größe und Reife oft in einem unmöglichen Verhältnis zueinander. Groß war ich zwar, aber mir war nicht klar, dass ältere Jungen andere Erwartungen an Mädchen haben.

Auf der Familienfeier einer Freundin wurde ich von Stuart angesprochen, dem Cousin einer weiteren Freundin. Er wollte mit mir ausgehen. Ich teilte meinen Eltern mit, dass ich am kommenden Samstagabend mit ihm verabredet sei.

»Kommt nicht in Frage«, erklärte mein Vater.

»Was soll das heißen?«

»Wie alt ist Stuart?«

»Siebenundzwanzig«, antwortete ich, innerlich jubelnd.

Mein Vater lachte. »Was glaubst du wohl, was ein Siebenundzwanzigjähriger von einer Vierzehnjährigen will? Glaubst du vielleicht, er würde den ganzen Abend lang nur Händchen halten?«

Diese Fragen hatten sich in der Disco, die mein Gehirn darstellte, auch schon am Rand der Tanzfläche herumgedrückt. Aber ich war schon vierzehn, klar? Ich konnte mit Männern umgehen. Ich wusste über Zungenküsse und Blowjobs Bescheid. Aber nein, mein Vater zwang mich, die Verabredung abzusagen.

Und dabei blieb es. Es war mir entsetzlich peinlich, Stuart absagen zu müssen, und ich hasste meinen Vater. Aber in Wahrheit war ich unglaublich erleichtert.

Wirklich erstaunlich, wie die Jahre eine Erinnerung mit ganz anderen Inhalten füllen und »der heiße Stuart wollte mit mir ausgehen« mit der Zeit zu »der perverse Stuart wollte einer Minderjährigen an die Wäsche« wird. Als Mutter einer Sechzehnjährigen würde ich Stuart wahrscheinlich das Knie in die Eier rammen, wenn ich ihn je wiedersähe. Zum Glück waren meine Eltern klüger als ich damals und steuerten mich an seinen gierigen Fingern vorbei.

Als ich sechzehn war, ging ich mit meinem Freund Tyrone und seinem Onkel zum Essen aus, während seine Tante mit den Cousinen verreist war. Nach dem Essen setzte der Onkel erst Tyrone daheim ab und fuhr dann mich nach Hause. Doch unterwegs hielt er plötzlich in einer kleinen Seitenstraße, stellte den Motor ab und gestand, dass er mich »sehr attraktiv« finde. Ehe ich mich versah, hatte er die Hände unter meinem Rock und in meinem BH. Als Nächstes zog er seine Hose herunter, um mir zu zeigen, wie die Erektion eines verheirateten Mannes aussah. Ich kann mich nicht genau erinnern, was ich mir damals gedacht habe – ich fand das Ganze irgendwie spannend, mir war vage bewusst, dass es »falsch« war, doch zugleich war ich fasziniert. Ich fragte ihn, warum er das tue, da er doch verheiratet sei. Offenbar machte seine Frau ihn einfach nicht mehr an. Im Vakuum meines jugendlichen Hirns kam die Vorstellung, dass mein straffer sechzehnjähriger Körper viel attraktiver war als der einer Frau Mitte dreißig, als fettes Plus für mein Selbstbewusstsein an. Ich musste ihm versprechen, Tyrone nichts davon zu sagen. Warum das die Dinge unnötig kompliziert hätte, begriff ich immerhin. Und ich verliebte mich prompt in den Onkel.

Daher war ich ziemlich niedergeschmettert, als er sich nie wieder bei mir meldete.

Rückblickend bereue ich keine dieser Erfahrungen. Ich war ein sexuell neugieriger Teenager und versuchte mich in linkischen Flirts mit älteren Männern. Ich war auf der Suche nach etwas, das ich noch nicht verstand und nicht in Worte fassen konnte, aber ich wollte sexuelles Interesse spüren. Beachtet, bewundert, begehrt werden. Aus meiner damaligen Sicht war es völlig in Ordnung, dass sich Männer um die dreißig für mich interessierten. Ich sah aus wie eine Frau. Aber ich war noch lange keine. Ich war ein Mädchen im Körper einer Frau, das »wenn ich groß bin« spielte. Ich habe geflirtet, ohne wirklich zu begreifen, was ich Männern präsentierte oder anbot. Das ist mir klar, wenn ich daran denke, wie ich nach solchen Erlebnissen am ganzen Leib zitterte vor Aufregung und Angst.

Doch Tyrones Onkel weckte ein Gefühl in mir, und dafür bin ich ihm sehr dankbar – das Gefühl, benutzt worden zu sein. Das fühlte sich nicht gut an. Danach entschied ich, stets die Kontrolle zu behalten und Jungen meinerseits zu benutzen, um Erfahrungen zu sammeln. Ich war mir sehr klar darüber, dass niemand mich mehr anfassen durfte, wenn ich nicht sicher war, dass derjenige mich wirklich mochte.

An all das muss ich denken, wenn es jetzt um meine Kinder geht – und ich sollte mich auf die richtige Art und Weise daran erinnern. Natürlich waren diese Männer Widerlinge, und es gibt eine Menge perverse Typen, die versuchen würden, meine Kinder an ihren intimsten Stellen zu berühren, ehe sie wirklich bereit dafür sind. Als sexuell erwachender Teenager habe ich ganz normale Neugier und ein neues Machtgefühl empfunden, und ich will keine Hundertachtzig-Grad-Wendung zur Hysterie, strengen Verboten und Moralpredigten machen. Jugendliche müssen experimentieren, um sich an die Sexualität heranzutasten. Mein Vater hatte ganz recht damit, mich nicht mit Stuart ausgehen zu lassen, aber die Erfahrung mit Tyrones Onkel bereue ich nicht. Ich lernte dabei dieses eigenartige Gefühl der Macht kennen, auch wenn meine neue Selbstsicherheit in diesem Fall unangebracht war.

Es ist ein Fehler, feministisches Gedankengut mit puritanischer Prüderie zu mischen. Damit leugnen wir die Handlungskompetenz, die junge Mädchen in sexuellen Situationen haben – und unbedingt haben sollten. Ich habe mich nicht missbraucht oder vergewaltigt gefühlt. Sondern begehrt. Ja, Tyrones Onkel war ein Ekel, das seine Frau betrogen hat, aber der Vorfall hat mich gelehrt, dass man auch verheirateten Männern nicht trauen darf und dass ich auf keinen Fall mit einem Mann verheiratet sein wollte, der es nötig hat, sich von einer Sechzehnjährigen einen blasen zu lassen. Er machte mir bewusst, dass Sexualität durchaus kompliziert ist.

Natürlich hätte er sich auch als Psychopath entpuppen und mich vergewaltigen können. Hat er aber nicht. Und weil ich meine Kinder nicht vor Männern wie ihm schützen kann, oder vor Situationen, die außer Kontrolle geraten könnten, hilft mir ein Gedanke: Ihr Einfallsreichtum, ihre Intelligenz und Intuition werden es ihnen möglich machen, aus so einer Situation auch wieder herauszukommen.

Bei meiner Recherche für dieses Buch bin ich auf sogenannte Rainbow-Partys« gestoßen. Die Bezeichnung klingt unschuldig, doch das Phänomen selbst (das manche auch für frei erfunden halten) dürfte bei vielen Eltern für Hyperventilation und moralische Panikattacken sorgen. Anscheinend schminken sich bei diesen Partys Mädchen die Lippen, jede mit einer anderen Lippenstiftfarbe, um dann den Jungs einen zu blasen. Eine nach der anderen hinterlässt ihre Lippenstiftfarbe auf den Penissen der Jungs, bis ein Regenbogen darauf entsteht. Der »Sieger« ist der Typ mit dem buntesten Schwanz.

Wie erniedrigend, wie schockierend – und wie unhygienisch ... die Erziehungsberechtigte in mir schüttelt es.

Aber mein innerer wilder Teenager sagt dazu: »Regenbogen-Partys? Und bei uns gab es höchstens Flaschendrehen.« Diese Partys könnten tatsächlich nur ein moderner Mythos sein. Aber ich kann mir gut vorstellen, dass ich mich als Teenager, wenn ich auf so eine Party geraten wäre, mit meinem feuerroten Lippenstift neben den anderen Mädchen eingereiht hätte. Warum? Weil Teenager nun mal die dämlichsten Dinge tun. Sie sind katastrophal neugierig. Und wenn wir mal ehrlich sind: Sobald man erwachsen ist und in einer festen Beziehung, hat man nicht mehr so oft Gelegenheit, mit seinen Genitalien idiotischen Unsinn anzustellen – außer man steht auf Orgien oder Swingerclubs, und für mich persönlich sind die nichts.

Außerdem sollten wir gar nicht alles live mitbekommen, was unsere Kinder tun. Genauso wie etwa erotische Textnachrichten nicht für die Augen der Öffentlichkeit bestimmt sind. (Mir tun die Promis leid, deren intime E-Mails oder SMS in der Klatschpresse landen. Niemand von uns hätte gern Zuschauer auf seinem iPhone. Einmal ist Jordan auf ein paar alberne Nachrichten von mir an Zed gestoßen – ich hatte vergessen, sie zu löschen. Es war entsetzlich peinlich.)

Wir müssen ganz tapfer und erwachsen sein und uns klarmachen, wie die Sexualität von Teenagern wirklich ist. Sie ist experimentell und überschreitet Grenzen, getrieben von impulsiver Neugier nach dem »Was würde passieren, wenn ich …?«. Wir können jammern und stöhnen und uns die Haare raufen vor Entsetzen – oder wir können uns vernünftig und urteilsfrei mit unseren Kindern unterhalten. Manche Teenager machen alles mit, was ihre Altersgenossen tun, andere lassen sich nicht darauf ein. Manche tun es, weil alle ihre Freundinnen es tun, manche würden gerne, lassen es aber bleiben, weil sie zu vernünftig sind oder keinen miesen Ruf riskieren wollen.

Meine Aufgabe besteht darin, meine Kinder zu stärken, damit sie in so bizarren Situationen wie einer Regenbogen-Party gute Entscheidungen treffen können. Mein Rat: Sei klug und geh nur Risiken ein, mit deren möglichen Konsequenzen du leben kannst. Geschlechtskrankheiten sind kein Spaß. Wie gefährlich ist dieses Risiko – körperlich, emotional, sozial betrachtet? Und denkt immer daran: *Jeder* hat heutzutage ein Smartphone. Möchtest du wirklich, dass diese eine saudümmste Nacht deines Lebens für die Ewigkeit festgehalten wird? Könntest du damit leben, wenn eine im Nachhinein bescheuerte Idee auf einer Facebook-Seite, in einem Tweet oder bei Youtube landet? Nichts ist mehr heilig, nichts geheim. Alles, was wir tun, kann uns lange verfolgen.

Als Eltern müssen wir hier besonders sorgfältig unterscheiden. Dass die sozialen Netzwerke dazu einladen, absolut alles preiszugeben, was wir tun, ist die eine Sache. Unsere moralische Einstellung zur Sexualität von Teenagern ist eine andere. Wir werden nicht mit allem einverstanden sein, was unsere Kinder tun. Es ist ein Fehler, sich allzu sehr aufzuregen, wenn es um Sex geht – wir sollen gar nicht alles wissen, was unsere Kinder real oder in ihrer Fantasie so treiben. Wir wollen ja auch nicht, dass sie solche Dinge von uns wissen. Möglicherweise werden sie auch in Sachen Sex Risiken eingehen – aber haben wir das nicht auch getan?

Wir müssen dafür sorgen, dass unsere Kinder aufgeklärt und klug sind und echte Entscheidungen treffen können, ohne sich unter Druck setzen zu lassen. Wir müssen ihnen Grundsätze und Hilfslinien vermitteln und sie über sexuell übertragbare Erkrankungen und ungewollte Schwangerschaft informieren.

Vor allem aber sollten wir ihnen selbst gesunde Sexualität vorleben, damit sie dem herrlichen Austausch von Körperflüssigkeiten, der sie da erwartet, mit Freude entgegenblicken und nicht voller Angst.

23 Coming-out

Ich singe vor mich hin – mit Katy Perry. »I kissed a girl and I liked it.« Vor allem den Geschmack ihres Lippenpflegestifts: Kirsch. Wer mag schon keinen Lippenbalsam mit Kirschgeschmack?

Shannon wirft ein, dass Katy Perry mit dem Text – »It's not what good girls do« – Schwulen und Lesben keinen Gefallen getan habe. »Damit deutet sie doch an, lesbisch sein wäre böse«, empört sie sich. Sie hat da hohe Prinzipien.

Vor einer Weile hat sie mich gebeten, eine Kurzgeschichte Korrektur zu lesen, die sie für den Englischunterricht geschrieben hatte. Mittendrin wurde mir bewusst, dass ihre Hauptfigur lesbisch war, und ich habe sie gefragt, warum.

»Ach ja«, antwortete sie beiläufig, »da hat mich wohl Tumblr beeinflusst.«

»Wie meinst du das?« Ich verstehe immer noch nicht, wie Tumblr funktioniert, aber schon die verstümmelte Schreibweise stört mich. Ich habe buchstäblich das Gefühl, dass mir da was entgeht.

Sie erklärt mir, dass Tumblr eine offene Gemeinschaft sei, in der schwule, lesbische, bisexuelle, transsexuelle, pansexuelle und sonstwas-sexuelle Menschen akzeptiert würden. Auf Tumblr ist Sexualität offenbar »keine große Sache«. Da fühlte ich mich doch gleich besser beim Gedanken daran, wie viel Zeit sie in dieser Online-Welt verbringt.

Insgeheim fragte ich mich auch, ob diese Haltung zum Teil

auch mein Verdienst sein könnte. Zed und ich haben unseren Kindern immer vermittelt, dass sie lieben und heiraten können, wen sie wollen – das Geschlecht spielt keine Rolle.

Als Shannon noch klein war und vier Barbies, aber nur einen Ken besaß – wie eine makabre Spielzeug-Version von *Der Bachelor* –, schlug ich ihr vor, die Barbies könnten sich doch gegenseitig heiraten. Sofort schüttelte sie den Kopf und sagte »Neiiiiiin«. Wenn man nur früh genug damit anfängt, kann man Kindern so ziemlich alles einflößen – Rassismus, Sexismus, Antisemitismus, Vegetarismus –, indem man es schlicht zur Normalität macht. Ich habe praktisch Jahre meines Lebens darauf verwendet, Jordan zu erklären, dass es schlicht falsch sei, jemanden als »schwul« zu bezeichnen, weil er nicht Basketball spielt. Nicht nur eine falsche Verwendung des Begriffs, sondern obendrein homophob – und das ist genauso schlimm, wie rassistisch zu sein. Ich dachte immer, Homophobie sei ein Teil der allgemeinen Unreife, aus der die meisten Leute irgendwann herauswachsen, dank intelligenter Gespräche, geistiger Offenheit und indem sie verdammt noch mal erwachsen werden. Doch Shannon hat diesen unreifen Teil einfach übersprungen. Das muss eine gewaltige Leistung sein, die entweder Zeds und meine Erziehung oder die moderne Gesellschaft vollbracht haben. So etwas gibt mir die Zuversicht, dass ihre Generation zu einer fortschrittlicheren, weiter entwickelten Spezies gehören könnte als meine.

Als ich in Shannons Alter war, kicherten meine Freundinnen und ich, wenn jemand »Homo« sagte. Wir gebrauchten Wörter wie »Schwuchtel« oder »Tunte« und kreischten hysterisch, wenn wir darüber redeten, was homosexuelle Menschen miteinander tun. Einer meiner besten Freunde war unverkennbar schwul, gab aber vor, sich nicht für Jungen zu interessieren. Wir spielten mit und »halfen« ihm, indem wir Verabredungen mit den schönsten Mädchen der Schule arrangierten. Zum Glück nahm er seine sexuelle Identität an, sobald er die Schule hinter sich hatte. Heute ist er ein angesagter Designer und schon lange in einer festen Beziehung mit einem umwerfenden Schweden.

Steven, einer meiner Interviewpartner für dieses Buch, ist Mitte vierzig. Als er zehn Jahre alt war, starb seine Mutter, und er wuchs bei seiner Tante auf. Obwohl er sich erst mit achtzehn offiziell outete, wussten alle, dass er schwul war. Während der Schulzeit wurde er zu mehreren Psychologen geschickt, die ihn »heilen« sollten. Seine Kindheit ist eine einzige Studie in Ausgrenzung, Ablehnung, Scham und Schuldgefühlen, und mit der Ausbreitung von Aids kam noch die Angst vor Krankheit und Tod hinzu. Ständig wurde er ermahnt, der Familie ja keine Schande zu machen und sein schmutziges Geheimnis gefälligst für sich zu behalten. Seine jüdische Familie erlaubte ihm nicht, am Freitagabend den Sabbat-Wein aus demselben Kidduschbecher zu trinken wie alle anderen. Wenn er die Toilette benutzt hatte, musste er sie mit Putzmittel und Bürste gründlich reinigen. Immer wieder sagten sie ihm, dass seine Mutter ihn verstoßen würde, wenn sie noch lebte.

Steve lebte eine Zeitlang in England, wo er junge Männer aus einfachen Verhältnissen kennenlernte, die von ihren eigenen Müttern mit älteren Männern verkuppelt wurden, damit sie das dürftige Einkommen der Familie aufbesserten. Einer seiner Freunde, der heute Ende zwanzig ist, stammt aus einer saudischen Familie. Er wurde zwei Jahre lang mit Elektroschocks zwangstherapiert, und wenn er bei seinen Eltern zu Besuch ist, kommt heute noch der Imam, um ihm heiliges Olivenöl einzuflößen – ob er will oder nicht.

Wenn Steven erzählt, was man als schwuler Jugendlicher so erlebt, bricht einem fast das Herz. »Die meisten von uns haben sich einsam und schuldig gefühlt und sich ihrer selbst geschämt. Wir wussten, dass wir anders waren und ein schreckliches Geheimnis hatten. Wie die Lady von Shalott waren wir in einem Turm gefangen, ausgegrenzt und isoliert, und konnten nur zuschauen, wie eine Welt an uns vorbeitrieb, zu der wir kaum gehörten.«

Doch Steven erklärt auch: »Heute ist die Welt für junge homosexuelle Menschen eine andere.« Vieles hat sich verändert. Promis wie Ellen DeGeneres, Elton John und Adam Lambert haben das Selbstgefühl von Lesben und Schwulen verwandelt. Gay-Pride-Straßenfeste, Fernsehserien wie *Modern Family* und *Queer as Folk* und Filme mit »Out & Proud«-Charakteren gehören heute zum Mainstream. Per Telefon und Internet sind Anlaufstellen und Selbsthilfegruppen auch für Eltern und Teenager leicht zu finden. Homosexualität als Menschenrecht und gleichgeschlechtliche Ehen sind in immer mehr Ländern auch juristisch anerkannt.

»Wenn ich zwanzig Jahre früher in einer freieren Gesellschaft aufgewachsen wäre, in der Zeitschriften über Erziehung und bewusste Elternkompetenz auf dem Couchtisch liegen – wer weiß, wie sich mein Leben entwickelt hätte?«, bemerkt Steven nachdenklich. »Die Geschichten, die man heute von homosexuellen Jugendlichen hört, klingen so ganz anders. Viele von ihnen haben ihre individuellen Kämpfe und Scharmützel zu überstehen, aber der Krieg ist im Großen und Ganzen gewonnen.«

Allen Veränderungen zum Trotz gibt es noch immer viele Eltern, die nicht akzeptieren wollen, dass ihr Sohn oder ihre Tochter homosexuell ist. Lieber zerstören sie die Beziehung zu ihrem Kind und sehen es nie wieder. Das macht mich fassungslos.

Ich erinnere mich an ein Gespräch mit der Mutter eines Freundes – Neil. Wir waren Anfang zwanzig, und Neil hatte sich soeben geoutet. Seine Mutter rief mich an und flehte unter Tränen, ich möge »ihm das ausreden«. Sie war felsenfest überzeugt davon, dass er nur noch nicht die Richtige kennengelernt hatte. Ich fragte sie, warum sie so außer sich sei. Er hatte sich schließlich nicht verändert, abgesehen von dem einen Punkt, mit wem er in Zukunft ausgehen würde – warum sollte sie das so treffen?

»Warte nur, bis du selbst Kinder hast«, schluchzte sie. »Dann wirst du mich verstehen. Was ist mit Aids? Diskriminierung? Keine Hochzeit, keine Enkelkinder ... nichts ...«

Da begriff ich endlich. Es ging nicht nur um Neil und sein persönliches Glück. Es ging genauso um sie und ihre Erwartungen, was er ihr im Rahmen eines stillschweigenden Mutter-Kind-Vertrags zu geben hätte.

»Vielleicht ist das ja nur eine Phase, die sich wieder legt«, hoffte sie, als wollte sie mit dem Schicksal verhandeln.

»Nichts hat sich verändert«, wiederholte ich. »Er ist derselbe wunderbare Sohn wie immer.«

»Viele Jahre später konnte sie das alles ziemlich locker sehen. Sie hat sich sogar dafür geschämt, wie sie damals reagiert hatte«, erzählt Neil.

Heute gehört sie wohl zu der Sorte Mütter, die den Christopher Street Day mitfeiern würden.

Mein Freund Shane ist das fünfte Kind seiner Eltern, mit vier älteren Schwestern. Als er sich seiner Mutter gegenüber outete, sagte die: »Wenn ich das geahnt hätte, dann hätte ich versucht, noch einen Sohn zu bekommen.« Shane brauchte Jahre, um zu begreifen, wie sie das gemeint hatte. Sie hatte sich jemanden gewünscht, der den Familiennamen weitertrug – das war nicht als boshafte Bemerkung gemeint gewesen. »Ich habe trotzdem lange gebraucht, um das zu verstehen und darüber hinwegzukommen. Wenn Eltern einem so etwas einfach vor den Latz knallen, kann einem das ewig nachhängen«, erklärt er.

Rebecca, die fünfzehnjährige Tochter meiner Freundin Gaby, hat sich bei ihren Eltern schon vor ein paar Jahren geoutet. Gaby hatte schon immer vermutet, ihre Tochter könnte lesbisch sein – zum ersten Mal hatte sie mit ihrem Mann darüber gesprochen, als Rebecca gerade mal vier Jahre alt war. Mit dreizehn vertraute Rebecca ihr dann an, sie glaube, sie könnte bisexuell sein. Eine Woche später sagte sie dann unter Tränen: »Also, ich glaube, eigentlich bin ich lesbisch.«

Gaby sagte ihr, dass sie sie deshalb genauso lieb habe wie immer und das »nicht wichtig ist«. Rückblickend hält Gaby das für einen Fehler: »Natürlich ist das wichtig! Es war dumm von mir, so etwas zu sagen.« Sie machte Rebecca klar, wie sehr sie sie liebt – alles an ihr, ihre sexuelle Identität eingeschlossen. Gaby hat die Schnauze voll davon, dass Rebeccas Großmutter glaubt, Rebecca wünsche sich verzweifelt einen Freund. Sie hat Rebecca schon ermuntert, ihr zu sagen: »Oma, ich stehe auf Mädchen«, um sie endlich zum Schweigen zu bringen. Aber Rebecca will nicht. Sosehr Gaby Geheimnisse verabscheut, möchte sie ihre Tochter doch nicht dazu drängen. »Es ist ihre Entscheidung, wann sie es wem sagt«, erklärt sie.

Aber ein homosexuelles Kind zu haben bringt eine Reihe ganz eigener Sorgen mit sich.

»Ich weiß, dass das ein Klischee ist, aber ich mache mir trotzdem Sorgen, weil Rebecca es schwer haben könnte, wenn sie in einer Beziehung ist, die diese Gesellschaft noch nicht vollständig akzeptiert«, sagt sie.

Es quält sie, dass Rebecca nicht das Gleiche erlebt wie heterosexuelle Jugendliche – verknallt sein, aufregende Dates und so weiter. An ihrer Schule gibt es zwar homosexuelle Schüler und auch eine transsexuelle Schülerin, aber die Schule ist klein, und die lesbischen Mädchen sind sehr wenige. Gaby befürchtet, dass Rebecca viel zu wenig mit Jugendlichen zusammen ist, mit denen sie sich identifizieren kann.

Außerdem macht sie sich Sorgen wegen der Gefahren, die Homosexuellen drohen, sogar Jugendlichen aus der Mittelschicht. »Jederzeit könnte irgendein homophobes Arschloch auf die Idee kommen, etwas Schreckliches zu tun.«

Gaby lebt in Südafrika, wo Lesben öfter Opfer des so genannten »corrective rape« sind – Männer vergewaltigen sie, um sie für ihre Homosexualität zu bestrafen und ihnen zu zeigen, was richtig ist. Der Begriff wurde nach dem Verbrechen an Eudy Simelane geprägt, Fußball-Nationalspielerin und LGBT-Aktivistin. Sie wurde am Stadtrand von Johannesburg vergewaltigt, verprügelt und dann erstochen. Solche Geschichten und die homophoben Umtriebe in Russland oder Nigeria müssen einer Mutter eine ganz spezielle Angst einflößen, obwohl Südafrika ein demokratisches Land ist und gleichgeschlechtliche Ehen anerkennt.

Trotz der vollen Unterstützung ihrer Eltern leidet Rebecca an Depressionen und Ängsten. »Mir ist es einfach scheißegal, zu welchem Geschlecht sie sich hingezogen fühlt. Aber ich tue mich sehr schwer damit, dass es für sie schmerzhaft ist, anders zu sein«, gesteht Gaby. Wenn Rebecca eine Freundin hätte, dürfte die auch selbstverständlich in Rebeccas Zimmer übernachten. »Ich finde es schlimm, wenn Kinder sich an gefährlichen Orten herumtreiben, weil sie zu Hause nicht willkommen sind.«

Als ich Gaby frage, was sie von Rebecca gelernt hat, zerreißt ihre Antwort mir beinahe das Herz: »Dass es nicht genug ist, wenn ich sie so liebe, wie sie ist. Sie muss sich auch selbst lieben.«

Gaby wünscht sich für ihre Tochter nur, dass sie »eine wunderbare Frau kennenlernt, die sie so sehr liebt, wie ich sie liebe«.

Shannon hört mich am Telefon mit einem meiner Interviewpartner für dieses Buch sprechen. Als ich aufgelegt habe, erklärt sie mir, dass eine meiner Fragen – Wann hast du dich bei deinen Eltern geoutet? – ins letzte Jahrhundert gehöre. »Sich outen«, sagt sie, »ist so was von heteronormativ. Warum sollten sich homosexuelle Menschen outen müssen, wenn Heterosexuelle das nicht tun?« Ich muss zugeben, das ist eine ausgezeichnete Frage.

Obwohl die Welt sich sehr verändert hat und Shannon und Rebecca für eine neue Ära stehen, gibt es noch immer viel zu viele Teenager, die gemobbt, beschimpft und in ihrer Familie, ihrer Kirche oder Gemeinde wegen ihrer Homosexualität abgelehnt werden. Ihre Eltern verleugnen die sexuelle Orientierung ihrer Kinder und weigern sich, darüber zu reden. Diese Jugendlichen laufen Gefahr, Depressionen oder Essstörungen zu entwickeln, wie mein Freund Matthew, der heute noch mit Bulimie und Magersucht zu kämpfen hat – ein körperlicher Ausdruck von Selbsthass. Die Scham, die sie darüber empfinden, wer sie sind, kann so machtvoll sein, dass sie nicht selten an Selbstmord denken oder sich gar umbringen.

Es gelingt mir kaum zu verstehen, warum Eltern ihr Kind seiner Sexualität wegen ablehnen. Ist das tiefsitzender Narzissmus oder ein unterdrückter Schatten? Wenn uns die Sexualität unseres Kindes so unangenehm ist, sollten wir uns dann nicht zuerst fragen, warum? Entweder können wir nicht ertragen, dass es anders ist als wir, oder wir leugnen, dass es uns ähnlich ist. Könnten homophobe Reaktionen daher rühren, dass wir unsere eigene latente Homo- oder Bisexualität verleugnen? Vielleicht ist das wieder eine dieser Gelegenheiten, bei der wir unserer ersten Reaktion nicht trauen, sondern etwas genauer hinsehen und etwas über uns selbst erkennen sollten.

Als Eltern müssen wir irgendwann mit der kognitiven Dissonanz klarkommen, die sich einstellt, wenn wir unser Kind ansehen und denken »Du bist aus mir herausgekommen, aber ich kenne dich nicht« – und ein Kind über alle Unterschiede zu uns selbst hinweg lieben. Narzissmus ist kein guter Erziehungsratgeber. Wir dürfen uns nicht von der Sehnsucht nach einer Miniaturausgabe unserer selbst leiten lassen. Sonst vergessen wir, dass unsere Kinder nicht hier sind, um uns das gelobte Land zu bereiten. Sie sind um ihrer selbst willen hier.

Das gehört zu den großen Herausforderungen an uns als Eltern. So werden wir erwachsen – indem wir Paradoxien aushalten, das Vertraute zusammen mit dem Fremden, das Bekannte mit dem Unbekannten. Indem wir das Mysterium der einmaligen Seele unserer Kinder achten, können wir selbst zu vollkommeneren Menschen werden.

24 Die Schönheit des Riskanten

Shannon geht allein auf ein Konzert. Sie hat sich schick gemacht und flattert vor Aufregung und Vorfreude darauf, die Musik zu genießen, ohne sich Sorgen zu machen, ob ihre Freundinnen sie auch toll finden. Es ist Prüfungszeit, und keine ihrer Freundinnen will eine kurze Nacht riskieren – aber Shannon ist ein Riesenfan von Bastille.

»Nimm von niemandem etwas zu trinken an«, rate ich ihr noch an der Haustür.

Sie verdreht die Augen gen Himmel. »Ich bin doch nicht blöd, Mum.«

»Und sei bloß vorsichtig im Moshpit, da werden immer wieder Leute erdrückt …«

»So ein Konzert ist das nicht«, erwidert sie seufzend.

»Mädchen werden von Fremden angegrapscht …«

»Kriegst du dich mal wieder ein?«, sagt sie und geht.

»Viel Spa–« Doch die Tür fällt ins Schloss, ehe ich die Chance habe, mich ganz cool zu geben.

Mich einkriegen? Ich werde mich erst einkriegen, wenn ich irgendwann nach Mitternacht ihren Schlüssel in der Haustür höre.

Ich schicke ihr eine SMS: »Bitte sag Bescheid, wenn du im Bus nach Hause sitzt.«

Ich warte kurz. »Ok«, schreibt sie zurück. Dann kommt noch eine Nachricht: ein Smiley.

»Ihr passiert schon nichts«, sagt Zed. »Es ist richtig, dass wir sie gehen lassen. Das ist ein vernünftiges Risiko.«

Ich seufze. Ich weiß ja, dass es richtig ist. Warum habe ich trotzdem das Gefühl, ich bräuchte ein Beruhigungsmittel?

Wenn ich mich an meine Teenager-Zeit erinnere, schüttelt es mich beim Gedanken daran, wie ich einmal sturzbetrunken mit dem Auto nach Hause gefahren bin und mir dann die Eingeweide aus dem Leib gekotzt habe. Ich hatte ungeschützten Geschlechtsverkehr mit Leuten, über deren sexuelle Vergangenheit ich rein gar nichts wusste, habe geraucht, bis mir das Atmen weh tat, und bin per Anhalter mit wildfremden Leuten mitgefahren – im Zeitalter vor dem Mobilfunk konnte ich meine Familie nun mal nicht immer anrufen und ihnen sagen, wo sie mich abholen sollten. Die Mutter in mir würde gern in die Vergangenheit reisen und meinem oberschlauen jüngeren Selbst den Kopf waschen. »Du hast Hausarrest, junge Dame!«

Nach außen hin war ich vernünftig, lernte fleißig für die Schule und engagierte mich ernsthaft für soziale Themen. Dennoch war ich zu unerklärlichen, ungeheuerlichen Dummheiten fähig, wenn es darum ging, Gefahren und Risiken einzuschätzen. Dabei war ich nicht einmal ein besonders abenteuerlustiger Teenager. Und natürlich könnte ich zur Verteidigung meines jugendlichen Selbst vorbringen, dass ich immerhin noch lebe, also haben sich diese Risiken wohl bezahlt gemacht.

Aber leider hatten einige meiner Freundinnen nicht so viel Glück. Ein Mädchen, mit dem ich aufgewachsen bin, zog sich beim ungeschützten Sex Genitalherpes zu (und beging mit Anfang zwanzig Selbstmord – ich habe keine Ahnung, ob es da einen Kausalzusammenhang gibt). Eine andere Freundin wurde magersüchtig und starb mit Anfang dreißig – sie hat nie geheiratet und war seit ihrer Highschool-Zeit nie mehr wirklich glücklich. Eine weitere wurde drogenabhängig und musste mit ansehen, wie einer ihrer Freunde nach dem anderen starb, manche allein auf öffentlichen Toiletten, die Nadel noch im Arm, während andere an ihrem eigenen Erbrochenen erstickten.

Manchmal glaube ich, dass Teenager nur durch die Gnade irgendeines Gottes jemals den sicheren Hafen des Erwachsenseins erreichen.

Weil wir selbst mal so jung waren und all das erlebt haben, ist uns quälend bewusst, was unsere Kinder erwartet. Aus unserem Blickwinkel sind diese Partys und Abenteuer alles andere als spaßig. Da draußen gibt es so viel Abscheulichkeit, dass einem angst und bange werden muss. Es ist nur zu wahrscheinlich, dass unsere Kinder allen möglichen bösen Wölfen begegnen werden (Zigaretten, Drogen, Alkohol, Mobbing, Depressionen, Gewalterfahrungen oder ungeplanter Schwangerschaft), während sie fröhlich durch den Wald spazieren auf dem Weg zu der Zukunft, die wir für sie geplant haben.

Seit wir selbst Teenager waren, gibt es ganz neue Ausgeburten des Schreckens, die Eltern Alpträume bereiten können. Dazu gehören Dinge wie Cyber-Mobbing, Amokläufe an Schulen, süchtig machende Computerspiele und Internetpornos, Planking, Anal-Shots (Alkohol-Einläufe), Eyeball-Shots (ein Schuss Wodka ins Auge), Chat-Roulette (per Webcam willkürlich mit Fremden chatten), Kondom-Schnupfen (ein Kondom in die Nase einführen und durch den Mund wieder herausziehen), Ohnmachtsspiele (sich eine Schlinge aus irgendwas um den Hals zuziehen, bis man ohnmächtig wird) … man könnte glauben, unseren Kindern sei langweilig. Was für durchgeknallte Irre kommen auf solche Ideen?

Als Eltern bleibt uns gar nichts anderes übrig, als eine gewisse Doppelmoral an den Tag zu legen und Wasser zu predigen, obwohl wir als Teenies selbst Wein getrunken haben. Ihnen zu applaudieren, wenn sie betrunken Auto fahren oder Ecstasy einwerfen, wäre mit der elterlichen Aufsichtspflicht eher schwer zu vereinbaren, obwohl unsere Erlaubnis ironischerweise sofort den Spaß daran verderben würde. Dieser Logik zufolge müssten Andenken an unser eigenes wüstes Verhalten in der Vergangenheit ebendieses Verhalten automatisch als »uncool« abstempeln. Allerdings kenne ich niemanden, der mutig genug wäre, diese bizarre Hypothese an den eigenen Kindern auszuprobieren, um die nerdigen Sachen cool und die gefährlichen uncool zu machen.

Also bringen wir pflichtbewusst unseren Kindern bei, wie man Perverse, Drinks mit K.-o.-Tropfen, gefährliche Chatrooms, Spontansex, böse Jungs, böse Mädchen und Nadeln erkennt und vermeidet – sowie alles, was in Clubs in den dunklen Ecken geschieht. Wir haben ihnen weiß Gott oft genug eingetrichtert: »Sag einfach nein«, und lass es. Setz dich nie betrunken ans Steuer, provoziere keine Schlägerei. Geh im Dunkeln nie allein nach Hause und steig nicht zu Fremden ins Auto. Aber wir wissen auch, dass sie einfach nicht nachdenken (haben wir denn früher erst nachgedacht?). Ihr nicht ganz funktionstüchtiger präfrontaler Kortex lässt ihnen ein nächtliches Kartenspiel auf dem Mittelstreifen als witzige Idee erscheinen – in diesem Moment. Wenn sie auch nur eine einzige Situation falsch einschätzen, kann das schmerzliche oder (Gott bewahre) sogar tödliche Folgen haben. Sie brauchen nur zum falschen Zeitpunkt am falschen Ort zu sein, wie Thomas Kelly und Daniel Christie (beide achtzehn Jahre alt) aus Sydney, die sich nur in Kings Cross einen schönen Abend machen wollten und völlig grundlos zu Tode geprügelt wurden.

Aber es ist nun mal so, dass wir keine Kontrolle darüber

haben, was im Internet geschieht, was ihnen so alles in ein Getränk geschmuggelt, womit ihnen ins Gesicht geschlagen oder wo sie auf der Tanzfläche angegrapscht werden.

Also, wie gehen wir damit um? Wie schaffen wir es, nicht den Verstand zu verlieren und mit der Doppelmoral klarzukommen, was wir selbst früher angestellt haben und wie unsere Kinder heute am Rand des Abgrunds tanzen?

Zunächst einmal können wir nicht jedes Mal Schnappatmung bekommen, wenn unsere Kinder ausgehen. Schluchzend in der Haustür zu stehen oder ihnen den Spaß ganz zu verbieten sorgt vielleicht für ihre Sicherheit – wie ein Hochsicherheitsgefängnis für seine Insassen. Aber es wird ihre Seele einschnüren, sie verkrüppeln und emotionale wie psychische Folgen haben. Wir müssen das Gleichgewicht finden zwischen unserer Sorge und dem Bedürfnis unserer Kinder nach einem eigenen Leben. In dem Wissen, dass sie wahrscheinlich alles ausprobieren werden, was wir mal ausprobiert haben, und dazu noch ein paar Dinge, die gerade erst erfunden werden. So wird man eben vom Kind zum Erwachsenen.

Wir können unsere Kinder weder vor allem schützen noch die Welt von allen Gefahren säubern. Aber wir können sie wappnen, indem wir die richtigen Gespräche mit ihnen führen. Wie der Psychologe Jerome Kagan sagt: »Eltern sind die erste Quelle des kindlichen Gewissens.« Wir müssen unseren Kindern sagen, was wir für richtig und falsch halten, sie dafür belohnen, wenn sie unseren Werten folgen, und sie »mit Kritik bestrafen«, wenn sie es nicht tun.

Während sie also lernen, eigene Entscheidungen zu treffen, können wir uns entscheiden, ob wir krank werden wollen vor Sorge oder ... uns ein bisschen weniger Sorgen machen. Ich habe in letzter Zeit meine Liste der Dinge, wegen deren ich mich zu sorgen bereit bin, ziemlich zusammengestrichen, nachdem meine Yogalehrerin eines Morgens gesagt hat: »Sich sorgen ist so, als bete man um Dinge, die man nicht will.«

Wenn man die Kindererziehung auf ein einziges Ziel reduzieren kann, dann ist das vermutlich die Kunst, anderen beizubringen, wie man Probleme löst. Wenn unsere Kinder klein sind, sagen wir ihnen, was sie tun sollen: »Wasch dir die Hände«, »Zeit zum Zähneputzen«, »Sag schön danke«. Wir schärfen ihnen ein, dass Fremde gefährlich sein können und sie nicht im tiefen Becken schwimmen dürfen. Wir bringen ihnen bei, sich mit Worten zu wehren, wenn jemand gemein zu ihnen ist. Diese Übungen im Problemlösen sollen unsere Kinder zu Menschen formen, deren eigene Entscheidungen sie vor ungeschütztem Sex, Drogen, Haftstrafen, Abtreibungen, Überschuldung, Abhängigkeiten und Selbstmord schützen können. Wir hoffen, dass sie dann klug genug sein werden, wenn ihnen jemand Heroin anbietet oder ein betrunkener Freund sie nach Hause fahren will.

Da gibt es nur ein Problem: Vernünftige Entscheidungen gibt es nicht ohne Risiken. Schließlich bereiten wir unsere Kinder nicht auf ein Leben im Kloster vor. Sie üben, später ganz normale Menschen zu sein – die ihre Fehler gemacht (und hoffentlich daraus gelernt) haben. Die manchmal eine gute Wahl getroffen haben und manchmal eine furchtbar schlechte. Wir können nur für sie da sein, wenn eine furchtbar schlechte Wahl Konsequenzen nach sich zieht, denen sie sich nur schwer allein stellen können.

Wenn wir also vorhaben, unsere Kinder auf konstruktive, überlegte Entscheidungen zuzusteuern, wäre es vielleicht gut, etwas mehr über die Neurophysiologie von Entscheidungen zu wissen. Wie treffen Teenager Entscheidungen?

Üblicherweise nach einer von drei Methoden: indem sie gegen uns rebellieren, ihre Vorbilder imitieren oder ihrer Intuition folgen.

In seinem Buch *Aufruhr im Kopf* schreibt Dr. Daniel Siegel, dass Teenager nun mal nicht tun, was wir sagen – ihre Gehirne sind gerade darauf programmiert, das, was wir ihnen sagen, abzulehnen. Sie tun womöglich genau das Gegenteil und benutzen uns als Richtschnur dafür, wie sie *nicht* sein wollen. Sie fragen sich nicht: »Was würde Mum tun?«, sondern »Was würde Mum ausrasten lassen?« – um sie selbst zu sein.

Wir helfen unseren Kindern am besten, zu guten Problemlösern zu werden, indem wir ihnen vorleben, wie man sinnvolle Entscheidungen trifft und in unerwarteten und schwierigen Situationen Ruhe bewahrt. Um das überzeugend durchzuziehen, müssen wir in uns selbst gut verwurzelt sein und unserer Intuition vertrauen. Wie haben wir diese Fähigkeiten erworben? Durch Erfahrung und Fehler. Mit anderen Worten: Unserem eigenen Urteil zu vertrauen, können wir nur üben, indem wir uns Risiken stellen und mit Problemen (und Lösungen) experimentieren.

Die meisten Entscheidungen trifft übrigens nicht unser logischer Verstand, sondern das intuitive Gehirn, das geheimnisvolle »Bauchgefühl«, das Malcolm Gladwell zufolge für einen Großteil dessen verantwortlich ist, was wir sagen, tun, denken und glauben. Professor Daniel Kahneman von der Universität Princeton hat uns gezeigt, wie stark unsere Intuition von kognitiven Verzerrungen geprägt ist (wie Bestätigungs- und Rückschaufehlern, Halo-Effekten, Verlustaversion oder dem »Negativity Bias«) – die somit auch unsere Entscheidungen beeinflussen. Der »Present Bias« – die Neigung, eher auf jetzt zu schauen als auf später, die dazu führt, dass wir zu viel essen, rauchen, am

Steuer eine SMS tippen und uns auf ungeschützten Sex einlassen – ist für viele Dummheiten verantwortlich (und nicht nur von Teenagern).

Wir können also nicht vorhersehen, wie unsere Kinder in einer beliebigen Situation reagieren werden. Wie helfen wir ihnen dann, mit Gefahren umzugehen und Risiken einzuschätzen? Siegel rät dazu, dass wir ihnen beibringen, auf ihr Bauchgefühl zu hören und nicht auf ihre Gedanken. Er bezeichnet das als *Interozeption*, eine bestimmte Art der Selbstwahrnehmung, die uns Zugang zu unserem inneren Kompass verschafft. Seine Methode ähnelt der Meditation und kann Jugendlichen helfen, diese Fähigkeit zu entwickeln – sich selbst und ihre inneren Prozesse zu reflektieren (allerdings wüsste ich nicht, wie man einen Teenager dazu bringen könnte, lange genug stillzusitzen und sich zu konzentrieren).

»Wir können ihnen helfen, Zugang zu ihrer Intuition zu finden. Innezuhalten und sich zu fragen: Fühlt sich das richtig an?«, erklärt er. »Ihre Emotionen stacheln sie auf, aber es gibt neuronale Netzwerke um das Herz und den Darm, die verlockenden Risiken etwas entgegensetzen können.«

Da wir nicht immer bei ihnen sein werden, um für ihren präfrontalen Kortex einzuspringen, ist die Entwicklung dieser Selbstwahrnehmung das größte Geschenk und die beste Versicherung für unsere Kinder. Und je besser unsere eigene Selbstwahrnehmung ist, desto besser stehen unsere Chancen, solche Fähigkeiten zu vermitteln.

Vor ein paar Jahren wurde Megan, die Tochter meiner Freundin Emma, völlig »aus den Gleisen geworfen«, als Emmas Mann sie verließ. Megan ging öfter aus, ohne ihrer Mutter Bescheid zu sagen, und blieb die ganze Nacht lang weg. Dutzende Piercings,

Komasaufen, Rauchen, das volle Programm. Emma war außer sich vor Sorge wegen Megans Verhalten, bis eine Psychologin ihr sagte: »Sie ist Ihr einziges normales Kind.« Etwa ein Jahr lang ging Emma, nun alleinerziehende Mutter ohne jede Unterstützung, durch die Hölle, aber sie sagt: »Ich wusste, dass Megan da wieder herauskommen würde.« Als ihre Tochter sie bat, ihr beim Entfernen ihres Nasenrings mit einer kleinen Kneifzange zu helfen, kommentierte Emma nicht etwa: »Ich hab's dir ja gesagt.« Sie gab Megan einfach die Zange und eine dicke Umarmung.

Unsere Kinder bei allem Möglichen einzuschränken – keine Piercings, keine Konzerte, kein fester Freund, keine Übernachtungen – ist eine Verschwendung von erzieherischem Kapital, sagt sie, das man dann nicht mehr in die Waagschale werfen kann, wenn es ernsthaft darauf ankommt. Sie vermittelt ihren Teenagern die Botschaft: »Tu es nicht (Drogen, Rauchen, Alkohol, Sex). Aber wenn du es doch getan hast und deshalb in Schwierigkeiten gerätst, komm zu mir. Niemand sonst wird sich wirklich um dich kümmern.«

Laurie Matthews leitet eine Institution namens The Caretakers Cottage in Sydney, in der Teenager Zuflucht finden, die obdachlos oder von Obdachlosigkeit bedroht sind. Er ist überzeugt davon, dass Teenager es heutzutage viel schwerer haben als wir damals. »Sie versuchen alle nur, ihr Leben selbst zu prägen und sich aus Mums Gängelband und unter Dads Daumen herauszuwinden. Manche machen das sehr geschickt, andere weniger.« Laurie ist der Ansicht, dass der Generation unserer Kinder vor allem soziale Fähigkeiten und Gemeinschaftsgefühl fehlen. »Sie leben in einer entfremdeten Welt. Viele Teenager fühlen sich unendlich allein.«

Seine Worte erinnern an die des Psychologen Jerome Kagan, der die Jugend von heute als »angespannt und besorgt« bezeichnet. Er fürchtet die Folgen des übermäßigen Erfolgsdrucks auf dem hart umkämpften Markt des modernen Lebens. Er könnte sie dazu treiben, Risiken einzugehen, die sie ansonsten vielleicht lieber gemieden hätten.

Die Sozialarbeiter im Caretakers Cottage helfen Jugendlichen, ihr Leben in den Griff zu kriegen und Ziele zu erreichen, die ihr Selbstbewusstsein stärken. »Stabilisierendes Verhalten« – wieder zur Schule gehen, durch Resozialisierungsmaßnahmen ständige Prügeleien vermeiden, einen Drogen- oder Alkoholentzug machen und festen Tagesabläufen folgen – schwächt die Neigung zum Risiko. Mit ihrer Unterstützung stellen die Jugendlichen einen Plan auf, wie sie Geld verdienen, Arbeit finden oder gesundheitliche Probleme lösen können, und setzen ihn um. Hier bekommen Teenager die Fähigkeiten an die Hand, die sie brauchen, um mit den Hürden eines ganz normalen Lebens fertigzuwerden. Das Caretakers Cottage ist ein Ort, an dem sich Chaos beruhigt und die Kids Selbstachtung lernen.

Laurie betont in unserem Interview, wie wichtig Eltern in dieser Lebensphase für ihr Kind sind, weil sie ihm eine optimistische Perspektive vermitteln können. »Kinder lernen eine Menge aus dem Glück und Wohlbefinden ihrer Eltern.«

Auch die erweiterte Familie spielt eine große Rolle. In enger verwobenen Gesellschaften (wie etwa der auf den Pazifikinseln, in vielen muslimischen Ländern, in der jüdischen, griechischen oder italienischen Kultur) sind Laurie zufolge viel mehr Menschen bereit, sich der Erziehung von Teenagern anzunehmen. Tanten, Onkel oder ältere Cousins und Cousinen springen bei oder geben dem betroffenen Jugendlichen sogar ein neues Zuhause. In der heutigen Welt braucht die Gesellschaft noch mehr weise »Älteste«, die Teenagern und ihren Familien diese Art von Unterstützung geben können, betont Laurie.

Isolation und Langeweile sind ein guter Nährboden für Risiken und Dummheiten.

Wir können unsere Kinder nicht kugelsicher machen. Aber wir können uns noch mehr Mühe geben, ihnen das Gefühl der Verbundenheit mit einem Elternteil, einem anderen Familienmitglied, einer Gemeinschaft und Sinnhaftigkeit zu geben. Sie müssen Selbstachtung, Augenmaß und Selbsterkenntnis weiterentwickeln, bis der Dopaminspiegel sich wieder einkriegt und der präfrontale Kortex anspringt. Das dauert eben seine Zeit.

Rochelle hat ihre beiden Kinder als alleinstehende Mutter großgezogen. Als ihr Sohn sechzehn war, hörte sie Gerüchte, er nehme Drogen. Dann bekam sie eines Tages einen Anruf von einer Lehrerin, die ihr sagte, er sei einfach aus der Schule verschwunden. Als er nach Hause kam, waren seine Augen gerötet und er war völlig weggetreten.

Rochelles Reaktion: Sie holte Hilfe, aber nicht nur für ihren Sohn – sie begann selbst eine Therapie, damit sie ihn besser unterstützen konnte. In dieser Krise verbündete sie sich sogar mit ihrem Ex-Mann, und die beiden kamen überein, ihren Sohn zu einer »Wildnistherapie« in den USA zu schicken. Bei diesem Interventionsprogramm verbringen Jugendliche einundachtzig Tage in der Wildnis. Es soll Charakter und Selbstachtung stärken, indem die Jugendlichen sieben Tugenden lernen, in Anlehnung an Werte indianischer Kulturen: Mut, Selbstdisziplin, Respekt, Ehrlichkeit, Arbeitsethos, Vertrauen (in sich selbst und andere) und Mitgefühl (mit sich selbst und anderen). Das Programm setzt hauptsächlich auf Ehrfurcht vor der Natur, positive Gruppendynamik und Übergangsriten des persönlichen Wachstums.

Es bietet den Jugendlichen Gelegenheit, sich mit echten, aber

»schönen« Risiken auseinanderzusetzen und dadurch jene Teile ihrer Persönlichkeit zu entwickeln, die so unbedingt wachsen wollen. In ihrem Ratgeber *All Joy and No Fun: The Paradox of Modern Parenthood* schreibt Jennifer Senior: »Vielleicht würden Jugendliche weniger dazu neigen, Häuser mit Eiern zu bewerfen und Geschwindigkeitsbeschränkungen zu missachten ... wenn sie positivere und interessantere Möglichkeiten hätten, ihren Drang nach Risiken auszuleben.« Sie stimmt der Psychologin Alison Gopnik darin zu, dass Jugendliche heutzutage gefährliche und völlig überflüssige Risiken eingehen, weil unsere Kultur Teenagern zu wenig nützliche, greifbare und lebenspraktische Risiken bietet.

In dieser Wildnistherapie müssen die Kids zwar auch introspektive Schreibübungen abliefern, aber sie machen eben auch »Survival Training« – sie lernen zum Beispiel, Feuer zu machen oder Fallen zu stellen. Das soll ihnen helfen, die kognitiven und verhaltensbezogenen Aspekte jedes angestrebten Wertes zu verinnerlichen.

Rochelle und ihr Ex-Mann mussten sich ebenfalls einer Reihe von Aufgaben stellen, bei denen sie ihre Rolle als Eltern betrachteten und die Kommunikation mit ihrem Sohn, vor allem in Bezug auf Grenzen und Vertrauen. Sie mussten »Elterngeschichten« schreiben, die dann ihr Sohn zu lesen bekam.

Diese Geschichten spielen eine wichtige Rolle im Therapieprogramm. Zum ersten Mal in ihrem Leben hören Jugendliche die Geschichten ihrer Eltern und deren Hoffnungen und Träume für ihre Kinder. Sie sind in der Lage, tatsächlich zuzuhören, statt ihre Eltern nach Kräften zu ignorieren. Der Gedanke dahinter ist, dass es den Jugendlichen so immer schwerer fällt, Rechtfertigungen oder Ausreden für ihr Verhalten zu finden und die ungeschönte Wahrheit über ihr Leben zu verdrängen oder zu verschleiern. Vor allem können sie auch die Liebe und Unterstützung ihrer Eltern nicht mehr leugnen oder als unbedeutend abtun.

Die Teenager schreiben während dieses Heilungsprozesses auch Autobiographien, die ihre Eltern zu lesen bekommen. Dieser Austausch von Geschichten legt den Grundstein für eine neue Brücke zwischen entfremdeten Eltern und ihren Kindern.

Rochelle hat mir erzählt, ihr Sohn sei als anderer Mensch zurückgekommen, aber acht Monate später rückfällig geworden. Ich fragte sie, ob die Therapie ihrer Meinung nach fehlgeschlagen sei, worauf sie erwiderte: »Nein, absolut nicht – das gehört zu diesem Prozess dazu. Wunderheilungen gibt es nun mal nicht.«

Als er achtzehn wurde, bat sie ihn, ihr Haus zu verlassen und zu seinem Vater zu ziehen. Heute ist er zweiundzwanzig, studiert und wohnt mit zwei Freunden zusammen. »Im Moment geht es ihm gut, aber wenn er gestresst ist, fürchte ich immer noch, er könnte wieder rückfällig werden«, erzählte sie mir.

Rochelle engagiert sich dafür, ein ähnliches »Wildnistherapie«-Programm für Jugendliche in Australien aufzubauen. »In einem Punkt bin ich mir ganz sicher – Teenager müssen raus in die Natur. Im Busch lernen sie Dinge, die sie hier von Gleichaltrigen nicht lernen können.« Dieser Meinung ist auch Jay Griffiths, die in ihrem Buch *Wild: An Elemental Journey* schreibt: »Von indigenen Völkern auf der ganzen Welt habe ich gelernt, dass in die Wildnis hinausziehen ein notwendiger Schritt der Initiation ist. Für junge Leute, die sich in der Wüste ihrer Psyche verirrt haben, ist die einzig wirksame Medizin das Land selbst.«

Was würde Rochelle Eltern raten, deren Teenager Drogen nehmen?

»Eltern sollten sich beraten lassen, damit sie das Verhalten ihrer Kinder in so einer Krise besser verstehen. Sie müssen weiter schauen als nur auf das unmittelbare Problem, denn das ist nur ein Symptom. Eltern müssen sich darauf einlassen, auch sich selbst gründlich zu erforschen und ihre Erziehung zum Teil grundlegend zu verändern. Eine Therapie kann nur funktionieren, wenn sie die Jugendlichen und ihre Familien einbezieht. Eltern müssen sich klarmachen, dass der Heilungsprozess ein langer Weg werden könnte, der seine Zeit braucht. Er erfordert außerdem gewaltiges Engagement und eine Menge Geduld.«

Noch lange nach meinem Interview mit Rochelle denke ich immer wieder über die Lehren dieser Philosophie der »Wildnis als Therapie« nach, die wir alle in unsere alltägliche Erziehung einfließen lassen können. Irgendwann wird jedes unserer Kinder irgendwelche »Probleme« haben. Ich sehe Aspekte der Systemtheorie, wo immer ich hinschaue.

In den finsteren Schatten, die sich um unsere Teenager zusammenbrauen, schimmern für mich Sätze wie »einander seine Geschichten erzählen«, »Brücken bauen« und »wieder zuhören lernen« – sie erinnern mich an mein eigenes Credo der Kindererziehung: immer in Verbindung bleiben.

Wir brauchen mehr solche Sätze. Mehr von dieser Art, Dinge auszudrücken, eine Sprache, die keinen Hype, sondern Hoffnung verbreitet.

Lange nach Mitternacht höre ich Shannon die Haustür aufschließen. Sie späht durch den Türspalt in unser Schlafzimmer und flüstert: »Ich bin zu Hause.«

»Wie war's?«, frage ich.

»Ach, Mum, es war fantastisch – sie waren unglaublich.«

»Das freut mich aber«, sage ich, und in meinen Augen brennen Tränen, die ich nicht so ganz verstehe.

Im Dunkeln greife ich nach Zeds Hand.

»Siehst du?«, raunt er. »Heute Nacht seid ihr beide ein bisschen erwachsener geworden.«

25 »Eine endgültige Lösung für ein vorübergehendes Problem«

Ich dachte immer, Depressionen bei Teenagern seien in gewissem Maße »normal« – eine angemessene Reaktion auf die Veränderungen und Herausforderungen des Erwachsenwerdens. Wenn sich das jugendliche Gehirn weiterentwickelt, werden Teenagern alle möglichen Ungerechtigkeiten bewusst, von Beliebtheitsskalen bis zur Lage der ganzen Welt, und sie regen sich zu Recht darüber auf. Sie empfinden Macht und Ohnmacht intensiver – das Recht des Stärkeren auf dem Spielplatz und nun auch auf sozialer und wirtschaftlicher Ebene. Die willkürliche Grausamkeit, mit der manche einbezogen und andere ausgeschlossen werden, die Dramen, die unerreichbare Schönheitsideale oder unerwiderte Liebe auslösen. In unserem Zeitalter des Strebens nach Schönheit und Beliebtheit kann es kaum etwas Schlimmeres geben als sprießende Pickel im Gesicht oder als Einzige in der Klasse keine Verabredung zum Schulball zu haben. Hinzu kommen echte Probleme – etwa Mobbing, psychische Erkrankungen, eine Behinderung, Drogen- oder Alkoholabhängigkeit, schulisches Versagen, kaputte Familien, mangelnde Aufmerksamkeit zu Hause, Verwirrung (und Schuldgefühle) um die eigene Sexualität, ungewollte Schwangerschaft, von Gruppen Gleichaltriger ausgeschlossen werden, Umzüge, Schulwechsel … Kein Wunder, wenn ihre Seelen manchmal zerdrückt werden wie eine Coladose unter einem Lkw-Reifen.

Zugleich wissen wir alle, dass Teenager zur Hysterie und Theatralik neigen. Sie geben Dinge von sich wie »Ich will sterben«, »Ich hasse diese beschissene Welt«, »Ich will gar nicht hier sein«, »Am liebsten würde ich mich umbringen«, »Ich hasse dich« oder »Ich wünschte, du wärst tot«. Einiges davon ist nur »typisch Teenager«. Jugendliche wollen nicht sein, wo sie sind. Sie wollen ihre Freiheit und alle möglichen Dinge, die sie noch nicht haben können. In ihrer glühenden Emotionalität verleihen sie manchmal Gefühlen Ausdruck, bei denen uns das kalte Grauen packt, obwohl sie in den meisten Fällen nur Dampf ablassen.

Als Eltern müssen wir lernen, den ganz normalen Wahnsinn vom gefährlichen Wahn zu unterscheiden. Die beiden nicht miteinander zu verwechseln erfordert permanente Wachsamkeit.

Denn Teenager begehen tatsächlich Selbstmord. Sie sind geradezu prädestiniert dafür. Erstens sind ihre Gehirne noch nicht vollständig entwickelt. Zweitens sind sie biologisch auf Risiko gepolt. Ihnen fehlt die größere Perspektive, die ihnen sagen würde, dass diese schreckliche Phase ihres Lebens 1.) bald vorbei sein und 2.) nicht ihr ganzes restliches Dasein bestimmen wird. Sie leben sozusagen in extremer Nahaufnahme in Super-Zeitlupe und sind nicht in der Lage, rauszuzoomen und ein Panoramabild ihres Lebens zu sehen. Deshalb greifen sie manchmal, um es mit Phil Donahues Worten zu sagen, zu einer »endgültigen Lösung für ein vorübergehendes Problem.«

Wie kann man also erkennen, ob tatsächlich die Gefahr besteht, dass ein Teenager sich das Leben nehmen könnte? Woran merkt man, dass sie in ernsthaften Schwierigkeiten stecken – vor allem in einer Phase, in der sie so viel vor uns verbergen?

Shannon wurde in der Grundschule gemobbt. Die emotionalen Narben, die dieses Erlebnis hinterlassen hat, sehe ich heute noch an ihr. Sie sind verhärtet – einmal wurde eine Freundin von Shannon von einer Mitschülerin gequält, und Shannon hat sich ihr entgegengestellt und sie herausgefordert, das noch mal zu versuchen. Das Biest zeigte ihr den Mittelfinger und verzog sich, und Shannon war die Heldin des Tages. Aber manchmal erhasche ich noch einen Blick auf den Schmerz von damals. Ein ängstliches Zaudern in bestimmten Situationen mit anderen Menschen. Scharfe Spitzen, wo eine weiche Reaktion klüger wäre. Das ständige »Ist mir doch egal«, mit dem sie so beiläufig um sich wirft, um mich von der Spur ihrer Enttäuschung abzulenken. Sie ist tough, aber was, wenn diese Zähigkeit sich verhärtet und verknöchert, bis sie gar nicht mehr anders kann?

Heutzutage findet das übelste Mobbing in den sozialen Netzwerken statt. Es ist anonym – noch einfacher als je zuvor, und umso vernichtender. Kein anderer Fall illustriert die fatale Macht dieser Kombination so drastisch wie der von Amanda Todd, der Jugendlichen aus Kanada, die am 7. September 2012 ein berühmtes Video auf Youtube einstellte. Darin erzählt sie der Welt ihre Geschichte – dem Kommentar eines anderen Teenagers zufolge »Das obertraurigste Video, was ich je gesehen habe«. Amanda hält handgeschriebene Zettel vor eine Webcam, einen nach dem anderen, auf denen sie erzählt, wie sie gemobbt, angegriffen und schließlich gebrochen wurde.

Alles fing damit an, dass sie online mit Menschen in Kontakt treten wollte und sich eine Webcam kaufte. Im Internet begegnete sie Männern, die ihr sagten, wie »umwerfend, wunderschön, perfekt« sie sei. Dann bat einer dieser Männer sie in einem Chat, ihm ihre nackten Brüste zu zeigen. Also zog sie vor der Kamera blank.

Ein Jahr später erhielt sie über Facebook eine Nachricht von einem Mann, der alle möglichen persönlichen Dinge über sie wusste. Er drohte ihr, wenn sie sich nicht vor der Kamera für ihn auszöge, würde er ihre Brüste überall im Internet verbreiten. Das tat er auch und löste damit eine grauenvolle Lawine aus. Sie hatte Panikattacken. Dann Depressionen. Sie begann Drogen zu nehmen und Alkohol zu trinken. Einige Zeit später spürte derselbe Mann sie trotz Umzugs auf und erstellte eine Facebook-Seite mit ihren Brüsten als Profilbild. Die Schule wurde zum Alptraum. Sie wechselte die Schule, aber »niemand mochte mich«. Sie wurde angepöbelt.

»Ich kann dieses Foto nie zurücknehmen, es wird für immer zu sehen sein«, stand auf einem der Blätter, die sie in die Kamera hielt.

In der Schule saß sie ganz allein da, weil niemand mit ihr befreundet sein wollte. Sie fing an, sich zu ritzen und anderweitig selbst zu verletzen. Sie wurde schikaniert, verprügelt, niedergeschlagen und liegen gelassen. Andere Jugendliche filmten die Attacke mit ihren Handys.

»Ich kam mir vor wie ein schlechter Witz ... Ich dachte, niemand hat so etwas verdient. Ich war ganz allein ... Ich wollte nur noch sterben.«

Sie versuchte sich umzubringen, indem sie ein Bleichmittel trank, wurde jedoch gerettet. Als sie aus dem Krankenhaus entlassen wurde, fand sie im Internet zahllose Posts wie »Sie hatte es verdient, hoffentlich ist sie tot.«

Die Familie zog in eine andere Stadt, Amanda ging wieder auf eine andere Schule. Doch ein halbes Jahr später posteten Leute Fotos von Bleichmitteln, taggten sie darunter und schrieben: »Sie sollte es mal mit einem anderen Mittel versuchen. Diesmal ist sie hoffentlich nicht zu blöd zum Sterben« oder »Ich hoffe, sie sieht das hier und bringt sich um«.

Ihre Videobotschaft geht weiter: *»Warum bin ich noch hier? Es wird nie wieder besser ... Ich kann nicht zur Schule gehen, Leute tref-*

fen, ich ritze mich ständig und bin schwer depressiv ... Ich weiß nicht weiter ... Was bleibt jetzt noch von mir? Es hört nie auf, nichts davon. Ich habe niemanden. Ich brauche jemanden.«

Dieses einst so bezaubernde, schelmische Mädchen, das sein ganzes Leben noch vor sich hatte, erhängte sich schließlich am 10. Oktober 2012.

Sie war nur ein ganz normaler, verletzlicher Teenager. Sie wollte gemocht werden, dazugehören. Es wäre gar nicht so viel nötig gewesen, damit sie genug Hoffnung hätte schöpfen können, um diese grauenhafte Zeit zu überstehen. Nur ein, zwei Freundinnen. Irgendjemand, der sich zwischen sie und diese grausamen Angriffe stellte, die sie langsam erdrückten.

Was macht Jugendliche zu Gestalten wie aus *Herr der Fliegen*? Wer sind ihre Eltern? Wie kann so etwas geschehen? Und warum ist ihr niemand zu Hilfe gekommen?

Und wo waren Amandas Eltern?, fragen sich manche jetzt vielleicht.

Die schreckliche Wahrheit lautet: Sie waren da. Sie haben versucht, ihr zu helfen. Sie sind umgezogen, haben sie auf andere Schulen geschickt. Sie haben getan, was jeder von uns für seine Kinder tun würde.

Und trotzdem fühlte Amanda sich ganz allein auf der Welt.

Während Shannon gemobbt wurde, Jungen gemein zu ihr waren und Mädchen sie gegen den Zaun der Schule schubsten, während dieser ganzen schlimmen Zeit habe ich nichts davon geahnt. Als ich endlich davon erfuhr, kam ich mir vor wie das letzte Wrack von einer Mutter, weil ich nicht eher etwas gemerkt hatte. Warum hat Shannon mir das nicht erzählt? Sie hat sich wohl geschämt. Und wollte mir das ersparen. Und sie wusste, dass ich nicht viel hätte tun können, um ihr zu helfen.

Teenager sind so verletzlich wie frisch geschlüpfte Schildkröten, die über den Strand zum Wasser krabbeln. Sie drehen und winden sich, zappeln in den ungewohnten neuen Grenzen ihrer Körper und Seelen, die ihnen noch fremd sind und sich erst neu gestalten. Wir ahnen deshalb nichts von ihrem Kummer, weil sie ihn vor uns verbergen – aus Scham, weil sie uns beschützen wollen und unsere Reaktionen fürchten. Also leiden sie still vor sich hin, und wir halten das Schweigen unsererseits aufrecht, denn sie wollen ja sowieso nicht mit uns reden, und außerdem wissen wir nicht so recht, was wir sagen sollen.

Wir wissen, dass sie sich verändern werden, wenn sie sich der Pubertät nähern. Sie werden stiller, abweisender. Plappern nicht mehr mit uns. Und manchmal ist es genau dieser Rückzug, der die Mobber schützt und unsere Kinder in Gefahr bringt. Als Eltern müssen wir uns oft zusammenreimen, was mit unseren Kindern geschieht – aus der Beobachtung ihres bizarren und schwierigen Verhaltens, das wir doch bis dahin für »normale Teenager-Spinnerei« gehalten hatten.

Ohne langjährige Erfahrung oder Ausbildung als Eltern sind wir dabei hauptsächlich auf unseren Instinkt angewiesen. Wir könnten die Entscheidungen und die Verantwortung auch an Erziehungsratgeber und Experten abgeben. Aber dann fehlt uns eine enge Verbindung zu unseren Kindern – weil es einfach zu schwer war, sie aufrechtzuerhalten – und unser Instinkt ist eingerostet. Wir haben kein Vertrauen mehr zu unseren Teenagern und zu uns selbst.

Aber genau an diesem Punkt werden wir dringend gebraucht. Jugendlichen fehlt die Lebenserfahrung – sie verstehen noch nicht, dass schmerzliche und schlimme Erlebnisse uns stärker und widerstandsfähiger machen, wie man aus Kränkungen Klarheit und Selbsterkenntnis gewinnen kann und dass früh erlebte schwere Zeiten zum Fundament unserer Kraft (und unserer Narben) werden. Ihr Schmerz ist ungefiltert und erscheint ihnen unendlich.

»Es wird nie wieder besser ...«

»Ich weiß nicht weiter ...«

»Was bleibt jetzt noch von mir?«

»Es hört nie auf, nichts davon.«

In ihrer Welt fühlt es sich so an, als würde ihr Leid niemals enden. Eltern müssen das wirklich »kapieren«. Wir sollen die Last ihres Kummers nicht von ihnen nehmen oder kleinreden, sondern mit ihnen, mit ihrem Kummer präsent sein. Wir haben mehr Lebenserfahrung als sie – das ist schon viel wert. Wir wissen, dass unerträgliche Situationen auch vorübergehen und dass Lösungen, nach denen wir verzweifelt suchen, manchmal einfach auftauchen, wenn wir am wenigsten damit gerechnet hätten. Und wir müssen einen Weg finden, unseren Kindern das zu vermitteln.

Im Frühjahr 2013 schickte eine meiner Lektorinnen mir ein Manuskript mit der Bitte, eine Rezension dazu zu schreiben. Es war *Boy* von Kate Shand – sie schildert darin die Geschichte vom Selbstmord ihres Sohnes. Ich war noch am Boden zerstört vom tragischen Tod meiner wunderbaren Freundin Emma und nicht sicher, ob ich Kates Kummer so direkt ins Auge blicken konnte. Aber ich erklärte mich bereit, das Manuskript zu lesen.

»Ich habe einen Sohn mein Sohn ist tot ich hatte einen Sohn ... Ich hatte einen Sohn er war vierzehn und er hat sich erhängt.«

Diese ersten Zeilen, Kates kreiselnde Gedanken, packten mich wie ein Angelhaken. Ich konnte das Manuskript nicht weglegen, bis ich es zu Ende gelesen hatte. Die ganze Zeit über erwartete ich Anhaltspunkte dafür, dass mit Kates Sohn JP etwas »nicht stimmte« – dass er ein bestimmtes psychisches Problem gehabt hatte oder Kate eine grauenhafte Mutter war. Ich las und suchte nach irgendeiner Erklärung, einem Faktor, der JP von meinem Sohn unterschied. Doch ich fand nur die schonungslose Selbsterforschung einer Mutter, die ihren Sohn (und ihre drei Töchter) sehr geliebt hatte und ebenfalls verzweifelt versuchte, seinen Selbstmord zu verstehen. Es war die Geschichte einer ganz normalen Mutter mit einem scheinbar ganz normalen vierzehnjährigen Sohn – der gemobbt worden war (wem ist das noch nie passiert?), still und verschlossen wurde (welcher Teenager ist das nicht?), Marihuana ausprobierte (wie so viele), die Schule verabscheute (tun sie das nicht alle?) und dem eines Tages alles zu viel wurde.

An jenem Tag hatte Kate vorgehabt, nach der Arbeit mit JP Burger essen zu gehen und »mit ihm zu reden«, wie ich es mit Jordan tun würde, wenn er gerade eine schwere Zeit durchmacht. Aber sie kam nicht mehr dazu, sich mit ihm zusammenzusetzen und herauszufinden, was so schwer auf seinem Herzen lastete, dass er glaubte, es nicht überleben zu können.

Kate schildert die qualvollen Gefühle der Mutter eines Kindes, das sich das Leben nimmt. Die Gedanken daran, wie schrecklich das Kind gelitten haben muss, und die Schuldgefühle, weil sie es nicht verhindern konnte. Der Selbstmord ihres Sohnes ließ sie an ihren Fähigkeiten als Mutter grundlegend zweifeln. In ihrem Buch nimmt sie schonungslos ihre Kindererziehung unter die Lupe, ihre eigene persönliche Geschichte wie auch die ihres Ex-Mannes, alles auf der Suche nach Antworten. Es ist geprägt von verzweifeltem Mut und rückhaltloser Ehrlichkeit. Kate entblößt sich darin bis auf die Knochen und nimmt uns mit an den Rand des Erträglichen.

Durch dieses Buch wurden Kate und ich Freundinnen. In einem Gespräch sagte sie etwas so Mutiges zu mir, wie ich es selten von einer Mutter gehört habe: »Mein Sohn hat nicht danach geschrien, dass ihm jemand zuhört – sein Hilferuf war so leise, dass ich ihn nicht gehört habe. Wenn ich eine leisere, ruhigere, entspanntere Mutter gewesen wäre, hätte ich ihn vielleicht hören können. Das ist kein Ausdruck von Schuldgefühlen, sondern das Ergebnis tiefer Selbstreflexion. Ich war und bin fest entschlossen, mich durch diese Tragödie zu verwandeln, *nicht* dieselbe zu bleiben als Person und als Mutter. Ich muss Verantwortung übernehmen, nicht für seinen Tod, sondern dafür, dass ich mich weiterentwickle, und meine Kindererziehung auch.«

Ich habe mich mit Kate über die Tochter meiner Freundin Susan unterhalten, die manchmal Selbstmordgedanken äußert. Kate glaubt daran, dass Worte Sicherheit bedeuten. Sie wünschte, JP hätte mit ihr gesprochen, hätte die Worte gefunden, ihr zu sagen, was er durchmachte. Dass er nicht viel redete und ein stilles, in sich gekehrtes Kind war, macht ihr so viel Kummer. Wenn wir doch nur wüssten, wie wir Gespräche über das Leben, Suizid und den Sinn hinter alledem eröffnen könnten ... und unsere Kinder ihre schlimmste Frustration ausdrücken lassen, ohne dass wir aus Angst vor dem Sturm in ihrem Herzen zurückweichen.

Während ich dieses schreibe, lese ich *Stay* von Jennifer Michael Hecht. Darin erklärt sie, dass Selbstmord »das zukünftige Selbst auf unfaire Weise vorwegnimmt und verhindert«. Sie schreibt: »Leiden und Überleben sind auch eine Art, der Menschheit zu dienen, und das kann schon für sich genommen ein wenig glücklich machen.« Teenager sind so gut im Leiden. Sie können inbrünstig darin aufgehen. Als Teenager war mein

Lieblingszitat (von Ralph Waldo Emerson): »Der Sinn des Lebens besteht nicht darin, glücklich zu sein, sondern nützlich zu sein, ehrenhaft, mitfühlend, so dass es für die Welt nicht gleichgültig ist, ob du gelebt und ein gutes Leben geführt hast.«

Heute frage ich mich, was zum Kuckuck Emerson damit sagen wollte – warum sollte man Glücklichsein so trennen von Mitgefühl und einem Leben im Dienst an der Welt? Viktor E. Frankl hatte schon recht, als er in *... trotzdem Ja zum Leben sagen* erklärt, dass wir Sinn in unserem Leben selbst erschaffen und Glücklichsein ein Nebenprodukt dieser Sinnhaftigkeit ist.

Unsere Teenager müssen lernen, dass das Leben nicht gleich sinnlos ist, wenn es keinen Spaß macht. Schreckliche Tage und Trauer und enttäuschte Erwartungen überstehen zu können ist für sich genommen schon eine sinnvolle Erfahrung.

Dass ich mich an Ratschläge aus Erziehungsbüchern hielt, die »Time-Outs« als Konsequenzen für unerwünschtes Verhalten befürworten, war einer der schlimmsten Fehler, die ich als Mutter je gemacht habe. Die Folgen meines idiotischen Glaubens an alles, was in diesen Büchern stand, musste Jordan als Kleinkind ausbaden. Immer wieder setzte ich ihn in die »stille Ecke« oder verbannte ihn allein in sein Zimmer, wenn er »unerwünschtes Verhalten« gezeigt hatte. Seine Wutanfälle wurden schlimmer. Ich las noch mehr Bücher. Ich setzte sie noch energischer um. Er geriet immer mehr außer Kontrolle.

Schließlich schlug eine befreundete Psychologin mir vor, lieber »bei Jordan zu sein«, wenn er sich aufregte. Sie erklärte mir, dass Kinder, die von ihren Emotionen überwältigt werden, jemanden brauchen, der diese Emotionen auffangen kann (Containing). Indem man das Kind allein in ein Zimmer verbannt, vermittelt man ihm die Botschaft: »Deine überwältigenden Gefühle sind auch für mich zu viel. Geh weg und sieh zu, wie du allein damit klarkommst.« Mit einem Wutanfall sagt ein Kind uns, dass es genau das nicht *kann*. Es zu verbannen verschärft nur das Problem.

Ich kann den Selbsthass und die Reue nicht in Worte fassen, die mich packten, als mir klarwurde, was ich da jahrelang getan hatte. Bei Jordans nächstem Wutanfall versuchte ich es mit der neuen Methode. Ich sah ihm in die Augen und nahm seinen Schmerz wahr. Seine Wut. Ich sagte ihm: »Ich bin für dich da. Ich weiß, dass das gerade zu viel für dich ist, aber es ist schon gut. Ich bin da. Ich lasse dich nicht allein.«

Er schlug weiter um sich und brüllte Beschimpfungen.

»Alles in Ordnung?«, fragte ich.

»Nein, natürlich nicht!«, kreischte er.

»Was brauchst du?«

»Nichts! Ich hasse dich! Ich hasse mein Leben! Ich hasse alles«, brüllte er.

»Ich bin immer noch da«, sagte ich. »Lass es mich wissen, wenn ich etwas tun kann … dich vielleicht mal in den Arm nehmen?«

Ich weiß nicht, wie lange ich sanft auf ihn einreden und ihm immer wieder sagen musste, dass ich für ihn da sei, aber irgendwann verrauchte seine Wut. Er nickte. Und ließ sich von mir in den Arm nehmen.

Während ich ihn an mich drückte und spürte, wie er schluchzte, wurde mir klar, dass Leute sich entsetzlich einsam fühlen, wenn sie so toben. Sie brauchen die Gewissheit, dass sie immer noch geliebt werden und jemandem kostbar sind, auch wenn sie sich gerade völlig wertlos fühlen.

Diese Lektion habe ich nie vergessen. Zwar habe ich weiterhin Bücher über Kindererziehung gelesen, aber nie wieder blind irgendwelche Ratschläge daraus befolgt.

Jennifer Michael Hecht untersucht in *Stay* Reaktionen auf Selbstmord und verschiedene Denkansätze und zieht den Schluss, dass Menschen, die sich gebraucht und geschätzt fühlen, sich trotz ihres Leids dafür entscheiden könnten »zu bleiben«. Sie schreibt:

> Wir können lernen, an die Wirkung kleiner Handlungen auf das eigene Empfinden zu glauben. Wenn wir uns akut entsetzlich elend fühlen, gelingt es uns vielleicht nicht, diesen Glauben zu finden: Wir versuchen uns beispielsweise vorzustellen, wie wir mit anderen Menschen Verbindung aufnehmen, aber es geht einfach nicht. Wir können uns nicht allein mit dem Gedanken an Wodka betrinken. Ebenso wenig können wir die positiven Gefühle, die der Kontakt zu anderen uns bringt, allein beim Gedanken an diesen Kontakt empfinden. Wir müssen erst handeln, uns dann gewahr werden, wie eine Handlung unsere Perspektive verändert, und uns schließlich diese Erfahrung gut merken. Wenn wir uns diese Arbeit sogar schon gemacht haben, bevor für uns eine finstere Zeit beginnt, dann können wir vielleicht auf diese Erfahrungen zurückgreifen, wenn wir etwas brauchen, das uns mitträgt, bis wieder bessere Zeiten kommen.«

Bei unseren Kindern müssen wir alles daransetzen, den Schatten ans Licht zu bringen und ihnen die verbalen und emotionalen Fähigkeiten zu vermitteln, durch die sie ihre Gedanken und Gefühle für sich benennen und in Worte fassen können. Wir dürfen vor schwierigen Gesprächen nicht zurückscheuen – das Leben ist kein Spaziergang. In den Teenager-Jahren wird es plötzlich sehr ernst. Einen Teenager, der schwierige Themen anspricht, sollte man nicht zum Schweigen bringen nach dem Motto »Reg deine Mutter/deinen Vater nicht auf, indem du über deprimierende Dinge sprichst«. Statt unseren Kindern das Sprechen zu verbieten oder nur hinter ihrem Rücken im Flüsterton über Krebs, Terrorismus oder Selbstmord zu reden, sollten wir solche Gespräche als Chancen annehmen. Sie sind ein Weg zu einem robusten Bewusstsein, das in der Lage ist, paradoxe Situationen auszuhalten, Schwierigkeiten zu überwinden und kreative Lösungen für emotionale Probleme zu finden.

Außerdem haben wir noch ganz praktische Aufgaben. Wenn wir uns um die Sicherheit eines Kindes sorgen (nicht auf reaktive, panische Art und Weise), müssen wir professionelle Hilfe suchen, wie meine Freundin Holly es getan hat. Als ihre Tochter Jacqui fünfzehn war, wurde bei ihr eine Depression festgestellt. Sie bekam Antidepressiva verschrieben, die ihr halfen, die schwierigen Teenager-Jahre durchzustehen.

Wir können uns schlau machen und versuchen, Depression bei Jugendlichen zu verstehen – wie sie aussieht, wie sie sich anfühlt. Wir können Phrasen und platte Ermahnungen wie »Du solltest dankbar sein für alles, was du hast, statt darüber nachzugrübeln, was du nicht hast« aus unseren Gesprächen verbannen. Unsere Kinder sollen uns doch ihre Traurigkeit anvertrauen können. Für sie verfügbar sein, ohne zu urteilen oder zu kritisieren, einfach nur in ihrem Schmerz für sie da sein – allein das kann ihre Gefühle unerträglicher Einsamkeit oft schon lindern. Forschungen haben gezeigt, dass Teenager mit einem starken sozialen Netz – Familie, Freunde, Sportvereine und andere Gruppen, die sich um Kultur, Musik oder Religion drehen – und dem Gefühl, zu etwas Größerem zu gehören als nur ihrem leidenden Selbst, über viel mehr Möglichkeiten verfügen, mit überwältigenden Gefühlen umzugehen.

Kates Buch über den Selbstmord ihres Sohnes ist zu einem der machtvollsten Werkzeuge in meiner eigenen Entwicklung als »Kindererziehende« geworden. Ihre Aufrichtigkeit und ihr Mut, sich selbst so schonungslos zu betrachten, hat mich angespornt, noch gründlicher in mir selbst nachzuforschen, um meine Kinder besser zu verstehen.

Das Leben hält allen möglichen Kummer bereit, und wir müssen unseren Kindern beibringen – und vorleben –, wie man mit dieser Erfahrung umgeht. Wie man am Schmerz schier zerbricht, sich davon erholt und prompt wieder gebrochen wird. Die Teenager-Jahre sind eine schrecklich einsame Zeit: »*Ich habe niemanden. Ich brauche jemanden.* ☹«

Wir müssen unseren Kindern zuhören – ihren Wutausbrüchen wie ihrem Schweigen. Wir müssen die Qualen, mit denen sie ringen, wahrnehmen und anerkennen. Wir können ihnen helfen, den Humor und kleine Albernheiten im Alltäglichen zu entdecken, sie ermuntern, sich zu bewegen, ihnen so viel frisches Obst und Gemüse wie nur möglich ins Essen schmuggeln und ihnen vielleicht Bücher von anderen Menschen empfehlen, die mit Depressionen zu kämpfen hatten.

Aber vor allem können wir sie immer wieder daran erinnern, wie sehr wir sie lieben und wie kostbar und wichtig sie uns sind. Jennifer Michael Hecht schreibt:

> Wir stecken alle gemeinsam in dieser Situation. Du bist verantwortlich dafür, dass du dich nicht umbringst. Wir übrigen – und du selbst auch – schulden dir dafür unseren Dank und unseren Respekt. Wir sind uns gegenseitig etwas schuldig, und diese Schulden sind eine Art Zuversicht – eine wunderschöne, wenn auch sehr merkwürdige Zuversicht. Wir hoffen uns gegenseitig ins Leben.

Wir sind diejenigen, die ihnen ihre Zukunft vor Augen führen können. Erinnern wir sie daran, dass »alles irgendwann vorbeigeht« und sie bis dahin nicht allein sind.

26 Das gefährliche System

Die Mütter sind aufgedonnert, mit High Heels und Lippenstift, die Väter tragen Business-Anzug und Krawatte. Ich trage noch meine Yoga-Klamotten vom morgendlichen Sonnengruß. Ich suche Plätze möglichst weit hinten, damit Shannon und ich unauffällig hinausschlüpfen können, sobald wir das Wichtigste mitbekommen haben. Dieser Vortrag soll uns nicht nur über Fächerwahl und akademische Erwartungen informieren, sondern auch uns Eltern versichern, dass es die richtige Entscheidung war, unsere Kinder auf eine Privatschule zu schicken.

Als ich mich umschaue, sehe ich Shannon ein paar Reihen weiter vorn bei ihren Freundinnen sitzen. Ich bemühe mich, nicht verlegen zu sein, weil ich ganz allein dasitze. Den fremden Eltern, die an mir vorbeigehen, um möglichst weit vorn zu sitzen, lächle ich kurz zu. Ich kenne nur wenige von ihnen beim Namen und verbringe schon gar nicht privat so viel Zeit mit den Eltern von Klassenkameradinnen wie damals, als Shannon zur Grundschule ging. Die meisten treten als Team auf – Mütter und Väter. Zed und ich wechseln uns immer ab nach dem Motto »Diesmal gehe ich hin, nächstes Mal bist du dran.« Offensichtlich nehmen wir unsere schulische Verantwortung nicht mehr ernst genug. Nach zwölf Jahren mit diesen Pflichtveranstaltungen, die doch nur Eltern um kostbare Freizeit bringen, habe ich keine Lust mehr. Am liebsten würde ich ständig etwas dazwischenrufen.

Ich zücke mein iPhone und vertiefe mich in Facebook, um nicht noch Smalltalk machen zu müssen. Es gibt einen neuen Podcast von Dan Savage darüber, was Heterosexuelle von Homosexuellen über Sex lernen können. Als er vor ein paar Monaten beim »Festival of Dangerous Ideas« in Sydney auftrat, ging ich mit Shannon hin, um eventuelle Lücken in ihrer Sexualaufklärung binnen einer Stunde zu schließen. Sie hörte zum ersten Mal, wie das Wort »Möse« in aller Öffentlichkeit ausgesprochen wurde, und es ist mir wichtig, dass sie sich mit irgendeiner Terminologie wohl fühlt (da »Vagina« sie ja offenbar nicht vom Hocker reißt).

Der Rektor räuspert sich, und ich blicke auf. Er heißt uns herzlich in der Schule willkommen und erinnert uns auch gleich daran, wie gut sie im letzten Schuljahr im landesweiten Vergleich abgeschnitten hat. »Keiner unserer Schüler lag unter siebzig Prozent.« Er strahlt. Die anderen Eltern nicken selbstzufrieden in der Gewissheit, dass unser Geld gut angelegt ist.

»Und dies ist bei weitem der beste Jahrgang, den wir je hatten«, fährt der Rektor fort. »Von diesen Kindern dürfen wir Großartiges erwarten.«

Dem Saal schwillt die kollektive Brust.

Der Rektor erinnert uns daran, wie wichtig es sei, dass unsere Kinder »sich die Wahl ihrer Fächer sehr gut überlegen«. So viel hängt daran. Ihre Abschlussnoten. Und wie diese gewichtet werden. Ihre Aussichten auf einen Studienplatz. Ihre Zukunft.

Ich seufze laut. Auf dem Weg hierher hat Shannon sich aus genau diesen Gründen wegen ihrer Fächerwahl schier verrückt gemacht. Ich habe ihr gesagt: »So furchtbar wichtig ist das gar nicht.« Aber ehe ich erklären konnte, dass die Hauptfächer, für die sie sich mit sechzehn entscheidet, sie keineswegs unwiderruflich für den Rest ihres Lebens auf etwas festlegen, dass sie noch viel Zeit hat herauszufinden, wer sie sein und was sie auf dieser Welt mit ihren Begabungen anfangen will, fuhr sie mir über den Mund. Sie behauptete, ich hätte keine Ahnung, wovon ich rede, und »Seit du zur Schule gegangen bist, hat sich eine Menge verändert«.

Ich schwieg. Meine Glaubwürdigkeit ist offenbar gleich null, also kann ich sie nicht davon abbringen, dass Chemie statt Schauspiel ihr »bessere Berufsaussichten« bringen würde. Ich kann ihr jetzt nicht klarmachen, dass ihr Leben nicht zu Staub zerfallen würde, wenn sie Kunst statt Mathe nähme, und dass kein Mensch auf dem Sterbebett auch nur einen Gedanken daran verschwende, welche Hauptfächer er im letzten Highschool-Jahr belegt hatte.

Ich hänge nicht an irgendeiner bestimmten Vorstellung, was meine Kinder mit ihrem Leben anfangen werden, wenn sie erwachsen sind. Mir liegt nichts daran, dass sie Ärztin, Buchhalter, Unternehmerin oder Lehrer werden. Solange das, was sie tun, nicht illegal oder unmoralisch ist und sie genug verdienen, um ihre Rechnungen zu bezahlen und das Leben zu genießen, können sie von mir aus auch Gartenerde schaufeln, Regale auffüllen, Pakete ausliefern oder Memos abtippen. Sollte eines meiner Kinder jedoch Anwalt oder Anwältin werden wollen, dann werde ich versuchen, ihnen das auszureden. Warum? Weil das Rechtswesen nicht glücklich macht und das mein größter Wunsch für meine Kinder ist – dass sie glücklich sind. Warum legt die Schule da nicht mehr Wert darauf?

Als Jordan neun Jahre alt war, sagte er zu mir, die Schule habe »seine Seele erdrückt«. In stiller Verzweiflung musste ich mit ansehen, wie er in der kleinen öffentlichen Schule kämpfte und um sich schlug. Er konnte die vielen Regeln nicht akzeptieren, weil er sie als willkürlich empfand, er schwänzte Stunden, die er nicht mochte, weil »sie uns immer wieder dieselben Arbeitsblätter machen lassen«, und hasste seine Lehrer im Allgemeinen, weil sie »nervig und dumm« waren. Die Nachrichten über sein »untragbares Benehmen«, die er praktisch wöchentlich mit nach Hause bekam, zeigte er mir nie.

Neulich habe ich ihn gefragt, warum er so oft mitten in der Stunde aus dem Klassenzimmer gerannt sei.

Er dachte gründlich nach, ehe er mir antwortete: »Manchmal, wenn zu viel los war – wenn es laut war oder der Lehrer nicht für Ruhe gesorgt hat –, hat sich das angefühlt, als wäre mein Kopf auf einmal zu klein. Ich musste da raus.«

Ich denke an die unzähligen Tadel, die er für seine »Frechheit« kassiert hat, weil er fluchtartig das Klassenzimmer verließ und auf den Schulhof oder sogar vom Schulgelände rannte. Was er sich für sein schlechtes Betragen von so vielen Lehrern anhören musste. Wie oft er Bestrafung statt Verständnis erfuhr. Wie falsch Erwachsene doch liegen können.

Die Schule liegt nun mal nicht allen, und dennoch sind nach dem Gesetz alle schulpflichtig. Manche Kinder durchschauen die Schule sehr früh. Sie wollen sich nicht in ein System einfügen müssen, das darauf ausgelegt ist, Einheitlichkeit zu produzieren. Jahrelang habe ich mich gefragt, ob es nicht besser gewesen wäre, meiner Überzeugung zu folgen und ihn auf eine Waldorf-Schule zu schicken, deren Pädagogik zumindest die emotionalen, körperlichen und seelischen Veränderungen berücksichtigt, die es für Jugendliche so qualvoll machen, stundenlang in Klassenzimmern zu sitzen. Als ich Jordan einmal darauf ansprach, machte er ein finsteres Gesicht. »Die lernen doch erst mit zehn oder zwölf richtig lesen und schreiben. Das ist total … bescheuert.«

Also sind wir »im Schulsystem« geblieben und haben den

Kampf aufgenommen. Das System, das er so hasst und das es ihm schwermacht mit frustrierten, kleinlichen Lehrern, zwanghafter Einheitlichkeit (zur Schuluniform nur schwarze Socken – für weiße gibt's Nachsitzen), Schaumgummi-Bällen statt echter Bälle im Sportunterricht (damit sich auch ja niemand weh tut) und Lehrkräften, die Jordan zufolge »die Mädchen anders behandeln als die Jungen« und ihre »Lieblinge« haben. Mir ist nur allzu bewusst, dass die Schule für ihn eine Art Folter ist, die Zed und ich ihm meinen antun zu müssen – und sei es nur, damit er üben kann, Dinge zu akzeptieren, die er nicht mag und die ihn ärgern.

Ein paar Jahre nach dem Selbstmord ihres Sohnes JP wanderten Kate und ich einen Berg hinauf. Ich folgte ihren sicheren Schritten, und sie erzählte mir von einem Mann aus Kanada, den sie kürzlich kennengelernt hatte. Sein jüngster Sohn verkündete seinen Eltern mit vierzehn, nach vielen unglücklichen Jahren an diversen Schulen, dass er nicht mehr zur Schule gehen wolle. Der Mann war Akademiker und Bildung ein wichtiger Wert in der Familie. Aber sein Sohn wollte auf Wanderschaft gehen. Nach reiflicher Überlegung erlaubten er und seine Frau dem Jungen, die Schule abzubrechen, sich das Geld für seine Reise zu verdienen und loszuziehen. Ihre einzige Bedingung war, dass ihr Sohn sich jedes Mal bei ihnen meldete, wenn er irgendwo angekommen war, damit sie immer wussten, wo er sich aufhielt. Er reiste jahrelang kreuz und quer durch Kanada und die USA.

Kate drehte sich mit von der Kälte geröteten Wangen und blitzenden Augen zu mir um und sagte: »Ich weiß noch ganz genau, was ich empfunden habe, als er mir diese Geschichte erzählt hat. Er war ziemlich reserviert und zurückhaltend, wie wohl die meisten Eltern, wenn das Leben ihrer Kinder nicht nach den Vorstellungen der Allgemeinheit läuft. Und ich dachte nur: Wow. So mutig war ich nicht. Es war sehr mutig von dieser Familie, eine Entscheidung zu treffen, die den gesellschaftlichen Konventionen und Erwartungen so zuwiderläuft. Sie haben ihrem Sohn zugehört und das Richtige für ihn getan. Seine Eltern haben sich von ihrem Instinkt – nein, von ihrer Intuition leiten lassen ... Ich war traurig, weil ich nicht in der Lage gewesen war, das für meinen Sohn zu tun. Zu viele Zweifel und Bedenken, die in meinem Kopf hämmerten. Mein Herz sagte mir, dass JP alles tun könnte – sogar im Busch leben –, und mein Kopf protestierte *Nein, was soll dann aus ihm werden?* In der Schule wird er wenigstens sozialisiert, und wenn nicht, dann zumindest beaufsichtigt – er muss die Schule abschließen, und dann kann er tun, was er will. Wie lächerlich. Wenn ein Kind so unglücklich mit seinem Leben ist, und das vor allem in der Schule – warum es dann weiter diesem Schmerz und Kummer aussetzen? Wir zwingen das Kind, weiter zur Schule zu gehen, weil wir Angst haben, dass sie ansonsten keinen Abschluss haben werden, keine sozialen Fähigkeiten, dass sie nicht normal sein, keine Arbeit finden, kein Geld verdienen werden. Dabei ist die Welt so groß und wunderschön und bietet jede Menge Gelegenheiten und Möglichkeiten, für die man keinen Schulabschluss braucht. Die Schule soll dafür sorgen, dass wir uns alle anpassen und den Status quo aufrechterhalten. Sie ist nicht dazu da, die Bedürfnisse unserer Kinder zu erfüllen. Wir haben Angst davor, auf unser Herz zu hören, weil wir uns davor fürchten, wo das hinführen könnte ... Als Eltern merken wir es doch, wenn das System unseren Kindern schadet – aber wir unternehmen nichts dagegen und hören nicht auf unsere Intuition, weil wir uns nicht vorstellen können, was die Alternativen wären.«

Liegt es letzten Endes an mangelnder Vorstellungskraft, dass wir die Möglichkeiten für so begrenzt halten? Oder an Lethargie beim Gedanken daran, sich etwas Neues einfallen zu lassen, das uns nicht schon praktisch abgepackt präsentiert wird? Warum fällt es uns so schwer, Kontakt zur individuellen Persönlichkeit unserer Kinder zu finden, damit wir herausfinden können, was sie wirklich brauchen?

Bei Kates Geschichte musste ich an Dr. Benjamin Spock denken, dessen Buch *Säuglings- und Kinderpflege* 1946 erschien. Darin brach er mit den strengen Zeitplänen und der Disziplinierung, die behavioristische Pädagogen bis dahin propagiert und zugleich Eltern als »unwissend« dargestellt hatten. Spocks Buch beginnt mit den schlichten Worten: »Vertrauen Sie sich selbst. Sie wissen mehr, als Sie glauben.«

Hätte Dr. Spock ein Buch über Teenager geschrieben, hätte er es wahrscheinlich mit demselben Satz begonnen.

Bei dem Selbsthilfe-Guru Dr. John Demartini wurden in der ersten Klasse Legasthenie und eine Sprachstörung festgestellt. Seine Klassenlehrerin prophezeite ihm, dass er nie lesen und schreiben lernen und es im Leben zu nichts bringen werde. Mit vierzehn brach er die verhasste Schule ab. Er lebte eine Weile auf der Straße und zog mit siebzehn nach Hawaii – wegen des Surfens. Ein Yogakurs veränderte sein Leben, und heute ist er einer der erfolgreichsten Motivations-Coaches weltweit.

Aus einer E-Mail von Kate an mich:

Vor allem hat sich (seit JPs Tod) verändert, dass es mir nicht mehr wichtig ist, ob das Leben meiner Kinder auf irgendeiner Spur läuft – keine Erwartungen mehr. Ihr Leben soll seinen eigenen Rhythmus haben. Den bestmöglichen Schulabschluss machen, dann studieren, sich qualifizieren und in einen Beruf einsteigen, das eilt doch nicht. Ich will Sanftheit, Fröhlichkeit und keinen

Stress – es ist mir egal, dass die (Mathe-)Lehrerin zugleich die Mutter einer Klassenkameradin ist, und wer weiß schon, was meine Tochter im Unterricht wirklich lernt! Wenn meine Achtzehnjährige noch ein Jahr zum Lernen braucht, oder drei oder vier oder den Rest ihres Lebens, dann macht mich das nicht mehr nervös. Ich gehörte früher zu den Müttern, die sich schon stressen, wenn ihr Kind einen Tag Unterricht oder seinen wöchentlichen Tanzkurs versäumt. Alles war so wichtig, als wären sie sonst irgendwie zu einem Leben im Mittelmaß und einem miserablen Gehalt verdammt – als könnten sie irgendwelche entscheidenden Grundlagen verpassen und deshalb versagen! Jetzt ist mir das einfach egal. Endlich habe ich eine wunderbar weite Perspektive, und wenn mein Kind mit sechs Jahren eine Woche zu Hause bleibt, damit eine Mittelohrentzündung in Ruhe von selbst ausheilen kann, dann ist mir bewusst, dass sich das nicht auf den Rest ihres Lebens auswirken wird. Na ja, vielleicht doch, aber auf positive Weise – indem sie die Erfahrung macht, dass *sie* wichtig ist, und nicht das, was sie leistet oder erreicht. Dass mir ihr Wohl am wichtigsten ist.

Ich sitze in der Elternversammlung und stecke mir unauffällig die Kopfhörer in die Ohren, um mich wieder Dan Savages Podcast zu widmen. Nun gestikulierte Shannons Rektor da vorne lautlos in Anzug und Krawatte vor sich hin, und ich musste an einen Post denken, den ich bei Facebook gesehen hatte: »Manche Eltern bringen nicht mehr zustande, als ihr Kind nach Harvard zu schicken.«

Manchmal sind wir als Eltern so sehr in das System und seine Erwartungen verstrickt, dass wir das aus den Augen verlieren, was wir uns für unsere Kinder wirklich wünschen.

27 Der ganze spirituelle Scheiß

Harvard oder Yale mögen der Traum mancher Eltern für ihre Kinder sein. Mein Traum ist, Shannon und Jordan dazu zu bringen, dass sie an irgendetwas Transzendentes glauben. Nennen wir es Gott, göttliche Energie, göttlicher Geist ... ich bin nicht wählerisch, was Titel angeht. Manche Teenager stürzen sich früh voller Inbrunst auf eine Religion – beten jeden Abend, besuchen gewissenhaft Gottesdienste, ob in einer Synagoge, Moschee oder Kirche, und enthalten sich der Masturbation oder des Verkehrs mit dem anderen Geschlecht. Manche träumen sogar davon, Nonne oder Rabbiner zu werden. Aber meine Teenager glauben nicht an Gott. Ihrer Ansicht nach ist Gott was für alte Leute. Wie mich. Es fällt einem wohl leichter, an Gott zu glauben, wenn man Kinder geboren hat. Von jemandem, der die göttliche Verbindung zwischen PMS und einem Baby noch nicht versteht, kann man noch nicht mehr erwarten. Teenager neigen dazu, das Irrationale und Nichtmaterielle abzulehnen. Sie wissen, mit wem Taylor Swift gerade herummacht und dass Lindsay Lohan einen Fünfundsiebzigtausend-Dollar-Pelzmantel in einem Nachtclub verloren hat. Wenn man es nicht in einer Klatschgazette liest oder in einem Youtube-Clip sieht, wie soll man dann auch daran glauben?

Als ich ein Teenager war, wandte mein Vater sich einer orthodoxen Form unserer Religion zu, trug einen schwarzen Hut, ließ sich einen Bart wachsen und betete mehrmals am Tag. Da ich nun mal ein Mädchen war, durfte ich bei all den aufregenden heiligen Bräuchen nur noch zuschauen, dem Rabbi nicht die Hand schütteln und in der Synagoge nicht neben meinem Vater sitzen. Manchmal kam ich mir vor wie ein wandelndes Herpes-Virus. Von mir wurde nicht mehr erwartet, als dass ich einen netten jüdischen Mann heiratete, einen Haufen Babys bekam und koschere Hühnersuppe kochen konnte.

Das war nichts für mich (obwohl ich letzten Endes tatsächlich einen jüdischen Mann geheiratet und Babys bekommen habe und meine Hühnersuppe der Hammer ist).

Im Lauf der Jahre habe ich mir meine persönliche Spiritualität selbst zusammengestellt: einen bunten Flickenteppich aus buddhistischer Meditation, Yoga und den stillen Gesprächen im Inneren, die manche Leute als Beten bezeichnen. Ich besuche regelmäßig Meditationsseminare oder Retreats, um in die Stille zu gehen, an meiner übersinnlichen Pinnwand etwas liebende Güte zu posten und all jenen zu vergeben, die mich innerlich zum Kochen bringen. Jeden Abend, ehe ich das Licht ausschalte, bete ich, etwa für die Gesundheit der Tochter einer Freundin und dass ein guter Mann in ihr Leben treten möge.

Meine Kinder sind mit Schweigeminuten groß geworden. Dem Anzünden von Kerzen. Opfergaben. Dankbarkeitsritualen. Zed und ich haben sogar eine passable Darstellung der jüdischen Traditionen zustande gebracht, damit ihnen die heiligen Bräuche vertraut sind, falls sie sich je dafür entscheiden sollten, unsere Religion ernst zu nehmen. Meine Kinder haben verstanden, dass in unserer Familie »der Zehnte bezahlt« wird. Die Summe ist nicht so wichtig: Wenn Geld hereinkommt, muss ein Teil davon auch anderen zugutekommen. So bleibt uns immer bewusst, dass wir auf diesem Planeten alle miteinander verbunden sind und es anderen viel schlechter geht als uns.

Als Matriarchin dieses kleinen Clans habe ich meine eigentümliche Spiritualität meiner Familie übergestülpt. Als die Kinder noch klein waren, haben sie begeistert mein Silvester-Ritual mitgemacht und ihre Wünsche auf bunte Stoffstreifen geschrieben, die wir dann wie Gebetsfähnchen an der Feuertreppe aufhängten. Am ersten Frühlingstag haben wir mit einem Bad im Meer »unsere Traurigkeit weggewaschen«. Einmal hatten wir sogar eine Woche lang Engel zu »Gast« in unserem Haus, samt Altar im Wohnzimmer. Bis vor kurzem haben meine Kinder bei alledem mit einem gutmütigen »Warum nicht?« einfach mitgemacht.

Doch je näher sie der Pubertät kamen, desto seltener nahmen sie an so etwas teil. Ihre Ehrfurcht wich dem Zynismus und einem Hauch Ungeduld. Früher musste ich nur mit Zed um den Platz im Wohnzimmer kämpfen, wo meine Meditationskissen ordentlich aufgestapelt liegen, und darauf warten, dass der Fernseher ausgeschaltet und Meditationsmusik aufgelegt wird. Das war ein fairer Kampf – einer gegen eine. Jetzt sind wir bei drei gegen eine.

Meine Kinder behandeln mich wie eine exzentrische Tante – die ihre Dreadlocks mit Frangipani schmückt, ihr Kokoswasser aus echten Kokosnüssen trinkt und davon redet, dass man »in der Menses die Energie der Anhaftung loslassen« sollte. Wenn ich mal eine kurze Meditation oder ein Ritual anstelle von *Modern Family* vorschlage, kommt nur ein kollektives Seufzen und genervtes Schnauben.

»Mum, wir stehen einfach nicht so auf den ganzen spirituellen Scheiß«, nuschelt Shannon.

Ich bemühe mich ehrlich, nicht verletzt zu sein. Natürlich erinnert sie sich nicht an ihr »Willkommen in der Welt«-Ritual unter dem Baum in unserem Garten, bei dem meine buddhistische Lehrerin und meine Freundinnen einen Safranfaden herumreichten, von einer zur nächsten, als Symbol unserer Verbindung miteinander – da war sie ja auch erst ein paar Monate alt. Alle brachten ihr ein Geschenk, das kein Geld gekostet hatte, und wir raunten unsere Segenswünsche für ihr Leben. Sie weiß nicht, wie oft ich sie in weißes Licht getaucht, in meinen Gebeten ihren Namen geflüstert oder das Universum angefleht habe, ganz besonders gut auf sie aufzupassen. Wahrscheinlich fände sie das alles sowieso »irgendwie unheimlich« und völlig überflüssig, weil es keinen Beweis dafür gibt, dass Gott überhaupt existiert. Und Beten ist »bisschen seltsam und so, okay?«.

Vor einem Jahr stand Jordan in einem leuchtend weißen Hemd und einer Kippa in einer Synagoge und las auf Hebräisch aus den uralten Schriften, ohne einen einzigen Fehler. Und das, obwohl er eine Woche zuvor noch einen halben Nervenzusammenbruch bekommen hatte, weil er bis dahin auf keinen Fall richtig vorbereitet sein würde und von dieser ganzen Bar-Mizwa-Sache »total gestresst« war.

»Das ist so ein Blödsinn«, sagte er.

»Was denn?«

»Dieses ganze ›Jetzt bist du ein Mann‹-Getue. Wir wissen alle, dass ich noch kein Mann bin, sondern noch ein Junge.«

Da hat er natürlich recht, aber die Bar-Mizwa ist ein Übergangsritual. Solche Rituale helfen uns bei Veränderungen, weil sie eine Verwandlung markieren, auch wenn man sie nicht sehen oder spüren kann. Wenn wir über eine solche spirituelle Schwelle treten, nehmen wir ein zukünftiges Selbst an – auch wenn wir dann den Rest unseres Lebens dieser Projektion hinterherlaufen.

Jetzt, da meine Kinder schon größer sind, kann ich ab und zu ein paar Tage verreisen, um im »Edlen Schweigen« zu sitzen und meinem eigenen Atem zu lauschen. Wenn ich meinen Kindern erkläre, dass ich die kommende Woche mit einer Gruppe von wildfremden Menschen verbringen werde, hauptsächlich im Lotussitz mit geschlossenen Augen oder zur Abwechslung sehr langsamen Schritten, keine Gespräche, kein Fernsehen, kein Internet, keine Chat-Nachrichten oder Tweets, nicht einmal Lesen, schaudern die beiden. »Das hört sich schlimmer an als im Gefängnis«, sagt Jordan.

»Und dafür bezahlst du auch noch?«, fragt Shannon ungläubig.

»Es ist sehr entspannend«, erkläre ich.

»Ich kapier das nicht«, urteilt Jordan.

Das ist eine alterstypische Reaktion. Na ja, Zed reagiert genauso. »Was immer dich glücklich macht«, sagt er und ist erleichtert, dass ich ihn nicht mitschleife. Wie soll ich ihnen erklären, wie sehr ich die Gesellschaft von Fremden genieße? Niemand will etwas von mir oder wüsste auch nur meinen Namen, um mich um ein Taschentuch zu bitten. Diese Retreats sind so weit weg vom Chaos meines Alltags, wie es nur geht – und sie laden mich wieder auf, damit ich als Mutter weiter funktioniere.

Bei meinem letzten Retreat belehrte uns meine buddhistische Lehrmeisterin über die *Brahmaviharas*, die erstrebenswerten Geisteshaltungen des Menschen, die der Buddha definiert hat.

Die erste ist liebende Güte, eine Haltung der Freundlichkeit gegenüber allen Lebewesen. Sie unterscheidet sich von unserer gewohnlichen Auffassung der elterlichen Liebe, weil sie unpersönlich großzügig ist. Sentimentalität oder manipulative Freundlichkeit sind auch nicht dasselbe wie liebende Güte. Die gehört in meine Erziehungswerkzeugkiste, ganz klar.

Wenn liebende Güte auf Leid trifft, wird sie zu Mitgefühl. Einem leidenden Menschen zu sagen »Stell dich nicht so an« ist nicht mitfühlend. Der Knackpunkt ist, bei jemandem zu bleiben, mit seinem Schmerz präsent zu sein. Als Mutter empfinde ich Mitgefühl für meine Kinder, wenn es ihnen schlechtgeht, und wenn es ihnen gutgeht, nehme ich auch daran Anteil.

Das ist die nächste Geisteshaltung, die Mit-Freude – wir freuen uns über das Glück eines anderen, auch dann, wenn dieselbe Sache uns nicht glücklich machen würde. Mit-Freude fragt nie »Was springt dabei für mich heraus?«. Wenn Shannon davon spricht, nach dem Schulabschluss in Europa leben zu wollen, dann muss ich genau diese schwer erreichbare Haltung finden – Mit-Freude – ohne mich verlassen, ungeliebt oder übergangen zu fühlen. Die einzig wichtigen Fragen lauten: Folgt sie ihren Träumen? Lebt sie ihr bestmögliches Leben?

Und wenn uns all das gelingt, können wir den Zustand der Gleichmut (nicht zu verwechseln mit Gleichgültigkeit), der Nicht-Anhaftung erreichen. Das ist der Hauptgewinn – in allen Beziehungssituationen friedvoll und gelassen bleiben zu können, nicht nur, wenn es gut läuft, sondern auch und vor allem dann, wenn etwas schiefgeht.

Ich denke über diese vier »himmlischen Verweilzustände« nach und setze sie mit meiner tiefen Sehnsucht in Beziehung, die beste Mutter zu sein, die ich nur sein kann.

Also, ich meinesteils bin dankbar für diesen spirituellen Scheiß. Er hilft mir, diese Phase zu überstehen und mich der unbekannten Zukunft zu stellen.

Ich träume immer noch davon, eines Tages mit meinen Kindern »in den Busch« zu gehen. Zusammen Retreats zu besuchen und zu meditieren. Ihnen die bedeutendsten spirituellen Orte der Welt zu zeigen. Ich möchte das, was meinem Leben am meisten Sinn gibt, so gern mit ihnen teilen. Aber da ist mein Einfluss auch schon zu Ende. Spiritualität, Glaube, ist Privatsache, ganz ähnlich wie eine Liebesaffäre die Privatsache zweier Menschen ist. Liebe kann weder angeordnet noch vererbt werden. Man muss sie finden. Die Spiritualität ist ein geheimer und sehr persönlicher Pfad. Über das spirituelle Leben meiner Kinder übe ich keinerlei Autorität aus. Wenn sie einmal so etwas wie ein spirituelles Leben haben, dann, weil sie es selbst geschaffen haben. Ich bin keine Missionarin und lege auch keinen Wert darauf, sie durch Zwang oder Manipulation zum Mitmachen zu drängen.

Ich kann nur eines tun: Meine Worte ins Gewebe ihres Lebens sticken, die Welt immer wieder flicken, so gut ich kann, und hoffen, dass Beobachtung hier ähnlich funktioniert wie eine Nervenbahn – wenn einem etwas oft und lange genug vorgelebt wird, dann legt diese Geschichte etwas an, prägt sich den Seelenlinien ein, die sich erst noch ausbilden. Ich kann nur weiter meine stille Arbeit für sie und für mich selbst tun. Ich kann darauf achten, dass die Welt mir nicht gleichgültig ist. Meine Kinder kann ich nicht dazu zwingen, so zu denken. Aber eines Tages, wenn sie Entscheidungen zu treffen haben, wird das, was wir hier geschaffen haben, ihnen vielleicht als eine Art innere Kraft zur Verfügung stehen. Als Möglichkeit, zu einem Glauben zu finden. Als Bewusstsein dafür, dass unser Leben aus mehr besteht als diesem einen Körper.

Im Augenblick verortet Jordan Gott am ehesten in einem Basketballkorb. Ich kann ihn dabei unterstützen, sich noch besser auf den Wurf zu konzentrieren, mit dem er den Ball da hineinbefördert. Für Shannon steckt das göttliche Mysterium in den Saiten ihrer Gitarre, und solange sie weiter daran herumzupft, ist sie auf dem richtigen Weg. Gott ist da, wo sie ihre Leidenschaft finden, ihre Kraft und ihre Freude.

28 Der letzte Urlaub

Letzten Dezember machte sich die ganze Familie auf, um zehn Tage lang mit dem Wohnmobil Neuseeland zu erkunden. Ich schwankte zwischen eiskalter Angst und sentimentalem Elend hin und her, weil diese paar Tage so kostbar sein würden. Womöglich unser letzter Familienurlaub, bevor unsere Kinder uns endgültig links liegen ließen? Zed und ich sitzen schon auf der Reservebank, was ihre Gesellschaft angeht. Als letzte Rettung. Die vorweggenommene Reue, unsere Zeit nicht gut genug genutzt zu haben, nagte bereits an mir.

Zehn Tage eng zusammengepfercht in einem Raum, der kaum größer war als unser Badezimmer, waren natürlich riskant. In einem Wohnmobil braucht man nur den Song aus den Kopfhörern leise mitzusummen, und schon hat man die Stille verdorben. Jedes Mal, wenn man sich umdreht, rammt man jemandem den Ellbogen in den Rücken, und die ganze Familie bekommt buchstäblich jeden Pups mit. Selbst ohne pubertäre Stimmungsschwankungen und Testosteronspitzen ein emotionales Pulverfass. Außerdem macht so ein Wohnmobil wahnsinnig viel Arbeit, wozu auch das Leeren des Abwassertanks gehört. Als Jordan das mitbekam, erklärte er entschlossen: »Lieber halte ich zehn Tage ein.«

Wir hatten den Kindern schon einen Camping-Urlaub angedroht, seit sie noch ganz klein gewesen waren. Aber uns hatte stets vor dem endlosen »Sind wir bald da?«-Gequengel gegraut und vor der Aufgabe, zwei so kleine Menschen zehnstündige

Autofahrten lang irgendwie beschäftigen zu müssen. Und dann der Gedanke an Campingplätze, auf denen Kinder sich allzu leicht im Dunkeln verlaufen und in fremde Zelte geraten konnten ... Also hatten wir den Camping-Urlaub immer wieder aufgeschoben und noch einmal aufgeschoben. Aber inzwischen lief uns die Zeit davon. Also hatte ich endlich diese Reise gebucht und die Kinder darüber informiert, dass sie mit uns nach Neuseeland kommen würden. Ich ignorierte ihr »Muss ich wirklich?« und versicherte ihnen, dass ihnen dieser Urlaub sehr gefallen würde.

Trotzdem war ich nervös. Zehn Tage ohne Computer, ohne WLAN – ohne Facebook. Meine Kinder schien da nicht viel Spannendes zu erwarten. Wir kauften ihnen zwei Kindles und luden sie mit Büchern voll. In ihrem sensiblen Alter sollten sie sich keine Doppel-Schlafkabine teilen müssen, also teilte ich mir die eine mit Shannon und Zed die andere mit Jordan.

Nach vierundzwanzig Stunden im Wohnmobil war Jordan langweilig, und er vermisste seine Freunde. »Hier kann man ja gar nichts machen«, jammerte er wiederholt. Trübselig begnügte er sich mit den achtzig Basketball-Podcasts auf seinem iPhone. Zwei Tage lang weigerte er sich mitzuhelfen. Wenn ich ihn nicht gerade erwürgen wollte, erinnerte ich mich wieder daran, wie ich mich in seinem Alter nach meinen Freundinnen gesehnt hatte, wenn ich mal in die Verlegenheit kam, etwas mit meinen Eltern unternehmen zu müssen. Peinlich, wenn man dabei gesehen wurde – als hätte man nichts Interessanteres vor.

Shannon genoss es, den ganzen Tag im Schlafanzug herumzulaufen. Sie schrieb an ihrem Roman, spielte Gitarre und sang dazu, und wir lauschten still.

Auf einem der Campingplätze gab es ein Highlight – ein riesiges Trampolin. Ich schaffte es, Jordan zu überreden, und er hüpfte mit mir darauf herum, während ich meinen Hosenbund umklammerte. Als er nach dem Grund dafür fragte, erklärte ich ihm, dass ich mir bei dem heftigen Auf und Ab unerwartet in die Hose gemacht hatte – so kann das nun mal gehen mit der Blase, in meinem Alter.

»Das hätte ich lieber nicht gewusst«, würgte er hervor, sprang vom Trampolin und stapfte gelangweilt oder angewidert davon (manchmal kann ich das bei ihm nicht genau unterscheiden). Diese einseitig plötzlich beendeten Interaktionen treffen einen ebenso unerwartet, wenn man gerade dachte, es liefe so gut ...

Zed beobachtete Eltern, die ihre Kinder kreuz und quer durchs Schwimmbecken verfolgen mussten, um sie nicht aus den Augen zu verlieren. Er seufzte. »Sie sehen aus wie Puppen. Spielzeug. Findest du es nicht toll, dass unsere schon so groß sind?« Ja, schon. Aber ich empfinde es als durchaus schmerzliche Ironie, dass wir beide uns im Familienurlaub endlich entspannen konnten, weil die Kinder groß genug waren, um allein sanitäre Anlagen und Spielplätze aufzusuchen, während ebenjene Kinder am liebsten irgendwo anders wären – egal wo, Hauptsache nicht im Urlaub mit uns.

Offenbar sprach ich in der Öffentlichkeit zu laut, denn Shannon zischte mir zu, ich solle leiser reden, »die Leute schauen schon her«. Ich blickte mich nach diesen Leuten um, aber niemand schaute her.

In einem Freizeitpark bei Hamilton lernten wir Mike kennen, dem sämtliche Schneidezähne fehlten, und seine sechzehnjährige Tochter Sade, auf deren linker Brust der Name ihres derzeitigen Freundes tätowiert war. Sie drehte sich ihre Zigaretten selbst. Aus den Augenwinkeln beobachtete ich, wie Shannon die Unterschiede zwischen ihrem und Sades Leben maß. Ich sah ihr an, wie toll sie dieses toughe, rauchende Mädchen fand, das gerade die Schule abgebrochen hatte, um Friseurin zu werden. Mike spielte »Someone Like You« von Adele auf seiner zerkratzten und bekritzelten Gitarre, begleitet von Shannons Gesang und dem prasselnden Regen auf der Markise des Wohnmobils. Sade rannte durch den Regen zu ihrem Wagen und holte ihre Videokamera, um Shannon beim Singen zu filmen. Das wollte sie unbedingt bei Facebook posten, erklärte sie. Mike verabschiedete sich von Shannon mit den Worten, dass sie es mit ihrem Gesang »noch weit bringen« würde, und Shannon lächelte tatsächlich einmal aufrichtig.

»Gehen wir schwimmen«, schlug ich an einem sonnigen Tag an der Bay of Islands vor.

»Ach, nein, ich habe mir gerade die Haare gewaschen, Mum«, erwiderte Shannon.

»Früher warst du gern ein Hippie. Macht das nicht mehr Spaß als Teenager sein?«, fragte ich.

»Teenager gewinnt in jedem Fall.«

Ich ging allein schwimmen.

Ich freute mich riesig, als ich genau den Ohrring, den sie schon lange suchte, in einem kleinen Laden fand. Doch dann weigerte sie sich, in der sengenden Sonne meinen Ersatzhut zu tragen. »Der sieht scheußlich aus«, sagte sie angewidert. Ich verkniff mir einen Vortrag über Hautkrebs. Teenager hassen solche Belehrungen. Da sind sie quasi wie ganz normale Leute. Außerdem glauben sie wohl, sie seien immun gegen Naturgesetze. Da sind sie eher wie Promis, nur ohne den Ruhm.

Wir ignorierten die Proteste und schleiften unsere Kinder zu den Geysiren, machten eine Kajakfahrt auf dem Waikato River, paddelten über sieben Kilometer weit zur Cathedral Cove hinaus und legten eintausendsiebenhundert Kilometer durch das wunderschöne Neuseeland zurück. Im Lauf dieser zehn Tage gab es heiße Schokolade, Pfannkuchen, Mikrowellen-Popcorn und Nutella. Wir hielten überall an, wo es etwas zu sehen gab, sangen, spielten Karten. An Silvester durften sie an unserem Champagner nippen, und eines Abends diskutierten wir über Philosophie und Politik, nachdem wir auf dem winzigen DVD-Player *Thelma und Louise* geschaut hatten. Sie redeten mit uns über die Schule und ihre Freunde, wir machten Familien-Insider-Witze und erzählten ihnen Geschichten aus unserer Kindheit.

Dem Gezanke, Gemecker und gelegentlich wirklich abscheulichen Teenager-Benehmen zum Trotz genoss ich jede Sekunde. Nicht nur, weil das wahrscheinlich unser letzter richtiger Familienurlaub war, sondern weil meine Kinder kostbare zehn Tage lang wieder mir gehörten. Ich schlief neben meiner großen Tochter wie zuletzt damals, als sie noch ganz klein gewesen war. Ich durfte sie in aller Ruhe ansehen, ohne dass sie sich von prüfenden Blicken verfolgt glaubte. Die meisten Teenager würden lieber sterben, als irgendwie aufzufallen, aber unsere Aufmerksamkeit wünschen sie sich trotzdem – solange sie ihnen nicht kritisch oder wertend vorkommt. Wir haben die beiden von ihren Altersgenossen losgeeist und mit unserer Liebe angefüllt.

Auf der Autobahn ihrer Jugendentwicklung, auf der alles mit halsbrecherischer Geschwindigkeit geschieht, sollten wir jetzt Temposchwellen darstellen – keine Straßensperren. Wir können ihnen helfen, indem wir alles ein wenig verzögern und beruhigen, damit sie die Chance haben, kurz durchzuatmen und nachzudenken und vielleicht sogar achtsamer zu sein. Wir können sie daran erinnern, dass wir unsere Zeit gern mit ihnen verbringen möchten, auch wenn dieser Wunsch nicht auf Gegenseitigkeit beruht. Für Entspannung sorgen, auch wenn die ihnen wie Langeweile vorkommt. Solange sie sich noch zur

Hälfte in unserem Leben aufhalten, können wir sie ein wenig zur Ruhe bringen und dort einfach bei ihnen sein. Wir können ihnen zeigen, dass eine Familie zu sein genau *das hier* bedeutet (sämtliche Katastrophen eingeschlossen).

Als wir wieder zu Hause ankamen, verkrochen die beiden sich sofort in ihren Zimmern und schlossen die Tür hinter sich. Nächstes Jahr werden sie wohl lieber mit Freunden verreisen oder zu Hause bleiben, statt mit uns in Urlaub zu fahren. Die Gewissheit, dass man eine solche Schwelle überschritten hat, bringt einen ganz besonderen Schmerz mit sich. Jedes »letzte Mal« ist so bittersüß.

Einige Monate später fiel mir etwas auf: Ich war gerade bei einem Retreat. Zed lief in den Blue Mountains einen Marathon, Jordan würde bei einem Freund übernachten, und Shannon war allein zu Hause. Einen Moment lang fand ich es traurig, dass meine Familie so verstreut war. Doch dann dachte ich mir: Aber nicht doch – jeder von uns tut genau das, was er oder sie tun will.

Zusammensein ist eine Form der Liebe. Auch gern mal voneinander getrennt sein eine andere.

29 Kein Grund zur Panik

Ich habe mich auf diese Teenager-Jahre meiner Kinder in etwa so sehr gefreut wie auf eine Wurzelbehandlung beim Zahnarzt. Schon wenn ich all diese Ausdrücke hörte – »Rainbow-Party«, »Komasaufen«, »Würgespiele«, »Cyber-Mobbing« –, hielt ich den Atem an und betete um ein Wunder.

Ich wappnete mich innerlich dafür, dass es richtig hässlich werden könnte. Jeder weiß, wie hart diese Zeit sein kann, machen wir uns doch nichts vor. Und ja, sie hält ihre eigenen Varianten der Folter bereit.

Aber dann habe ich zu meiner großen Überraschung festgestellt, wie toll ich Teenager finde – von den Unverschämtheiten und der Verachtung mal abgesehen. Ich liebe ihre Bereitschaft, etwas auszuprobieren, Risiken einzugehen, Grenzen in Frage zu stellen, sich permanent selbst zu aktualisieren und erst mal nichts zu glauben, nur weil man es ihnen gesagt hat. Ich fand es unglaublich spannend, meinen Kindern als jungen Erwachsenen neu zu begegnen und ihre eigenen Antworten auf die Fragen des Lebens zu hören, obwohl ich mich an so vieles erst gewöhnen musste. Es war ernüchternd zu erkennen, dass ich tatsächlich nur für einen kleinen Teil dessen verantwortlich bin, was sie ausmacht – und dass sie sich in Wahrheit selbst erschaffen. Mein angekratztes Selbstbewusstsein erinnert seitdem eher an ein Wrack nach einer Massenkarambolage auf der Ego-Autobahn. Es ist kein Totalschaden, aber ich werde mich nach einem neueren Modell umsehen müssen.

Natürlich gibt es Tage, an denen ihre Unverschämtheit mich rasend macht, ihre mangelnde Wertschätzung all dessen, was ich für sie tue, mich den letzten Nerv kostet oder ich mich selbst verrückt mache mit »überall drohenden Gefahren« (wobei mir bewusst ist, dass meine übertriebene Sorge meinen Kindern genauso schaden kann wie irgendetwas, das ihnen »da draußen« auflauern könnte). Ihr grenzenloser, selbstverständlicher Narzissmus verschlägt mir manchmal die Sprache. Aber dann erinnere ich mich daran, dass ich auch mal so dämlich war.

Als ich achtzehn war, starb mein Großvater väterlicherseits. Er war vor dem Krieg aus Litauen geflohen und wohnte in einem alten Haus voll schaler Gerüche. Er kam aus einer Welt, die ich mir nicht mal vorstellen konnte. Er hatte ein Buch über sein hartes Leben geschrieben, doch damals interessierte ich mich nicht die Bohne dafür. Zwanzig Jahre später schlug ich das Buch meines Großvaters auf, verschlang jedes Wort und bereute es zutiefst, dass ich mir nie die Zeit genommen hatte, ihn nach seinem erstaunlichen Leben zu fragen, als er noch bei uns gewesen war.

Für diesen Narzissmus mache ich mir aber keine Vorwürfe, denn jetzt sehe ich ja an meinen Kindern, dass Wertschätzung nur die Nachgeburt der Einsicht ist. Und Einsicht wiederum entsteht dadurch, dass sich Reife ansammelt, was unter großen Verlusten an anderen Dingen geschieht.

Allmählich halte ich meinen Wunsch nach der Wertschätzung meiner Kinder für verfrüht. Um etwas schätzen zu können, muss man es erst mal wahrnehmen. Unsere Kinder nehmen aber nicht wahr, was wir tun, weil sie die Welt nicht so sehen wie wir. Ihnen fehlt unsere Erfahrung. Ihre Erinnerungen setzen so viel später ein als unsere. Sie haben keine Ahnung, wie lange wir möglicherweise versucht haben, sie zu empfangen, und was wir dafür alles auf uns genommen haben. Sie können unmöglich ahnen, wie wir uns während der Schwangerschaft, bei ihrer Geburt und in den ersten paar Jahren ihres Lebens gefühlt haben. Neulich erzählte ich Shannon, dass ich mich gut daran erinnerte, wie sie in meinem Arm lag und mit meinem Haar spielte, während ich sie stillte. Diese Erinnerung zählt für mich zu den schönsten meines Lebens. Shannon sah mich nur verständnislos an. Diese Art der Nähe ist ihr verborgen, zumindest ihrem bewussten Verstand. Meine Sicht unserer Beziehung ist eine Panorama-Aufnahme mit vielen Stellen, die sie aus ihrer Perspektive nicht erkennen kann. Ihre ist eine Nahaufnahme. Wir sehen einander nicht auf die gleiche Weise. Diese Kurzsichtigkeit kann ich ihr nicht vorwerfen.

Zurzeit sind unsere beiden Perspektiven so gegensätzlich wie unsere Bedürfnisse. Die Chance, diese Lücke der Freiheit zwischen Kindheit und Erwachsensein näher zu erforschen, ist gerade das Beste daran, ein Teenager zu sein. Ich muss lernen, die unangenehmen Gefühle auszuhalten, die ihre Unabhängigkeit mir verursacht. Sie zieht sich von mir zurück, rückt ab, um Platz zu haben, damit sie entdecken, erforschen und herumprobieren kann, um herauszufinden, wer sie ist, noch unbelastet von den Verpflichtungen und der Verantwortung eines Erwachsenen. Es wäre geradezu boshaft von mir, mich deswegen zu ereifern und ihr die Freude an der Freiheit zu verderben.

Wenn Teenager uns also anmotzen »Hast du kein eigenes Leben?«, dann erinnern sie uns daran, dass wir ihnen aus dem Weg gehen, ihnen Raum geben sollten. Irgendwann kommt nun mal die Zeit, da unsere Aufmerksamkeit beengend und ungemütlich wird wie Kleidung, aus der sie herausgewachsen sind. Unsere Kinder müssen gegen den starken Strom unserer Vorgeschichte anschwimmen, unsere Liebe, vermengt mit allen unseren Ängsten um sie und ihre Zukunft, um überhaupt vom Fleck zu kommen. Wir machen es ihnen nicht gerade leicht.

Unser Fehler ist die Befürchtung, für uns sei es jetzt aus und vorbei mit ihnen. Aber es gibt keinen Grund zur Panik. Wenn sie die Möglichkeiten des öffentlichen Nahverkehrs entdecken oder anfangen, bei McDonald's zu jobben, die Kinder anderer Leute zu sitten, in Rudeln umherzuziehen, sich ihre Klamotten selbst zu kaufen und herumzuknutschen, erwecken Teenager den Anschein, dass sie uns nicht mehr bräuchten. Aber das stimmt nicht. Die einzige Veränderung liegt darin, *wie* sie uns brauchen.

Wir geben unseren Platz in ihrem Leben vorschnell auf wie jemand, der seine Jacke auf seinem Sitz in der ersten Reihe liegen lässt, um kurz zur Toilette zu gehen, und bei seiner Rückkehr feststellt, dass der Platz doch besetzt ist. Wir dürfen aber nicht weggehen. Wir sollten uns nur ein paar Reihen weiter nach hinten setzen, aus ihrer ersten Reihe ein bisschen in den Hintergrund rücken. Nun sind wir eben nicht mehr Hauptdarsteller, sondern übernehmen eine Nebenrolle in ihrem Leben. Teenager zu erziehen erfordert von uns, dass wir immer subtiler Regie führen und ihnen mehr gestalterische Freiheit überlassen.

Sie brauchen uns mehr, als sie ahnen.

Während sie mit ihren Launen, Zurückweisungen, ihrem Kummer und Selbsthass durch die Welt taumeln, sind wir dazu da, das Drama in ihrem theatralischen Universum ein bisschen zu dämpfen und sie wieder zu sich zu bringen. Wir sind ihr Hafen, ein geschützter Bereich, wo sie vor den aufgewühlten Wogen sicher sind, wo auch überwältigende Emotionen einen Ankerplatz finden (*Du wirst nicht an Liebeskummer sterben, auch wenn es sich jetzt so anfühlt.* Oder: *Nächste Woche wird sich kein Mensch mehr an dieses peinliche Foto von dir erinnern, das jemand bei*

Facebook gepostet hat.) Wer sonst soll ihnen denn sagen, wie idiotisch es ist, sich probehalber die Luft abzuschnüren, um einen intensiveren Orgasmus zu erleben? Wer soll sie vor Psychopathen und Narzissten warnen, ihnen Goji-Beeren ins Morgenmüsli schmuggeln und so oft »Hm« sagen und mitfühlend nicken, wenn sie außer sich sind vom »schlimmsten Tag ihres Lebens«?

In diesen Jahren können wir zu Mentoren werden. Natürlich dürfen sie nichts davon wissen oder auch nur bewusst mitbekommen, wie gewaltig unsere Präsenz noch ist. Wir müssen all das klammheimlich tun, mittels unserer Liebe und unauffälliger Gespräche.

Diese Jahre sind eine chaotische Zeit für jeden, der sie durchmacht, und was Teenager brauchen, sind Sauberkeit und geordnete Ruhe. Wir als Erwachsene müssen in uns selbst mal ordentlich Frühjahrsputz machen, damit wir für sie zur Zuflucht werden können. Das ist keineswegs ein selbstloser Akt elterlicher Liebe, denn wir bringen ihnen so nicht nur bei, wie man Konflikte bewältigt, schwere Zeiten durchsteht und sich trotz Beliebtheitsskalen, Gruppendruck und Herzschmerz nicht ganz verliert – wir üben all das auch selbst.

Wenn wir uns noch nie die großen Fragen nach dem Warum gestellt haben, wird es jetzt höchste Zeit. Wenn wir noch keine Midlife-Crisis durchgemacht haben, lösen unsere Teenager sie womöglich aus. Wir verbringen den Großteil unseres Lebens auf den sprichwörtlichen ausgetretenen Pfaden – am stupiden Alltag voller Wäsche waschen, Kinder herumfahren, einkaufen, Schmutzränder von Krägen und Badewannen entfernen, den Staubsaugerbeutel wechseln führt nun mal kein Weg vorbei. Aber wir können unseren Erfahrungshorizont auch auf metaphorische Weise erweitern, indem wir uns zu fragen trauen:

Was tue ich eigentlich gerade? Und warum? So schaffen wir auch Sinnhaftigkeit, Bedeutung.

Die Erziehung eines Kindes umfasst einen dicken Katalog oft dröger Aufgaben, aber ebenso gehört dazu eine ganz eigene Poesie. Sie bringen uns ein Geschenk mit – die Gelegenheit, nach innen zu schauen und sich zu fragen, wo wir selbst aufhören und unsere Kinder anfangen. Das ist auch eine Chance, besser zu verstehen, wer wir selbst sind, unabhängig von unserer Rolle als Eltern.

Manchmal beschleicht mich der Verdacht, dass der ganze Hype um die Teenager-Jahre uns auch als Vorwand dient, uns selbst nicht allzu genau betrachten zu müssen. Unsere Teenager fordern uns auf vielerlei Art und Weise heraus, und am stärksten in der Frage, wie gründlich wir uns mit uns selbst auseinanderzusetzen bereit sind.

Um einen Teenager ins Erwachsensein zu begleiten, müssen wir da erst einmal selbst hingefunden haben.

30 Die Kinder schaffen das schon. Und wir?

Ich bin nicht gut im Abschiednehmen. Da bin ich sicher nicht die Einzige. Die Teenager-Jahre habe ich gefürchtet, aber so richtig graut mir vor dem leeren Nest. Ich kann mir einfach nicht vorstellen, dass es in unserem betriebsamen, leicht chaotischen Haus irgendwann zwei leere Zimmer geben wird. Kein Krach, kein Gezanke darum, wer mit dem Ausräumen des Geschirrspülers an der Reihe ist. Aber was habe ich denn erwartet? Dass meine Kinder nie zu Hause ausziehen wollen? Dann hätte ich als Mutter ganz ungeheuerlich versagt.

Vor so vielen Jahren haben wir sie im Kindergarten zurückgelassen, obwohl sie heulten und kreischten »Komm zurück!« – und nun werden sie uns bald zurücklassen. Die Babys, die wir geliebt, die Kleinkinder, die wir angebetet haben, sind durch die Tür der Selbstwerdung verschwunden. Die Geister ihrer vielen jungeren Inkarnationen spuken noch in unseren Herzen herum. Drohende Einsamkeit macht sich breit. Wer werden wir sein, wenn sie uns verlassen haben?

Ich bemühe mich ja, kein allzu großes Drama daraus zu machen. Aber warum hat mir verdammt noch mal keiner vorher gesagt, dass das dermaßen weh tun würde?

Wer in Geist und Seele nicht einigermaßen Ordnung gehalten hat, stellt jetzt womöglich fest, dass sein Herz ganz und gar nicht in Ordnung ist. Wir hätten nur das Kleingedruckte lesen und die Bedingungen dieses Daseins akzeptieren müssen: Nichts bleibt ewig gleich. Straffe Jugendlichkeit wird zu Fältchen des Alters zusammenfallen, die viele Arbeit, über die wir uns als erschöpfte junge Eltern beklagt haben, werden wir noch vermissen. Aber das ist zugleich die gute Nachricht: Nichts dauert ewig. Auch sämtliches Leid hat ein Verfallsdatum. Es wird irgendwann enden. Leider gilt das auch für das Glück all dieser besonderen Augenblicke. Wir haben also die Wahl: Wir können ihnen nachtrauern oder sie ganz bewusst erleben, wenn sie da sind. Am meisten würdigen wir sie, indem wir in jedem Moment zutiefst gegenwärtig sind.

Stattdessen tun wir oft so, als könnten wir uns um diese Bedingungen herummogeln. Wir versuchen, den natürlichen Ablauf aller Dinge zu stören, indem wir die Themen des Augenblicks mit unseren eigenen Ängsten und Neurosen durcheinanderbringen. Und dann sind wir wie gelähmt vor Trauer.

Nicht so meine Freundin Angela. Sie sagt: »Ich glaube, mit mir stimmt irgendwas nicht. Georgie war mit elf Jahren praktisch schon so weit, dass sie zu Hause hätte ausziehen können. Frankie sagt immer, sie würde wohl nie gehen, und ich finde das deprimierend. Es gibt doch keine größere Bestätigung und Inspiration, als zuzuschauen, wie ein Kind sich ein eigenes Leben schafft, in dem du nicht mehr groß vorkommst. Vor allem bei Mädchen. Sie müssen gehen. Sobald sie können.«

Rein rational ist mir klar, dass Angela recht hat. Aber mein Herz würde die Zukunft gern umschreiben.

Aus Angelas Interview:

> Georgie ist mein Zuhause. Alles an ihr ist mein sicherer Hafen. Sie ist meine Vergangenheit und Gegenwart. Aber sie ist nicht meine Zukunft, sondern ihre eigene Zukunft. Ich bin nur einer von vielen Statisten in ihrem Leben. Sie

> ist jetzt mein wandelndes Zuhause. Wenn ich sie sehe, bin ich wieder daheim, und sei es nur für eine Stunde oder einen Tag. Ich fühle mich vollkommen geborgen und wunderbar … Ich sehe ihr zu gern dabei zu, wie sie ihre Welt mitgestaltet. Und ich gehöre gern zum größeren Publikum. Wenn sie spricht, fühle ich mich nicht mehr ganz als Mutter. Ich hatte meine Chance, es ist vorbei. Aber das ist gut so. Denn als ich noch ihre Mutter war, habe ich das Tag für Tag genossen und gefeiert, und mir war immer klar, dass sie von Jahr zu Jahr besser erkannte, wer sie war und was sie wollte. Sie ist die Liebe meines Lebens, und das wird sie immer sein.

Eine weitere Freundin von mir, Helen, hat zwei Jungen, die bald keine Teenager mehr sein werden. Sie sagt:

> Ich kann es kaum erwarten … Ich fühle praktisch schon diese endlose Weite vor mir, in der ich mich frei bewegen und entscheiden kann. Endlich darf ich wieder über mich selbst bestimmen, ohne ständig mit einbeziehen zu müssen, wer wann wohin gefahren werden muss, ob noch etwas zu essen im Kühlschrank ist und warum ich um drei Uhr früh immer noch keinen Schlüssel in der Haustür gehört habe. Ich liebe meine Söhne und ihre Freundinnen, aber jetzt bin ich dran.

Genau das ist die andere Seite der Medaille: Wenn unsere Kinder immer mehr Freiheit erreichen, dann bekommen wir sie auch. Wenn sie zu eigenständigen Menschen werden und uns abschütteln, geben sie uns an uns selbst zurück. Wenn sie mit den Fragen ringen »Wer bin ich?« und »Wer will ich sein?«, dann dürfen auch wir uns diese Fragen noch einmal stellen. Diesmal jedoch mit viel mehr Freiheit, denn wir haben unsere Kinder schon großgezogen. Unsere biologische Uhr ist eingemottet, wir brauchen uns nicht mehr zwischen Beruf und Familie zu entscheiden oder uns schuldig zu fühlen, wenn wir »nicht für die Kinder da sind«. Die Zeit, in der wir solche Opfer gebracht haben, ist vorbei. Mit jedem Schritt unserer Kinder hinaus in die Welt können wir einen weiteren Aspekt unserer eingelagerten Identität wieder hervorholen.

Wenn wir mal nicht weiterkommen, können wir uns bei unseren Teenagern jede Menge Anregungen holen. Alles, was sie tun, ihre gesamte Entwicklung, erinnert uns daran, unsere eigenen Werte wieder einmal zu überdenken, uns selbst zu aktualisieren, immer wieder neu zu werden. Wenn wir lernen, sie loszulassen, dann üben wir damit das Loslassen an sich. Wir müssen unser Bedürfnis loslassen, sie zu kontrollieren (und unsere eigene Zukunft), ebenso das Verlangen nach Garantien und Gewissheiten (die gibt es nicht) und darauf vertrauen, dass die Wesen, die wir geboren, großgezogen und der Welt geschenkt haben, ihren Platz darin finden werden – ob mit uns oder ohne uns.

Wenn wir ein eigenes Leben haben, es uns wieder nehmen, dann schaffen wir Stabilität – für unsere Kinder und praktischerweise auch für uns selbst. Wir lernen uns selbst auf ganz neue Art wahrzunehmen, wenn unsere Kinder nicht mehr wie die Blutegel an uns dran hängen.

Diese Lektion habe ich weiß Gott noch nicht gemeistert, aber ich erweitere stetig meinen Horizont und erträume mir das eigene Leben, nach dem sie mich so verächtlich fragen. Von dieser stillschweigenden Abmachung zwischen uns habe ich gar nichts geahnt: Während sie in sich selbst hineinwachsen, bekomme ich mich selbst zurück und darf dabei noch zuschauen, wie sie sich zu witzigen, starken, interessanten Leuten entwickeln, die ich einfach mag.

Moment, Moment, so weit sind wir ja noch gar nicht.

Sie sind noch nicht ausgezogen. Solange sie noch Teenager sind, ist mein Zuhause ein spannender Lebensraum. Meine Kinder sind wandelnde Rätsel. Ich darf beobachten, wie sie zerbrechen und sich wieder zusammenfügen. Vor mir spielt sich das Grauen jugendlicher Verlegenheit ab, dramatische Szenen zerbrechlicher Egos, der spektakuläre Balanceakt einer riesigen Zukunft auf dem dünnen Drahtseil der Gegenwart, die Entfaltung von Persönlichkeiten voll frischer, neuer Intelligenz. Und zusehen ist genau das, was ich tun muss. Shannon und Jordan finden schaukelnd und schwankend zu der Gestalt, in der sie leben werden, und ich bin der Leuchtturm in der Nacht, der ein wenig Orientierung bietet und sich sehnlichst wünscht, dass sie sicher an der Küste ihrer angepeilten Zukunft landen werden.

Ich stehe vor ihren geschlossenen Zimmertüren und bin mir bewusst, dass ich ihnen die meiste Liebe und Wertschätzung gebe, indem ich diese Türen nicht aufmache. Ich fühle mich zwar ausgeschlossen, aber sie bekommen den Freiraum, den sie brauchen. Ich bemühe mich, ihr Bedürfnis nach Geheimnissen nicht persönlich zu nehmen und mein Bedürfnis nach Nähe möglichst würdevoll zu zügeln. Es erfüllt mich mit Dankbarkeit, nur zu wissen, dass sie in ihren Zimmern sind. Sicher hier zu Hause. Unter meinem Dach. Vorerst.

Die Uhr in ihnen tickt, und ich fühle die Zeit verrinnen, die alles auslöscht – auch uns. Aber ich klammere mich an Humor und finde Linderung in Gesprächen und Erinnerungen, die unseren schlimmsten Augenblicken mit ihnen die Schärfe nehmen. Die ersten Risse zwischen uns kitte ich, so gut es geht, mit Aufmerksamkeit – mit meinem echten, faszinierten Interesse daran, wer meine Teenager sind und was sie werden. Sie machen viele Fehler, aber ich kann sie großzügig für alles loben, was sie gut machen, und dabei meine Freude an ihnen wahrnehmen. Ich kann gütig, aufrichtig und präsent sein.

Die weisen Worte meiner Freundin Kate sind so tröstlich:

> Ich reagiere möglichst wenig aufgeregt auf die »Katastrophen«, die meine Kinder mir tagtäglich präsentieren. Wenn Nachrichten kommen wie »Ruf mich sofort an, Notfall!« oder Sätze wie »Mum, ich bin so deprimiert«. Wenn meine Sechsjährige mir sagt, dass sie sterben will, dass sie so nicht weiterleben will (meistens dann, wenn sie ihren Willen nicht bekommt), bemühe ich mich, dem Gefühl nicht nachzugeben, dass ich sofort losstürzen und das Problem aus der Welt schaffen muss, weil sonst noch jemand sterben wird. Ich arbeite daran, immer schneller diesen gut versteckten Ort in mir zu finden, wo es friedlich und ruhig ist und ich loslassen kann, weil ich weiß, dass ich sowieso nicht alles kontrollieren kann. Heute will ich es nur noch schaffen, ruhig zu bleiben, und ich lerne ganz allmählich, dass ich nicht reagieren *muss*, dass ich nichts sofort lösen oder in Ordnung bringen muss, dass ich keine Kontrolle über die Ereignisse habe, nur über meine Reaktion darauf. Also arbeite ich daran, maßvoller, sanfter und langsamer zu werden. Ich möchte nur für sie und ihre Krise präsent sein – das fällt mir sehr schwer, denn ich will schlimme Dinge entweder ausschließen oder dafür sorgen, dass sie aufhören, indem ich das Problem löse. Stattdessen versu-

che ich, nur da zu sein, zuzuhören und ihnen zu zeigen, dass ich sie wahrnehme und annehme – mehr kann ich nicht tun.

Bei all dem Gemecker und Gezanke, den Katastrophen und der Verachtung, mit der meine Kinder mir oft begegnen, halte ich mir möglichst oft vor Augen, dass mir kostbare Zeit mit zwei kleinen Menschen geschenkt wurde, die stetig größere Menschen werden und die ich darauf vorbereite, mich zu verlassen.

Das ist ein eigenartiges, süßes und zugleich schmerzhaftes Gefühl – so sehr zu lieben und so vollständig loslassen zu müssen.

Während ich an diesem letzten Kapitel schrieb, habe ich ein altes Tagebuch gefunden, das ich bei einem buddhistischen Retreat in meinen Zwanzigern dabeihatte. Darin habe ich mir damals dieses Zitat notiert: »Leid und Unglücklichsein entstehen, wenn wir Dinge zu verändern versuchen, die noch nicht reif dafür sind, oder wenn wir Veränderungen verhindern wollen, deren Zeit gekommen ist.«

Ich gebe mir die allergrößte Mühe, glücklich zu sein.

Nachwort

Sie tauft ihn Archie. Er hat weiße Pfoten, eine weiße Nase und einen weißen Fleck auf der Brust. Der Rest von ihm ist getigert, und auf der linken Seite bilden die Streifen ein kreisförmiges Muster wie auf einer Zielscheibe.

Als Shannon ihn auf den Arm nimmt, streckt er eine Vorderpfote aus und berührt sanft ihre Wange. Das war's natürlich – sie wollte sich die anderen jungen Kätzchen nicht mal mehr ansehen.

Das Tierheim hatte ihn als »faulen Charmeur« bezeichnet. Wir betonten noch einmal, dass wir ein ruhiges, aber selbstsicheres Kätzchen brauchten, weil Tanaka, unsere griesgrämige alte Katze, ziemlich rabiat werden kann.

Nach zwei Tagen zu Hause macht er eine komplette Persönlichkeitsveränderung durch und verwandelt sich in einen Dynamo. Er übernimmt die ganze Wohnung und genießt seine neu gewonnene Freiheit. Nach einer Woche findet er heraus, wie er den Mülleimerdeckel aufbekommt, und tut sich an unseren Resten gütlich. Wenn ich den Kühlschrank aufmache, springt er mit einem Satz hinein. Er versucht sogar in den Geschirrspüler und in den Backofen zu springen.

»Dieses Kätzchen ist wahnsinnig«, brumme ich. »Da haben sie uns ja was angedreht.«

Er stolziert herum, klettert in alles hinein, was lange genug stillsteht, schlägt nach der Schnur der Stehlampe, zerrupft das Toilettenpapier und hüpft auf den Tisch, während wir essen.

Wir besprühen ihn mit Wasser, geben ihm einen Klaps auf die Nase und schreien »Nein, Archie!«. Archie tut so, als hörte er uns nicht. Wenn irgendwo Aussicht auf Essbares besteht, versucht er, daran zu kommen, auch wenn er inzwischen weiß, dass er dafür Ärger bekommen wird.

Er ist so selbstsicher, wie nur ahnungslose Wesen sein können, und gnadenlos optimistisch in seiner Naivität. Immer wieder nähert er sich Tanaka, obwohl sie ihn mordlüstern anstarrt. Er springt auf ihren Schwanz wie auf ein Spielzeug und rückt ihr auf die Pelle, während sie frisst, wohl in der Hoffnung, sie könnte ihm ein, zwei Bröckchen übrig lassen. Jedes Mal faucht sie ihn an wie ein Voldemort der Katzenwelt. Sie gibt ein bösartiges, hohes Knurren von sich und schlägt ihm ins Gesicht. Ansonsten schmollt sie und weigert sich, außer zum Fressen ins Haus zu kommen. Er schlendert herum, als gehörte alles ihm. Und so ist es auch. Wir sind alle völlig hingerissen von ihm.

Eines Tages komme ich vom Fitnessstudio heim und finde ihn in der Küche mitten in einem Haufen Scherben und mit einem »Oh-oh«-Ausdruck auf dem Gesicht. Er hat es geschafft, eine Glasschale mit Thunfisch-Mayonnaise vom Tresen zu werfen, die mit einem Plastikdeckel abgedeckt war. Mitten in den Scherben steht er auf seinen weißen Pfötchen und angelt die Thunfisch-Mayonnaise aus den Glastrümmern.

In Panik rufe ich den Tierarzt an. Der sagt als Erstes, es bestehe kein Grund zur Panik, und wir müssten Archie weder sofort röntgen noch ihm den Magen auspumpen lassen.

»Du machst mich wahnsinnig«, schreie ich Archie an, während er sich die Pfoten ableckt und ich die Schweinerei aufputze.

Manchmal ist seine wilde Art zu viel für mich. Ich bin nun mal im mittleren Alter und diesem kindlichen Unsinn nicht gewachsen. Mir graut vor dem Tag, an dem wir ihn nach draußen lassen – vor den Schwierigkeiten, in die er sich dann erst bringen wird. Ich versuche nicht an die Vögel und Ratten zu denken, die er uns hereinschleppen wird, oder an die Straße direkt vor dem Haus.

Shannon nennt ihn ihren »kleinen Spinner« und postet Bilder von ihm bei seinen niedlichen Kätzchenaktionen auf Facebook. Sie vergöttert ihn.

Jordan liebt ihn auch, bis Archie nicht mehr festgehalten und geknuddelt werden will.

Da sagt Jordan zu mir: »Archie ist ein Arschloch. Er kommt nicht, wenn ich ihn rufe, und er hat mich gekratzt – schau dir das an.« Er zeigt mir seinen verletzten Arm.

»Das ist nur eine Phase«, sage ich hoffnungsvoll. »Und er ist deswegen kein Arschloch, er ist noch ein junges Kätzchen.«

»Er mag mich nicht. Er will nie auf meinem Schoß sitzen. Ich hasse ihn.«

»Du magst ihn«, erwidere ich.

»Ich mag ihn aber nicht, wenn er mich nicht mag.«

»Doch, tust du. Du hast ihn lieb, ganz egal, was er tut. Du wirst immer weiter hoffen, dass er sich mal auf deinen Schoß setzt, und eines Tages, wenn du es am wenigsten erwartest, kommt er zu dir. Und allein dieser Moment ist all deine Liebe wert.«

Jordan schnaubt. »Wir hätten uns einen Hund holen sollen.«

Die Liebe ist komisch.

Wir können sie uns selbst dann noch abringen, wenn wir völlig frustriert, verzweifelt und angenervt sind. Sofern es um etwas geht, das wir ins Herz geschlossen haben.

In Lorraine Hansberrys Stück *Eine Rosine in der Sonne* hat Walter das ganze Geld der Familie verloren, und sie stehen kurz davor, aus ihrem Haus geworfen zu werden. Walters Schwester Beneatha kreischt ihre Mutter an: »Ihn lieben? Da ist nichts mehr zu lieben übrig!«

Und die Mutter sagt:

> Es ist immer etwas zu lieben übrig. Wenn du das noch nicht gelernt hast, hast du nichts verstanden. Hast du heute um dieses Jungen willen geweint? Ich meine nicht deinetwegen oder der ganzen Familie, weil wir das Geld verloren haben. Ich meine nur wegen ihm – weil er viel durchgemacht und so gelitten hat. Kind, was glaubst du, wann man jemanden am meisten lieben soll? Wenn er etwas gut und es allen leichtgemacht hat? Na, dann hast du aber noch viel zu lernen – das ist nämlich die falsche Zeit dazu. Am meisten lieben muss man jemanden, wenn er ganz unten ist und nicht an sich selbst glauben kann, weil die Welt ihn kurz und klein geschlagen hat. Wenn du schon einen Menschen messen willst, Kind, dann mach es aber auch richtig. Du musst alle Höhen und Tiefen mit einberechnen, durch die er dahin gekommen ist, wo er jetzt steht.

Die Jugend, das sind die Jahre, in denen wir unsere Kinder messen. Teenager sind ein Stresstest für unsere Liebe. Und dadurch wird sie wahrhaftig.

Eine Woche nach diesem Gespräch mit Jordan gehe ich durch die Wohnung und schalte überall das Licht aus. Da liegt er auf das Sofa gekuschelt vor dem Fernseher. Sein schlaksiger Körper bildet ulkige Winkel, sein Gesicht ist weich und entspannt im Schlaf, und seine riesigen Füße ragen unter der Wolldecke mit Zebramuster heraus. Ich will ihn schon wecken und ihn ins Bett schicken, doch da bemerke ich das weiße Näschen und eine ausgestreckte weiße Pfote, die unter der Decke herauslugen.

Ich wende mich ab und lasse ihn schlafen.

Bibliographie

Viktor Frankl, *Man's Search for Meaning*, Pocket Books, Simon and Schuster, New York 1946 (*... trotzdem Ja zum Leben sagen: Ein Psychologe erlebt das Konzentrationslager*, Verlag für Jugend und Volk, Wien 1964).

Jay Griffiths, *Wild: An Elemental Journey*, Penguin, USA 2006.

Lorraine Hansberry, *A Raisin in the Sun*, Random House, USA 1959 (Eine Rosine in der Sonne, in: *Stücke*, Reclam, Leipzig 1976).

Jim Harrison, *Saving Daylight*, Copper Canyon Press, USA 2006.

Jennifer Michael Hecht, *Stay*, Yale University Press, New Haven & London 2013.

Peter Mayle, *What's Happening to Me?*, Lyle Stuart Inc., 1975 (*Was ist bloß mit mir los?*, Hoffmann und Campe, Hamburg 1982).

Cormac McCarthy *All the Pretty Horses*, Picador, New Jersey 1992 (*All die schönen Pferde*, Rowohlt, Reinbek b. Hamburg 1993).

Mary Oliver, *Evidence*, Beacon Press, Boston 2009.

Jennifer Senior, *All Joy and No Fun: The paradox of modern parenthood*, Virago, UK 2014 (*Himmel und Hölle: Das Dilemma moderner Elternschaft*, Kein & Aber, Zürich 2014).

Kate Shand, *Boy: The story of my teenage son's suicide*, MF Books, Südafrika 2013.

Dr. Daniel Siegel, *Brainstorm*, Tarcher Penguin, New York 2013 (*Aufruhr im Kopf: Was während der Pubertät im Gehirn unserer Kinder passiert*, mvg, München 2015).

Andrew Solomon, *Far from the Tree*, Scribner, New York 2012 (*Weit vom Stamm: Wenn Kinder ganz anders als ihre Eltern sind*, Fischer, Frankfurt a. M. 2013).

Dr. Benjamin Spock, *Dr. Spock's Baby and Child Care*, Gallery Books, a Division of Simon & Schuster Inc., New York 2012 (*Säuglings- und Kinderpflege*, Deutsche Buchgemeinschaft, 1957).

Quellenangaben

Lorraine Hansberry: *A raisin in the sun.* Random House Inc., NY, 1958, Copyright © 1958 Lorraine Hansberry. Übersetzt von Prof. Dr. Eberhard Brüning. Mit freundlicher Genehmigung der Rechteinhaber.

Jennifer Senior: *Himmel und Hölle. Das Dilemma moderner Elternschaft.* Übersetzt von Juliane Gräbener-Müller. Kein & Aber, Zürich 2014. Mit freundlicher Genehmigung des Verlags.

Daniel Siegel: *Aufruhr im Kopf. Was während der Pubertät im Gehirn unserer Kinder passiert.* @ 2015 mvgverlag, ein Imprint der Münchner Verlagsgruppe GmbH, München. http//m-vg.de All rights reserved. Mit freundlicher Genehmigung des Verlags.

Dr. Benjamin Spock: *Dr. Spock's Baby and Child Care.* Gallery Books, a Division of Simon & Schuster Inc., New York. © 1945, 1946, © 1957, 1968, 1976, 1985, 1992 by Benjamin Spock, M. D. Revised and updated material copyright © 2004, 2011 by the Spock Family Trust and the Mary Morgan Trust. Mit freundlicher Genehmigung der Rechteinhaber. Übersetzt von Katharina Volk.

Danksagung

Im Dezember 2012 erhielt ich eine E-Mail von Fran Berry, der Verlagsleiterin von Hardie Grant, mit der Frage, ob ich nicht gern ein Buch über die Erziehung von Teenagern schreiben würde. Sie hätte da »ein ganz anderes Buch über Elternschaft« im Kopf, angeregt von meinen (ihrer Ansicht nach) »witzigen und weisen Artikeln in der *Sunday Age* über diverse Aspekte des Lebens mit Teenagern«.

Als »weise« hatte mich nun wirklich lange niemand mehr bezeichnet. Und zum ersten Mal ging ein Verlag direkt auf mich zu. Fran Berry wollte nicht noch ein Buch von einer Erziehungsexpertin, sondern »Berichte von der vordersten Front«, die Eltern eher Trost und solidarisches Verständnis bringen sollten als Ratschläge. Das alles war natürlich ausgesprochen verlockend.

Dieses Buch ist also ganz allein Frans Idee. Ohne ihren suchenden Blick und ihre großzügige Unterstützung dieses Projekts hätte *Ich bin nicht kompliziert Mama, ich bin eine Herausforderung!* es nie bis in meinen Kopf geschafft, geschweige denn hinaus in die Welt.

Vor dem Buch standen die Artikel über die Erziehung von Teenagern. Ich danke der Redakteurin Danielle Teusch von der *Sunday Life*, die mich jahrelang darin unterstützt hat.

Ein Buch verdankt sein Leben den Charakteren, die es bevölkern – und das sind in diesem Fall ungeheuer viele. Bis die Worte schließlich auf den Seiten landeten, hatten sie einen langen Weg durch zahllose Gespräche mit verschiedensten Eltern, Fachleuten und Teenagern hinter sich.

Viele Menschen ließen mich großzügig an ihren Geschichten und Erkenntnissen teilhaben: Terri Soller, Angela Tuck, Mimi Nettle, Gary Aaron, Lisa Schroder, Graham Meyerowitz, Suzette Kaulfield, Helen During, Gloria Castrillon, Deb Zerbst, Tracy Segel, Katrina Reisel, Mary Barker, Michelle Favero, Martin Kahn, Scott Whitmont und Rochelle Bennett. Meine liebe Freundin Kate Shand und ihr Buch *Boy* haben mich dazu gebracht, noch tiefgründiger über alles nachzudenken, was ich als Mutter tue. Ich hoffe, der Geist ihres Sohnes JP lebt auf diesen Seiten weiter.

Ich danke auch vielen Menschen, die ihr Fachwissen mit mir geteilt haben: Dani Klein, Justin Denes, Belinda Blecher, Dr. Michael Carr-Gregg, Karen B. Chan, Mandy Goldstein und Laurie Matthews vom Caretakers Cottage.

Meine Freundin Hadass Segel hat mich während der Arbeit an diesem Buch mit interessanten Links und Artikeln über Jugendliche versorgt.

Ich danke meinem Facebook-Freundeskreis für ihre Antworten auf meine Posts mit der Frage nach den wichtigsten Erinnerungen an ihre Teenager-Zeit: Sharise, Crystal, Kevin, Jackie, Alex, Ingrid, Helen, Stephanie, Lauren-Joy, Warren und Ali.

Ich danke Rose Michael für ihre Unterstützung von Anfang an und für ihre wunderbare Arbeit daran. Dem Team von Hardie Grant danke ich für all die harte Arbeit, Energie und Mühe, vor allem Meelee Soorkia.

Nadine Davidoff lektorierte das Manuskript so klug und sensibel, dass es an sämtlichen richtigen Stellen Wind in die Segel bekam. Ich bin ihr sehr dankbar für ihren Anteil am endgültigen Text.

Ein Kind braucht Eltern, die es zuallererst lieben und flüstern: »Du kannst das« und »Ich glaube an dich«. Das gilt auch für ein Buch. Meinem Mit-Erzieher und besten Freund Zed – dem Yang zu meinem Yin, dem »Nein« zu meinem »Ja«, dem Regen zu meiner Traufe – möchte ich sagen: Ich fand es wunderbar, unsere beiden Racker zusammen mit dir großzuziehen, und ich freue mich darauf, eines Tages in unserem leeren Nest wieder mehr Zeit mit dir zu verbringen.

Und schließlich zum Thema dieses Buches, meinen beiden Teenagern, Jesse und Aidan: Eure Mutter zu sein, war eine aufregende Achterbahnfahrt, draußen wie drinnen, die mir zahllose Gelegenheiten gegeben hat, weiter zu wachsen. Erst letzte Woche hat Aidan mir gestanden, dass es in *Grand Theft Auto* viel mehr Spaß macht, den Bösen zu spielen. Ich setzte gerade zum üblichen Lamento an, wie schrecklich das sei und wohin all das die Welt noch führen solle, als er sagte: »Mum, ist es nicht besser, wenn ich lieber der Böse im Spiel sein will und dafür der Gute im echten Leben?«

Was eine große Weisheit illustriert, die Jesse mir mal auf eine Geburtstagskarte geschrieben hat: »Du hast mir schon so viel beigebracht, und ich glaube, das Beste daran ist, dass ich jetzt manchmal dir etwas beibringen muss.«

Ich danke euch beiden dafür, dass ihr mir geholfen habt, richtig erwachsen zu werden.

Und ich danke meinen vierbeinigen Begleitern Tanaka und Archie – vor allem Archie, der den Text oft besonders lebendig gemacht hat, indem er über meine Tasta^%$Fhudweualj09Eur1-#HOI

Acht Frauen, eine Pyjamaparty: ohne Männer, ohne Kinder, dafür aber mit Essen und jeder Menge Alkohol

Joanne Fedler

Weiberabend

Roman

Geheimnisse werden enthüllt und Freundschaften auf die Probe gestellt, wenn sich Joanne und ihre Freundinnen in Helens Landhaus treffen und die Nacht durchquatschen. Zwischen Erdbeer-Daiquiris, Garnelen-Koriander-Curry und Schokolade bis zum Abwinken geht es auch ans Eingemachte: Ist es besser, seinen Kindern in allem vollkommene Freiheit zu lassen, selbst wenn man es nur mit Beruhigungsmitteln ertragen kann? Oder ist alles eine Frage des richtigen Kinesiologen? Was macht man, wenn das Kind Bettnässer ist, und wer hat heute überhaupt noch Zeit für Sex?

KNAUR

Eva Sommer, Moritz Sommer

In Unterzahl

Ein Vater-Mutter-Kind-Kind-Kind-Roman

Jutta und Alexander wünschen sich sehnlichst ein Baby, doch Jutta wird einfach nicht schwanger. Eine künstliche Befruchtung kommt für die beiden nicht in Frage. So entschließen sie sich für eine Adoption. Doch kaum haben sie die kleine Nelly aus Äthiopien abgeholt, gibt es »gute Neuigkeiten«: Jutta ist schwanger – mit Zwillingen! Plötzlich sind Jutta und Alexander eine Großfamilie, und Jubel, Trubel, Heiterkeit nehmen ihren Lauf: Kampf-Stillerinnen und Mütterversteher nerven, die Wohnung platzt aus allen Nähten, und was passiert, wenn aus drei niedlichen Babys drei kleine Frechdachse werden, hat einem auch keiner vorhergesagt!

Vierzehn abgezählte Fusilli, eine Ernährungsberaterin und die liebe Familie – Diät halten war noch nie so lustig!

Joanne Fedler

Heißhunger

Roman

Ganze vierzehn Fusilli – damit wärmt Joanne normalerweise ihre Kaumuskeln auf oder prüft, ob noch Salz ans Essen muss. Und das soll auf einmal ihr ganzes Abendessen sein?

Ja, denn wer schlank sein will, muss leiden! Käsekuchen und Chips waren gestern – jetzt hat die Stunde der Reiscracker geschlagen. Allerdings erweist sich das Hüftgold als zäher Gegner, das Fleisch ist schwach, und die Versuchung lauert überall. Doch eine Ernährungsberaterin, die aussieht wie eine Stabheuschrecke im Minirock, ihr Ehemann, der mit ihr schon durch dick und dünn gegangen ist, und zwei Kinder, die sie täglich auf Trab halten, werden zu Joannes Verbündeten ...

KNAUR

Abikalypse now ...!

Thomas Kausch

Wie ich meine Tochter durchs Abitur brachte

Ein Helikoptervater dreht auf

Wunderkind ist immer nur das eigene! Auch wenn man dafür das Abi selbst in die Hand nehmen muss. Thomas Kausch erzählt witzig und selbstironisch, mit welchen Tricks und Finten man den Nachwuchs durch die Schulzeit und die Lehrer auf seine Seite bringt.

Alle reden von Helikoptermüttern. Kausch ist begeisterter Helikoptervater.

»Oje, denken Sie jetzt?
Zum Glück hat der Über-Papa auch Humor!«
Eltern

KNAUR